Hermenêutica, jurisdição e decisão

Diálogos com
LENIO STRECK

0486

Conselho Editorial

André Luís Callegari
Carlos Alberto Molinaro
César Landa Arroyo
Daniel Francisco Mitidiero
Darci Guimarães Ribeiro
Draiton Gonzaga de Souza
Elaine Harzheim Macedo
Eugênio Facchini Neto
Gabrielle Bezerra Sales Sarlet
Giovani Agostini Saavedra
Ingo Wolfgang Sarlet
José Antonio Montilla Martos
Jose Luiz Bolzan de Morais
José Maria Porras Ramirez
José Maria Rosa Tesheiner
Leandro Paulsen
Lenio Luiz Streck
Miguel Àngel Presno Linera
Paulo Antônio Caliendo Velloso da Silveira
Paulo Mota Pinto

Dados Internacionais de Catalogação na Publicação (CIP)

S654h   Streck, Lenio.
          Hermenêutica, jurisdição e decisão : diálogos com Lenio Streck / Lenio Streck. – 2. ed. ampl. e rev. Porto Alegre : Livraria do Advogado, 2020.
          279 p. ; 23 cm.
          Inclui bibliografia.
          ISBN 978-85-9590-094-3

          1. Hermenêutica (Direito) - Entrevistas. 2. Direito - Filosofia. 3. Direito - Estudo e ensino. 4. Juízes - Decisões. 5. Processo judicial. I. Título.

                                          CDU 340.132(047.53)
                                          CDD 340.1

      Índice para catálogo sistemático:
      1. Hermenêutica : Direito : Entrevistas   340.132(047.53)

(Bibliotecária responsável: Sabrina Leal Araujo – CRB 8/10213)

Hermenêutica, jurisdição e decisão

Diálogos com **LENIO STRECK**

2ª EDIÇÃO
ampliada e revisada

Porto Alegre, 2020

© Lenio Luiz Streck, 2020

Projeto gráfico e diagramação
Livraria do Advogado Editora

Revisão
Rosane Marques Borba

Capa
Clarissa Tassinari

Fotos da capa
Quenani Leal

Direitos desta edição reservados por
Livraria do Advogado Editora
Rua Riachuelo, 1334 s/105
90010-273 Porto Alegre RS
Fone: (51) 3225-3311
editora@doadvogado.com.br
www.doadvogado.com.br

Impresso no Brasil /Printed in Brazil

Agradecimentos:

Ao meu grupo de pesquisa Dasein – Núcleo de Estudos Hermenêuticos – ligado ao Programa de Pós-Graduação em Direito da UNISINOS. Aos meus alunos da UNESA-RJ (mestrado e doutorado).

Ao PROEX-CAPES, pelo financiamento de passagens para alunos comparecerem a Congressos e defenderem seus textos, cujo produto resulta em insumos epistêmicos para o núcleo de pesquisa, proporcionando, inclusive, livros como este.

Ao CNPq, por intermédio de financiamento de bolsistas de iniciação científica junto à UNISINOS, que colaboraram na revisão da obra.

Aos entrevistadores – três deles, aliás, bolsistas da Capes à época (Diego, Rafael e Daniel) e um do CNPq (Gilberto).

À Rosane, que, na Dacha e em Porto Alegre, supervisiona afetivamente todos os trabalhos.

E à Malu e ao Teo, que em 2016 e 2018, deram à luz ao Santiago e Caetano!

Sumário

Notas do entrevistado para a segunda edição..9
Registro para a compreensão da dinâmica da obra......................................11

Parte I
Sobre a crise do ensino jurídico...13

Parte II
Sobre a Crítica Hermenêutica do Direito...99

Parte III
Sobre a decisão judicial e a realidade brasileira...157

Parte IV
Sobre o processo judicial..203

Parte V
Sobre a crise, sobre democracia, sobre a autonomia do direito......................253

Artigos e livros referidos na entrevista:..275

Notas do entrevistado para a segunda edição

Passados quase três anos, esta obra chega à segunda edição. Tenho sentimentos ambíguos. Por um lado, sinto-me profundamente orgulhoso; por outro, lamento dizer que minhas críticas à época parecem, hoje, em retrospectiva, *ainda mais* necessárias. É como dizem: as coisas precisam mudar muito para que sigam iguais.

Para esta nova edição, um novo entrevistador: Gilberto Morbach, mestrando em direito na Unisinos, bolsista do CNPq, sob minha orientação. O entrevistado é o mesmo: Lenio Streck. Procurador de Justiça aposentado, catedrático da ABDConst, doutor em Direito. Professor de Direito Constitucional. Ou seja: quase um subversivo. Um subversivo que insiste em ensinar Direito em nosso distópico país.

Antes mesmo da nova entrevista, Gilberto perguntava-me sobre qual de meus livros era meu favorito. Não consegui responder logo um só, mas confesso ao leitor que este foi um dos que logo vieram à mente. Sempre defendi que a doutrina deve doutrinar; muitas vezes (sempre, talvez) isso exige não apenas um sério trabalho acadêmico, mas também que se ultrapasse os muros das universidades. Neste livro, dialogado, consigo superar as (necessárias) formalidades acadêmicas e ir mais diretamente ao(s) ponto(s).

Por isso a ambiguidade: lamento que as críticas devam ser feitas com ainda mais força, mas me orgulho por saber que tenho voz no debate público e que tenho leitores quando eles são cada vez mais raros. Por isso, leitor, em respeito a você, confesso que disse uma mentira. Falei que o entrevistado era o mesmo. Não é.

Tenho, hoje, talvez alguns fios brancos a mais – espero que não muitos – e alguns quilos a menos. Tenho mais paciência. Tenho uma capacidade melhor de colocar as coisas em perspectiva.

Mas muita coisa segue igual: sigo pensando que temos responsabilidade de dizer como o direito deve ser, para que ele não seja mero instrumento na mão daqueles que pensam poder dizer o que ele é. Sigo lutando pela Constituição.

Pois é: no fim das contas, o entrevistado segue sendo o mesmo, afinal. Um subversivo que insiste em ensinar Direito em nosso distópico país. Ao que parece, as coisas precisam mesmo mudar muito para que sigam iguais.

Espero, leitor, que este livro seja a causa de muita reflexão, de alguns momentos de riso, de alguns momentos de revolta, e, sobretudo, muita angústia. Leitor: angustie-se! É o que faz a boa leitura. Então...

Boa leitura!

Do *Lenio Streck.*

Registro para a compreensão da dinâmica da obra

Esta obra já nasce do encontro, do diálogo. Longe de serem perguntas e respostas feitas por mim mesmo acerca da minha construção teórica – o que seria apenas um solilóquio – ambas resultam de entrevistas concedidas em tempos distintos aos interlocutores. Esta origem é sobremodo interessante, pois partem de indagações que procuram uma melhor compreensão sobre a *Crítica Hermenêutica do Direito* (CHD). Ademais, apresenta uma vantagem dupla:

1) permite uma discussão mais específica, um "ir direto ao ponto", caminho quase que impossível num texto "mais" acadêmico em que a exigência de rigor científico impõe maiores elaborações, e

2) oportuniza saber quais são os aspectos teóricos da CHD que (ainda) suscitam maiores dúvidas e incompreensões.

O livro está subdividido em quatro partes. Os eixos temáticos versam sobre: o ensino jurídico; a crítica hermenêutica do direito; a decisão judicial e a realidade brasileira, e o processo judicial.

Por resultar de entrevistas, o leitor verá neste trabalho uma linguagem mais coloquial do que aquela encontrada em meus escritos. Apesar de um processo de revisão, entendi que seria mais adequado manter este formato, conservando, assim, um pouco do ambiente dialogal donde surgiu. Como o leitor perceberá, é um texto sem notas de rodapé. As referências aos autores e obras estão colocadas ao final.

Na tradição hermenêutica, o diálogo sempre assumiu relevância; ele já é abertura para uma (pré)compreensão que transcende o em si para uma intersubjetividade do nós, tudo isso numa linguagem que não contemos, mas que nos contém. Gadamer dizia que se queres dizer algo sobre um texto, deixe que o texto lhe diga algo! Assim, convido os leitores para este colóquio a partir daquilo que está dito e do que se esconde nas entrelinhas desta obra. Como um hermeneuta, reconheço que uma compreensão adequada dos fenômenos se origina a partir de uma colocação correta do problema, e isto se dá por intermédio das perguntas certas. Assim, tão ou mais importante que as respostas são as perguntas, de modo que agradeço aos meus entrevistadores que me interpelaram e que, com suas inquietações, permitiram a produção deste livro.

Em especial, para este trabalho, foram entrevistadores:

- Bianor Arruda Bezerra Neto (B. A.), Juiz federal, mestre e doutor em direito (PUC-SP);
- Daniel Ortiz Matos (D. M.), mestre em direito e doutor em direito (Unisinos); bolsista da CAPES;
- Rafael Giorgio Dalla Barba (R. D.), Doutorando em Filosofia do Direito, pela Albert-Ludwigs-Universität Freiburg; Bolsista integral da Stiftung der Deutschen Wirtschaft;
- Diego Ribeiro (D. R.), editor do Blog Tribuna do Jurista e metrando em direito na UFF e bolsista da CAPES.
- Gilberto Morbach (G. M.), mestre em direito (Unisinos) e bolsista do CNPq, este formulando mais 20 questões, chegando ao total de 150 perguntas e 150 longas respostas.

Esta segunda edição, inclusive, face aos acréscimos, recebe uma alteração no próprio título, que agora possui também a palavra "decisão".

Boa Leitura!

Parte I
Sobre a crise do ensino jurídico

Pergunta 1
Professor, o senhor sempre foi um crítico das instituições e sempre teve como alvo a crise do ensino jurídico; quais são as raízes dela? (D. R.)

Lenio Streck: As razões são históricas. Penso que seja uma mistura sobre o motivo pelo qual surgiram as faculdades de direito no Brasil – sobre as raízes do ensino jurídico em *terrae brasilis* – com a aderência a um modelo epistemológico sustentado no positivismo jurídico. Mas, veja: quando falo do positivismo, tem uma questão que não devemos esquecer. Até a década de 80, o que imperava era o positivismo exegético-formalista (e suas vulgatas). Na verdade, o juiz boca-da-lei é e sempre foi, ao menos no Brasil, uma arrematada ficção. No máximo era um álibi retórico para, por conveniência, os juízes decidirem formalisticamente. Ocorre que os mesmos juízes ou doutrinadores, também por conveniência, quando interessava, transformavam-se (e ainda se transformam, até hoje) em voluntaristas dos mais diversos matizes.

Em termos classificários, por assim dizer, a dogmática jurídica era formalista e positivista nesse sentido "descritivo" e "aplicativo". Claro, sem uma coerência interpretativa-aplicativa. Assim, sempre me perguntei: De que modo a dogmática jurídica poderia ser transformadora, se apenas queria "descrever" o direito?

Assim, como venho sustentando, a crise do ensino jurídico – que é um problema complexo – passa também pelos contornos paradigmáticos da concepção de direito que serviu de base às estruturas curriculares. Podemos falar disso na sequência, mas já posso adiantar: o ensino do direito vai muito mal.

Alguns autores têm dedicado especial atenção à crise do ensino jurídico. Nas décadas de 70, 80 e 90, Luis Alberto Warat foi expoente nessa área. José Eduardo Faria, Celso Campilongo, Roberto Lyra Filho, Joaquim Falcão e Leonel Severo Rocha escreveram excelentes trabalhos sobre o modo como as faculdades, historicamente, deformaram gerações de bacharéis. Mais contemporaneamente, Alexandre Morais da Rosa, André Karam Trindade e Rafael Tomás de Oliveira têm feito excelentes críticas na coluna Diário de Classe, que mantêm em comandita no *site* Consultor Jurídico. Mais recentemente o grupo de pesquisa Dasein – Núcleo de Estudos Hermenêuticos assumiu a coluna.

Seguindo, lembro que, em 2015, travei um diálogo com Alexandre da Rosa no Conjur. O pano de fundo: o comportamento da dogmática jurídica nos processos que mexeram com o país: Mensalão e Lava Jato. Alexandre perguntava, então, em coluna no Conjur, de que modo se poderia ensinar direito processual depois da Operação Lava Jato. Nesse texto, Alexandre assume, ao meu sentir, uma dose de realismo jurídico, porque volta o seu enfoque para "o modo de lidar com isso que está aí". É praticamente uma tese de teoria política do poder, uma vez que se preocupa mais com "quem vai decidir", e não "como decidir".

Vou explicar isso melhor. Se olharmos o sentido das teses realistas, lá veremos autores como Alf Ross, Olivecrona e tantos outros. E, nelas, vemos que o direito se realiza, mesmo, de verdade, na decisão jurídica. Arrisco a dizer, assim, que o meu querido e estimado Alexandre pensa o direito de um modo ceticista, algo do tipo "os juízes decidem assim mesmo e o remédio é entender como eles decidem e a tarefa dos juristas é saber jogar esse jogo". Claro que – e reconheço isso – essa tese de Alexandre é uma concepção crítica do e sobre o direito. Não esqueçamos que os movimentos críticos no Brasil, nas décadas de 70 e 80 do século XX, tinham uma forte inspiração nas correntes realistas. O próprio movimento do direito alternativo era realista. Alerto, logo, que a posição assumida por Alexandre – teoria dos jogos no direito processual – não se confunde com vertentes, por exemplo, que, no Brasil, apostam em precedentes como um modo de acabar com a fragmentação de decisões. Embora contenha uma dose de ceticismo, Alexandre se preocupa com a qualidade das decisões. E com seu conteúdo. Saber jogar o jogo é, ao que parece, um de seus lemas.

Mas não quero perder o fio da meada. Na ocasião, depois de minha resposta, em coluna no Conjur, em que eu disse que já-não-se-ensinava-processo-penal-antes-da-lava-jato, Alexandre reconheceu que falávamos de coisas distintas, isto é, havia uma diferença entre a minha perspectiva sobre o direito, o ensino e a decisão jurídica e o que ele propunha – e propõe – como o que ele chama de teoria dos jogos.

Veja: Alexandre e eu estamos preocupados com a democracia. Desprezamos decisões discricionárias e arbitrárias. Nossos caminhos para chegar lá é que são distintos. Aury Lopes Junior, por exemplo, considera não haver maiores diferenças entre mim e Alexandre. Segundo ele, a crítica do Alexandre não é incompatível com a minha linha de pensamento. Para Aury, elas se completam e complementam. Permito pegar no computador o que disse Aury: "vejo o realismo processual desvelado por Alexandre como acertadíssimo e com o qual me identifico plenamente. Sim, essa é a vida como ela é no processo penal. Ele desvela toda a complexidade dos fatores psicológicos (e até fisiológicos) que afeta a tomada de decisão e a forma de ver o mundo externada na sentença. Ele está correto. Essa é a doença. Feito o diagnóstico, vem Lenio para nos dizer: sim, mas não pode ser assim e não podemos aceitar isso!! Não me interessa essa realidade medíocre do decisionismo, do decido-conforme-a-minha-consciência-e-dane-se! Com ela não podemos pactuar! Então está certo Lenio quando radicaliza na cruzada contra os espaços impróprios da discricionariedade judicial (bem desvelado por Alexandre) e propõe uma hermenêutica constitucional levada a sério para remediar essa doença. Então, sem aprofundar no complexo pensamento de cada um deles, até porque eles falam por si próprios semanalmente e em vários livros, que conheço e concordo, não vejo conflito algum. Todo o oposto: um mostra a doença e o outro diz, não podemos aceitar e precisamos combater a realidade medíocre. Ele, Lenio, propõe o remédio. Amargo e complexo, mas quem disse que curar uma doença grave é fácil? Não é uma relação de exclusão, mas de complementação e coexistência. É assim que eu os leio".

Aury está correto no seu diagnóstico. O que importa é que os três – e podemos acrescentar uma porção de juristas como Jacinto Coutinho, Marcelo Cattoni, Geraldo Prado, Dierle Nunes, André Karam Trindade, Alexandre Freitas Câmara, Nelson Nery Jr., Georges Abboud, Martonio Barreto Lima, Ot´vio Rodrigues Jr., Gilberto Bercovici, Rafael Tomás de Oliveira e tantos outros – estamos preocupados com a democracia, enfim, com a preservação dos direitos fundamentais.

Mas tenho que dizer que tenho minhas discordâncias com concepções que tenham por base pragmaticismos ou realismos jurídicos, posturas que, para mim, são irmãs gêmeas. E albergam ceticismos. Não sou consequencialista. Isto porque, queiramos ou não, o realismo desloca o polo de tensão sempre na direção da decisão judicial. Ou seja, nele tudo se dá na decisão judicial. Posso até concordar, pragmaticamente, que "isso é assim". Afinal, quem decide é o juiz. O Tribunal. Mas, como professor e doutrinador, tenho de dizer que não deve ser assim. Minha concepção é normativa. Pretendo dizer, doutrinariamente, como os juízes devem decidir. Caso contrário, deveríamos estudar realismo jurídico nas faculdades.

Permito-me insistir para dizer que não concordo com a tese de que os problemas do processo e do ensino do processo estão centrados na decisão judicial. Também estão na decisão. Mas penso que não resolveremos o problema do decisionismo sem trabalhar no "antes", isto é, nas condições de possibilidade da decisão. Dia a dia aumenta, perigosamente, o direito "jurisprudencial" em nosso país. O próprio direito processual penal está jurisprudencializado. Isso fragiliza a lei e fortalece a jurisprudência.

Veja, aqui estou criticando o realismo. Mas, não penso que Alexandre Morais da Rosa se encaixe nessa crítica. Contudo, de algum modo, é nesse deslocamento do polo de tensão em direção da decisão que Alexandre se aproxima do realismo. Mas, provavelmente não na consequência.

Pergunta 2

Qual é a consequência do ceticismo realista? (D. R.)

Lenio Streck: Explico. Como resultado do realismo-ceticista – falo aqui do ceticismo externo tão criticado por Dworkin – tem-se um enfraquecimento do papel da doutrina e um desdém pelo ensino de teorias jurídicas, com o crescimento de livros "comentando" resumos de julgados. Podemos dizer que já estamos vivendo em meio a um positivismo de cunho jurisprudencialista. Isto é o que?

E respondo. É um modo de decidir que leva em conta qualquer argumento de cunho subjetivista-pragmaticista. Esse tipo de julgamento acaba substituindo a própria legislação e, alguma maneira, diversos dispositivos da Constituição. Ou seja, apoiados em uma doutrina que trabalha o direito a partir de uma baixa densidade teórica, juízes e tribunais fazem "direito novo". Portanto, produzem direito, substituindo-se ao legislador. Por isso, a expressão *positivismo jurisprudencialista*. Por exemplo, o legislador diz que o juiz só pode fazer perguntas complementares, no artigo 212 do CPP. O próprio STF nada faz em relação ao fato de os juízes não cumprirem esse dispositivo. Logo, eles fizeram uma "nova lei" que diz o contrário da lei aprovada pelo parlamento. Eis o "eu ponho" do positivismo. Eis o caráter pragmaticista do positivismo.

Um bom exemplo do positivismo jurisprudencialista, que tem no empiro-ceticismo do realismo jurídico o seu sustentáculo, é a decisão do Supremo Tribunal Federal nas Ações Declaratórias 43 e 44, em que, respectivamente, um partido político e a OAB Nacional buscavam a declaração da constitucionalidade do artigo 283 do Código de Processo Penal. O Supremo Tribunal Federal nitidamente, na análise da cautelar rejeitada, construiu novos textos. Fez-se de poder constituinte. Claramente a lei processual passou a ser o que o Supremo dela diz. Trata-se, na verdade, daquilo que venho chamando de "realismo retrô".

Pergunta 3

O senhor não concorda, então, que o direito se centra no juiz e, para isso, o melhor é estudar o comportamento do juiz? (D. R.)

Lenio Streck: Sou contra a tese de que o bom jurista é aquele que sabe como jogar com as decisões e/ou comportamentos dos juízes. Também não concordo com a tese de que a aplicação do direito é um jogo, e o bom jurista é aquele que sabe jogar bem esse "jogo". Digo isso a partir de meu lugar da fala. Veja: apenas quero deixar claro, aqui, que minha tese sobre o direito, e a teoria da decisão tem a fenomenologia hermenêutica como sustentáculo. Trata-se de uma tese de teoria do direito. Não tem nela qualquer estratégia ou teorias de poder. Não tem nada de teoria política ou teoria normativa da política ou de como devem ser rearranjados os espaços institucionais.

Por isso, não quero polemizar, nesse terreno, com Alexandre Morais da Rosa, cuja tese – sobre o direito e a teoria dos jogos – penso ser mais sofisticada do que a transformação do direito em um "jogo de poder" ou em análises dos comportamentos dos juízes na sala de audiência. Quero apenas dizer que a alusão acerca de que o direito é um jogo ou um jogo de poder me preocupa sobremodo, exatamente pela minha filiação à hermenêutica. Ou seja, são lugares de fala diferentes.

De todo modo, como já referi, podemos "jogar" juntos, Alexandre e eu, desde que admitamos que o que ele constata não pode ser usado como receita teórica. Trata-se, como bem disse Aury Lopes Jr., de um diagnóstico real(ista); já a minha *Crítica Hermenêutica do Direito* apresenta um remédio amargo para tentar demonstrar que isso não deve ser assim. Claudio Melim escreveu um texto no *site* jurídico Empório do Direito, intitulado *Streck e Morais da Rosa na Fórmula Um Hermenêutica*, em que faz uma conjuminação de minha tese com a do Alexandre Morais da Rosa.

Ou seja, pode até ser verdadeiro dizer que o direito é um jogo. Mas, se for verdade, tanto no processo da AP 470 (mensalão) como na ação penal decorrente da Operação Lava Jato, alguns setores da dogmática jurídica não aprenderam bem as regras desse "jogo", permitam-me a ironia. Como gosto de futebol, usarei uma linguagem ludopédica: parece que no primeiro tempo a dogmática foi derrotada (até a Presidente da República andou dizendo que queria mais fundamento para a prisão de *pessoas conhecidas...*!) e agora tem de ir para o vestiário (ou para a próxima rodada) e mudar o esquema tático.

O perigo é a dogmática processual penal ir parar no Z-4 (zona do rebaixamento), embora tenha ganhado alguns jogos importantes no campeonato contra E.C. Satiagraha, E.C. Sundown/Banestado e S.E.R. Castelo de Areia. Mas, por que houve uma reviravolta no "jogo"? A resposta começa pela leitura da coluna que escrevi na Revista Eletrônica Consultor Jurídico, intitulada *Um milhão de advogados + dezenas de carreiras jurídicas. E fracassamos!* A dogmática sempre apostou no protagonismo judicial. Só que, ao que parece, agora esse protagonismo está em sentido contrário do que ela gostaria. Eis o *busílis*. Que falta que faz a doutrina, pois não?

Pergunta 4

Quer dizer que o problema é anterior à decisão, isto é, não é só nela que reside o ponto fulcral do direito? (D. R.)

Lenio Streck: Exato. O que quero dizer é que isso não adianta, ou seja, o "vestiário" não produz grandes alterações, porque o problema é anterior. Falo da crise de paradigmas de dupla face, tese que bolei lá nos anos 90, a partir do que dizia José Eduardo Faria. Eu dizia que o direito, preparado para enfrentar os conflitos interindividuais, não estava preparado para lidar com as grandes tensões advindas da transindividualidade. Mas isso ainda era o que Faria sustentava. Fiz um adendo para dizer que essa crise estava ancorada em uma crise de compreensão, de cunho paradigmático-filosófico. Os juristas ainda pensavam a partir de certo mix paradigmático: o velho objetivismo e o subjetivismo moderno. Na verdade, o imaginário jurídico médio ainda pensa a partir dessa dicotomia "razão *versus* vontade". Na prática, essa coisa de "neoconstitucionalismo" e "juiz dos princípios" não passam do subjetivismo buscando superar as teses objetivistas. O esquema sujeito-objeto impede que, por exemplo, superemos o livre convencimento ou a livre apreciação da prova. Explico isso amiúde em alguns de meus livros, como *Hermenêutica Jurídica e(m) crise, Verdade e Consenso* e *O que é isto – decido conforme minha Consciência?*.

Para não perder o foco, continuo com a resposta. Por essa metáfora ludopédica, os jogadores foram, historicamente, treinados em um esquema ultrapassado e se acostumaram a ganhar o jogo cercando a arbitragem, fazendo a linha do impedimento e muita cera (aqui a relação com nosso passado patrimonialista e individualista não é mera coincidência). Ou seja, a dogmática – insistindo na metáfora – esteve (e continua a estar) mais preocupada com o apito do que com a bola (essa é a diferença entre as posturas realistas e a hermenêutica).

Se é que é possível ser mais claro, quero dizer que não consigo conceber que o problema do processo seja visto como um jogo, pelo qual o advogado deve ficar atento até mesmo à roupa que o juiz veste, ao time que torce, etc.

Pode até ser assim, realisticamente falando. Mas minha teoria da decisão – que vem da matriz hermenêutica – quer mostrar que isso não deve e não pode ser assim. Claro que o modo como o juiz decide é importante. O advogado deve estar atento a ela. Mas não é ela que dita, solo, o que o direito é. E o que estou falando não é de uma estratégia para enfrentar o juiz no seu campo de jogo. Minha preocupação é anterior. Minha preocupação é com os necessários constrangimentos que a doutrina deve fazer aos julgadores. Em termos estratégicos, com certeza a teoria ou uma teoria dos jogos – e Alexandre é pioneiro *nessa* tese no Brasil – certamente terá mais eficácia e mais resultados. Reconheço isso. Mas estamos falando de coisas diferentes.

De minha parte, acredito que, se, de fato, o processo for reduzido à discussão acerca de como o juiz e os tribunais decidem, temos de confessar o fracasso da doutrina e de tudo o que ela representa em termos de "constrangimentos epistemológicos", conceito que inventei não faz muito.

Note bem, meu caro. Não estou desindexando "o processo do poder". É óbvio que não. Mas é exatamente por isso que uma decisão jurídica precisa encontrar uma conformação mais englobante, que dê legitimidade ao ato de força que o Estado realizará a partir dela. E essas regras devem estar estabelecidas antes. Deve haver uma criteriologia que conforma a decisão. A teoria do direito precisa encontrar uma forma de avaliar as decisões de modo que seja possível dizer quando uma decisão se apresenta melhor que a outra para o caso, no sentido de dar legitimidade ao uso do poder coercitivo pelo Estado. O que sustento se aproxima muito de Dworkin, por exemplo, naquilo que ele diz acerca de que juízes devem decidir por princípio, e não por política. Nisso está embutida a rejeição de que a decisão jurídica se envolva com rearranjos institucionais.

Pergunta 5

Como "equacionar" esta relação entre ensino, doutrina e jurisprudência? (D. R.)

Lenio Streck: Avancemos, então. Para além do que foi dito até aqui. É claro que devemos, urgentemente, reforçar a doutrina, para que esta passe a influenciar a jurisprudência. Os enfoques é que devem ser bem delimitados. Só quero deixar claro que, no âmbito da *Crítica Hermenêutica do Direito* que fundei, todas as formas, variações de posturas e teses que apostam que "o sentido do direito se dá na decisão judicial" não podem ser classificadas como hermenêuticas, por uma razão simples: a hermenêutica é recuperada e alçada a uma dimensão fundante, surgindo como uma terceira via para superar tanto o objetivismo como o subjetivismo. A postura interpretativa que acredita que o sentido só se dá na decisão judicial, como a que se apresenta na doutrina e nas práticas cotidianas nos tribunais, acaba enveredando em um solipsismo. A questão da decisão acaba não sendo teorizada e, sim, apenas explicada. No Brasil, isso se pode ver nas teses protagonistas vigorantes na dogmática jurídica e, contemporaneamente, em algumas teses no processo civil que passaram a apostar em um sistema de precedentes, transferindo o *locus* do poder em direção ao judiciário. Por isso, no processo civil e penal, a processualística não consegue abrir mão de teses como livre convencimento, livre apreciação da prova, "decido conforme minha consciência", "princípios são valores", etc.

É impressionante como os juristas brasileiros ainda estão influenciados pelas teses protagonistas. No campo processual, parece que o fantasma do socialismo processual ainda arrasta as suas correntes. Consequência: o processo é apenas um instrumento. Mais ainda, o próprio direito se transforma em uma mera racionalidade instrumental. Como já se viu, deslocar o problema da atribuição de sentido para a consciência ou para a vontade, é apostar, em plena era do predomínio da linguagem, no individualismo do sujeito que "constrói" o seu próprio objeto de conhecimento. Pensar assim é acreditar que o conhecimento deve estar fundado em estados de experiência interiores e pessoais, não se conseguindo estabelecer uma relação direta entre esses estados e o conhecimento objetivo de algo para além deles, como bem nos ensina Blackburn.

É por tais razões que tenho certa reserva às pesquisas que se contentam em examinar como os juízes decidem, como se o modo como eles fazem isso fosse uma fatalidade e restasse, às partes, apenas apreender o modo como "lidar com isso". Isso enfraquece a teoria do direito.

A doutrina tem a função de dizer como deve ser a interpretação e a aplicação do direito. Caso contrário, não precisamos mais da doutrina. E podemos fechar a pós-graduação. Por isso as minhas críticas àquela pesquisa acerca dos juízes de Israel que, quando sentem fome pela manhã, são mais duros para com os réus. Minha proposta – sarcástica – é que lhes seja estendido o benefício dos juízes de Pindorama: o vale-refeição. Ou seja: pode até a pesquisa mostrar, com números, que mais fome é igual a mais rigor nas decisões. Mas aí é que reside o *busílis* do que estou dizendo. Isso é muito pouco, porque, se os juízes estiverem melhor alimentados, julgarão melhor. Minha preocupação é em outro sentido, isto é, juízes têm responsabilidade política e devem julgar conforme o direito, com fome ou sem fome. Venho insistindo nisso. Se os direitos dos presos de Israel dependem do bem-estar alimentar dos seus juízes, as faculdades de direito e os teóricos perdem a sua função. Entram em campo os nutricionistas. Isso serve para as demais pesquisas que tratam dos resultados dos julgamentos, e não daquilo que considero mais relevante: as razões pelas quais a decisão judicial deve ser por princípio, e não por políticas ou por fome ou por dores nos joelhos, etc.

Pergunta 6

Diante das críticas que o senhor desenvolve ao ensino estandardizado, presume-se que estamos produzindo uma baixa reflexão? (D. R.)

Lenio Streck: Nossa baixa reflexão jurídica produziu um ensino jurídico *standard*, com câmbio manual, sem ar condicionado, sem direção hidráulica, sem bancos de couro e sem *airbag*, se quisermos uma alegoria para melhor entender esse fenômeno. Na verdade, pode-se dizer o contrário: é o ensino defeituoso que gera uma baixa reflexão. Pronto. Graças a isso, continuamos a nos achar muito espertos, cindindo, de um lado, direito e moral e, do outro, quando nos interessa, "moralizando o direito". E saímos por aí dizendo que "princípios são valores" e coisas do gênero.

O enunciado "princípio são valores" já é, hoje, um enunciado performativo. Victor Drummond chama a esse tipo de enunciado de "mantra performativo". Dizer que os valores devem corrigir o direito é pensar que os valores podem curar as frustrações do direito. Aqui entra bem uma comparação com Freud e seu *Mal-Estar da Civilização*, do mal-estar do e no direito. E a comunidade jurídica não sabe lidar com esse mal-estar. Um problema que eles não conseguem explicar: valores, nesse caso, correspondem à moral? Ou são coisas difusas, sobre as quais não se podem fazer definições? Se não querem acreditar em mim, deem pelo menos crédito a Jürgen Habermas, que gastou rios de tinta para demonstrar que princípios não são valores. E é exatamente por isso que ele diz que a ponderação é uma coisa "frouxa".

Mas, há mais coisas. Para piorar, não se sabe exatamente por que alguém pensa que o problema está na possibilidade de corrigir moralmente o direito. Sim. Parcela considerável dos professores de direito ensinam que um ato pode ser legal, mas imoral. E vice-versa. Como se estivéssemos no século XIX. Ora, se a moral pode corrigir o direito, quem poderá corrigir a moral? Eis o enigma do mal-estar. Ou seja, já não aguento ouvir esse mantra. Com essa "tese" sobre a cisão direito-moral, o sujeito pode utilizar o dinheiro da cota de passagem para abastecer jatinho particular. E, quiçá, meter a mão no dinheiro da viúva via consórcios (*sic*) de empreiteiras. "Combina-se" tudo antes e, pronto. Será "só imoral...". Será "feio", mas legal. Será um ato imoral, mas cometido dentro da lei. Como assim? Ou seja, nossa relação "direito-moral" é, mesmo, produto de uma gambiarra jurídica, como no conto japonês sobre o surgimento do peru, não o país vizinho, mas a ave, invenção que parece ter dado errado. Se me permite, conto rapidamente.

A historinha não é muito longa. Em uma planície, viviam um urubu e um pavão. Certo dia, o pavão refletiu: – "Sou a ave mais bonita do mundo animal, tenho uma plumagem colorida e exuberante, porém nem voar eu posso, e não mostrar minha beleza. Feliz é o urubu que é livre para voar para onde o vento o levar". O urubu, por sua vez, também refletia no alto de uma árvore: – "Que ave infeliz sou eu! A mais feia de todo o reino animal e ainda tenho que voar e ser visto por todos. Quem me dera ser belo e vistoso tal qual aquele pavão".

Foi quando ambas as aves tiveram uma brilhante ideia e, a partir de um acordo de líderes, onde rolou muita emenda parlamentar, juntaram-se e fizeram um cruzamento (os sistêmicos poderiam chamar a isso de "acoplamento estrutural") entre eles, gerando um descendente que voasse como o urubu e tivesse a graciosidade do pavão. Bingo. Nasceu o peru, que é feio pra caramba e não voa!

Moral da história: se a coisa está ruim, não inventa. Gambiarra é esse ensino jurídico, a prova da Ordem, os livros simplificadores, os "puxadinhos hermenêuticos", os "dribles da vaca hermenêuticos", os concursos *quiz show*, a baixa reflexão jurídica, a "livre apreciação da prova" do nosso velho Código de Processo Penal, a ponderação de regras, a ponderação de princípios. Enfim, são os nossos perus que estão por aí: feios e não voam! E ainda fazem muito barulho por nada.

Um bom exemplo de gambiarra jurídica é a ponderação no modo como ela foi importada para o Brasil. Aliás, muitos ainda falam em ponderação de interesses; outros, em ponderação de valores, e outros, de ponderação de regras. Pior: a ponderação de princípios, de que fala Alexy, acaba sendo feita de forma equivocada aqui no Brasil. Seu resultado é uma espécie de peru – feio e não voa. A expressiva maioria das decisões que dizem usar a ponderação sequer chegam perto daquilo que o seu criador, Robert Alexy, estabelece. Um registro: quando falo da questão direito e moral, por óbvio não estou colocando nesse mesmo contexto o direito penal, de há muito secularizado.

Pergunta 7

Nessa linha e mudando um pouco de assunto: Por que muitos dos manuais ou compêncios à venda são "mais do mesmo"? O que aconteceu com a doutrina brasileira? (D. R.)

Lenio Streck: O problema é que o ensino virou mercadologia. Há um círculo vicioso entre o modelo de ensino, o de elaboração de provas para concursos e o exame da OAB. O resultado disso é um modelo de direito não reflexivo. Os alunos são "treinados" a não pensar/refletir, porque seu esforço deve estar direcionado à memorização de textos legais (e ilegais, porque sequer fazem raciocínios de filtragem constitucional). Por outro lado, o crescimento do papel do Judiciário acomodou a doutrina, que passou apenas a "acatar" posicionamentos judiciais. Os livros que mais vendem são compilações de decisões.

Junte-se a tudo isso o fator tempo: vivemos em tempos de urgências – processos devem ser julgados rápidos, dissertações defendidas em prazos recordes, artigos publicados em grande quantidade em um curto tempo, livros publicados sem nenhum critério editorial. Enfim, o problema é mais abrangente do que parece. Em suma, criamos um caldo de cultura propício para a recepção de textos pequeno-gnosiológicos, recheados de raciocínios raso-epistêmicos, resumos de resumos, direitos mastigados, simplificados, etc.

Pergunto a você: como construir uma doutrina consistente, se os cursos jurídicos são ministrados com base nesse tipo de "pequena literatura" ou "literatura de várzea", os concursos são elaborados como *quiz shows* e as decisões judiciais não fogem do senso comum teórico, em que Kelsen ainda é visto como um exegeta? Tem chance?

Pergunta 8

Kelsen lembra positivismo. E positivismo é algo complexo. Aprofunde isso, Professor (R. D.).

Lenio Streck: Vou tentar. É evidente que existem vários positivismos. Sobre isso falo em *Verdade e Consenso* e o *Dicionário de Hermenêutica*. Há o exclusivo, o inclusivo, o ético, o fático, etc. Mas como todos se chamam de positivismo com adjetivações, então deve ter uma coisa em comum a todos, caso contrário deveria ser trocado o nome da coisa. O professor Francisco Sabadin Medina escreveu um belo texto no Conjur, intitulado *Os Rumos do Positivismo na Alemanha: afinal, para onde ele foi?*, em que diz que, se há um traço comum que liga todas as variações do que significa positivismo, ele está na sua negação generalizada. Positivismo como conceito condutor extrai sua força não de sua precisão teórica ou da exatidão de sua descrição, mas da *carga emocional* que ele carrega. O positivismo foi difamado como mera negação, complementa o professor Sabadin. Acho que ele tem razão. No mais das vezes, ninguém se entende. Mas, pelo menos por aqui, pouca gente assume ser positivista. Mas há que se reconhecer que o positivismo, nas suas formas exclusiva e inclusiva, ainda é uma teoria com força e até dominante em países como Estados Unidos e Inglaterra.

O professor Sabadin diz, ainda, referindo um texto que escrevi há algum tempo em que pergunto se "aplicar a letra da lei seria uma atitude positivista", publicado na *Revista Novos Estudos Jurídicos*, da Univali: O importante é que alegações de "positivismo" e de um suposto "formalismo" jamais sejam aceitas como desculpa para escapar da aplicação da lei. Sabadin Medina está absolutamente certo. Talvez o maior erro dos que negam o positivismo esteja na confusão conceitual entre cumprir uma lei ou não, como se cumpri-la, a partir de uma sinonímia, fosse algo ruim. Ou se cumpri-la, dependendo da situação, não possa ser um caso de pura discricionariedade. Isso apenas mostra que a discussão sobre o positivismo restou ideologizada.

Sobre isso tenho de referir uma coisa que me parece de fundamental importância. É que para a hermenêutica ou mais especialmente para a *Crítica Hermenêutica do Direito*, o mais importante é a discussão do problema do positivismo no chão brasileiro. Minha preocupação é com a pergunta: De que modo os juízes se comportam? O que diz a doutrina com relação ao comportamento dos juízes? Ora, nenhum juiz dirá que decide sem responsabilidade política. Aliás, já de pronto cabe um registro sobre o que é responsabilidade política. Para Joseph Raz, um positivista exclusivo da cepa, responsabilidade política não quer dizer aquilo que Dworkin diz sobre esse conceito. Mais adiante vou procurar explicar isso e peço que não deixe de me perguntar.

Do mesmo modo, nenhum juiz dirá que decide do modo que decide porque está inserido no paradigma da subjetividade ou algo assim. Nenhum juiz dirá: – "oh, estou exercitando minha vontade de poder" ou " – estou sendo solipsista". Convenhamos, é muita ingenuidade alguém pensar assim. Ora, há uma dogmática jurídica que mixou os vários tipos de positivismo e vitaminou a principal característica do positivismo: o discricionarismo, transformando-o em um pamdiscricionarismo. Também você não vai ver ou ouvir um juiz dizer: "- estou sendo discricionário". Ou "sou adepto do realismo jurídico e por isso...". No máximo ele dirá que "está utilizando o poder de julgar por livre convencimento ou usando de seu poder de apreciar livremente a prova". Isso se dá a partir de um processo retórico, que esconde as raízes da formação do juízo. Warat sempre denunciou isso muito bem.

E não venha a dogmática jurídica dizer que "aceita discricionariedade, mas rejeita arbitrariedade". Isso também já virou um bom álibi para exercer o poder arbitrário disfarçado de discricionário. Qual seria a diferença de fundo? Quero que me digam. Qual é o limite entre discricionariedade e arbitrariedade? Juiz deve decidir por princípio. E decidir por princípio, para mim, exclui discricionariedade. Pensemos no Raio-X do aeroporto. O correto é revistar todas as pessoas. Por princípio. Até a velhinha que chega atrasada está sujeita a perder o voo. Se o encarregado do Raio-X for discricionário, o que ele fará? E se ele for arbitrário? Sim, sei que os positivistas exclusivos tratam da discricionariedade. Outros positivistas também. E, é claro: a discricionariedade é o carro chefe. Caso contrário, por que seriam positivistas?

Já registro, para evitar críticas apressadas, que não desconheço que o positivista inclusivo mais importante, hoje, Wilfried Waluchow, não concorda com a tese de que a discricionariedade é inerente ao positivismo. Ele inclusive escreve que é possível encontrar respostas corretas, no que discorda de outros positivistas. E essa resposta necessariamente não depende da discricionariedade. No livro que estou lançando sobre os quarenta principais conceitos de teoria do direito, procuro explicar melhor isso, justamente no verbete "positivismo".

Aliás, com relação à relação entre discricionariedade e positivismo – e sua inexorabilidade – convoco um positivista ético, que para autores como Manuel Rodrigues Puerto, com o qual concordo, equivale-se ao positivismo normativo, Tom Campbell, que diz: "Un juez positivista no puede y no debe hacer juicios 'mecánicos' cuando se enfrenta con normas vagas y ambiguas o con situaciones para las cuales no hay norma prevista. Todos los positivistas han defendido juicios discrecionales, al menos como soluciones 'lo segundo mejor', que pueden ser la mejor práctica cuando nos enfrentamos con normas formalmente malas".

Prossigo, para repetir que me parece evidente que nenhum autor positivista diz – e nunca dirá – que "magistrados-não-possuem-responsabilidade-política" e que, portanto, podem "dizer qualquer coisa sobre qualquer coisa". Isso me parece evidente. Imagine-se se alguém fizesse isso. Imagine, do mesmo modo, um juiz dizer "não tenho responsabilidade política; e vou dizer qualquer coisa sobre qualquer coisa". Mas, veja: como o conceito de responsabilidade é diferente para o positivismo exclusivo, o juiz pode decidir até mesmo fora do direito, alegando, por exemplo, que a lei é moralmente inaceitável. Ele fará isso porque alegará o contrário do que, em Dworkin, seria criticado.

Para Dworkin, pelo fato de o juiz ter responsabilidade política, ele deve decidir conforme o direito. Um positivista exclusivo dirá que o direito reivindica autoridade, mas, entretanto, o juiz, por ter responsabilidade enquanto funcionário público, em determinados casos, poderá vir a deixar de apresentar razões com respaldo de autoridade. Nesse segundo momento, o positivista exclusivo fica refém de sua própria teoria, pois aquilo que o juiz utilizar como fundamento de sua decisão se transforma, no momento posterior, em norma jurídica. É o que eu chamo de o "paradoxo do positivismo exclusivo". Isto porque o positivista terá que descrever esse direito. E sem fazer juízos morais. Quer dizer: na medida em que direito e moral são cindidos, separados – afinal, estou falando do positivismo exclusivo – a tarefa do positivista é descrever o direito. Ora, mesmo as decisões proferidas à revelia do direito sob o argumento de raciocínios práticos, são direito. Valem. Em um segundo momento, já estarão incorporados no direito. E serão objetos de descrição.

De todo modo, em favor do positivismo exclusivo, é importante lembrar que se trata de uma teoria descritiva. Nem de longe pretende ser prescritiva ou normativa, pelo menos a versão mais afamada, que é a de Joseph Raz. Claro que, por isso, tem bônus e ônus. Não esqueçamos que uma teoria que se pretende descritiva é produto de um olhar prescritivo, que é anterior. Ao escolher construir ou ser adepto de uma teoria com um olhar externo ao direito, o agente faz uma opção política ou ideológica.

Vou explicar isso melhor: Não existe um ponto zero de separação entre direito e moral do qual se pretende descrever o direito de forma não cognitivista. Isso somente seria possível se fosse viável a tese do Barão de Münchausen, que, afogado no pântano com seu cavalo, puxa-se a si mesmo pelos próprios cabelos. Aqui cabe a comparação com o aforisma de Wittgenstein, de que sobre aquilo que não posso falar devo me calar. Por que ele diz isso? Porque ele acha que quando não pode mais descrever, não deve prescrever. Mas, fica a pergunta: o próprio enunciado já não é prescritivo?

Aliás, estou convicto de que toda forma de "não cognitivismo ético" é uma forma de desconsiderar o cognitivismo que já está presente na medida em que para o teórico não cognitivista assim se autointitular ele já antes compreendeu toda a dimensão de moralidade pública (onde residem os princípios no sentido de Dworkin) da qual em um segundo momento pretende negar. O não cognitivista precisa refutar aquilo que ele já compreendeu para poder sustentar a "não existência" de conceitos que ganham sua dimensão de objetividade em uma linguagem pública e intersubjetiva.

Por isso, o não cognitivismo também é uma espécie de reducionismo, pois ele limita a realidade apenas àquilo que pode ser empiricamente verificável, ignorando a dimensão intersubjetiva onde se enraízam os princípios e a moralidade pública. Sempre, aqui, uma advertência. Quando falo da relação cognitivismo e não cognitivismo, refiro-me àquilo que é tratado pela metaética. Não falo aqui de cognição no sentido de que falava, por exemplo, Kelsen, quando criticava o cognitivismo da jurisprudência dos conceitos.

Mas, vamos adiante. O que quero dizer é que os juízes são muito mais espertos que isso. Por outro lado, concordo quando se diz que nenhum dos positivistas – incluído um radical como Raz – embora admitam discricionariedade, dizem aceitá-la como fatalismo. Explico isso com o exemplo do caso Riggs v. Palmer. A superação do positivismo proposta por Dworkin se dá na medida em que o jusfilósofo americano demonstra que mesmo quando não há regras explícitas previstas para resolver determinado caso concreto, os juízes ainda assim estão vinculados a outros padrões normativos: os princípios jurídicos. Um positivista exclusivo como Raz chama a atenção para a possibilidade de que os princípios citados por Dworkin no caso Riggs v. Palmer não seriam princípios, mas apenas uma alusão resumida que demonstraria que o direito é composto por um conjunto de regras que reivindicam autoridade. E é somente a esse tipo de norma que os juízes estariam de fato vinculados.

Quer dizer, para Raz, o direito, embora reivindique autoridade, não obriga o juiz a aplicá-lo. Raz faz uma distinção entre teoria do direito e decisão, ou melhor, entre raciocínios jurídicos e raciocínios práticos. De todo modo, para não perder o fio da meada, reafirmo que nenhum discricionarista sério diria que o juiz possui carta branca. Se agisse "com carta branca", já não estaria agindo dentro do direito. Estaria fazendo, isso sim, raciocínios práticos. Embora, paradoxalmente, o juiz não esteja proibido, de forma alguma, a fazer raciocínios práticos.

Complexo, não? Quando o positivismo faz essa cisão entre descrição e prescrição ou quando o positivismo só se preocupa com a identificação do direito, tem-se uma consequência muito séria, que é justamente a criação de um paradoxo: o positivismo se preocupa em distinguir direito e moral – para ser fiel à tese da separação – a partir da tese das fontes sociais e, em um segundo momento, não responde ao problema de como os juízes devem decidir.

Por isso, insisto, o problema está na aplicação do direito. O problema das teorias positivistas é que, confessadamente, não se preocupam com a decisão. Claro, o positivismo normativo – e cito Tom Campbell e aqui no Brasil Bruno Torrano – tem plena consciência de que a aplicação do direito deve ser feita conforme o legislador o tenha redigido. Embora isso não envolva uma criteriologia, há, nesse ponto, uma preocupação com a decisão. Entretanto, tenho sérias dúvidas se é possível o positivismo ser prescritivo ou conter uma teoria da decisão.

Penso que uma teoria positivista do tipo "duro" teria que ter como ponto de partida moral – já que não existe grau zero – que o direito deva ser identificado a partir da tese da separação e, consequentemente, deve ser aplicado estritamente a partir de uma tese linguística, que preserve os limites semânticos. Nesse sentido, concordo com Horacio Neiva, que, em sua dissertação de mestrado, intitulada *Uma Crítica Metodológica ao Positivismo de Joseph Raz*, diz que somente é possível uma teoria da decisão positivista se for uma "teoria que encare os deveres dos juízes, e a forma moralmente correta de tomada de decisão judicial, como sendo uma aplicação estrita de 'normas positivadas' por meio de alguma forma de interpretação textual (seja através do significado histórico, seja por meio do significado literal)".

Caso contrário, ficará um problema: no plano da teoria, tudo é verificado e identificado, expungindo o joio do trigo; ocorre que, na hora da aplicação, corre-se o risco de o juiz se insurgir contra esse "produto da descrição" e lançar mão de seus próprios argumentos morais, misturando, novamente, joio e trigo. É evidente que determinados positivistas dirão, como repto, que eles não estão preocupados com a decisão e que tudo isso que estou dizendo sobre os *deficits* na aplicação não lhes dizem respeito. Ok. De novo, no próprio repto estará a confissão da cisão entre descrição e prescrição. A resposta do positivismo pode ser metodologicamente correta. Mas a teoria do direito não se resume ao debate metodológico. Não foi por nada que Norberto Bobbio classificou o positivismo em três aspectos: metodológico, ideológico e teórico.

Sigo na resposta, para dizer que, de novo, tenho de excluir Waluchow, que me persegue. Ele diz que que sua teoria é normativa. Se é normativa, é porque se preocupa com a decisão, embora não apresente o modo como alcançar essa decisão. Mas, em comum, as teorias positivistas são teorias analíticas. Estão longe da hermenêutica, nesse ponto. Repito: um positivismo exclusivo com uma perspectiva normativa já se aproxima mais do "como se deve decidir".

Por que considero absolutamente indispensável que uma teoria do direito seja normativa e que se construa uma teoria da decisão? Porque o problema do direito é o fórum. A sala de aula. E a jurisprudência dos tribunais. A doutrina deve apresentar prescrições. O que fazer quando um tribunal diz que um pequeno atraso na instrução processual não é motivo para conceder *habeas corpus* por excesso de prazo? Só que no conceito de pequeno atraso cabe qualquer excesso. Compreende minha preocupação? A liberdade está em jogo. Depende desse sentido. O que o positivismo exclusivo tem ou teria a dizer sobre isso? Eu mesmo tive a oportunidade de ouvir o STJ decidir que o tempo de nove meses não configura excesso de prazo. Que nome se dá a isso? Pamdiscricionarismo? Decisionismo? Ou simplesmente "discricionariedade", já que não há fixação legal do prazo que alguém possa ficar preso cautelarmente? Perguntem para o tribunal se, para ele, isso é discricionariedade. Ele provavelmente responderá: "Ao contrário: a decisão vem acompanhada de inúmeros acórdãos fechando o conceito de excesso de prazo". Por isso é que critico tão duramente o modo como o judiciário decide no Brasil. Por isso é que proponho uma teoria da decisão.

Pergunta 9

Complexo tudo isso, não é professor? (D. R.)

Lenio Streck: Claro. Por isso venho dizendo que uma coisa deveria ser óbvia: a de que o direito é um fenômeno complexo. E que tudo isso que acabo de falar é produto de uma conjunção de fatores. Ensino jurídico, doutrina fragilizada, livros simplificados, manuais que reproduzem ementas de acórdãos.

Um exemplo simbólico da crise são os cursinhos de preparação para concurso. E, de algum modo, isso tudo é reproduzido nas dissertações de mestrado. No mínimo em parcela delas. Também isso ocorre nas teses de doutorado, muitas vezes repetindo temas monográficos.

Isso é grave. E, nesse contexto, vê-se de tudo. Os juízes, embasados em teses e dissertações e livros pequeno-doutrinários, dizem exatamente o que os positivistas que admitem discricionariedade jamais diriam. Chamo a esses livros de Compêndios de Baixa Densidade Epistêmica (CBDEs).

Assim, nesse universo, juízes decidem *contra legem* ou como querem, a partir do que entendem subjetivamente. Mas não fazem isso confessando que fazem desse modo. Sempre escondem bem isso. Com isso, o direito fica opaco, como diria meu amigo Carlos Cárcova. E nunca os juízes ou os doutrinadores que reproduzem decisões ou acórdãos dirão que estão agindo desse modo porque não possuem responsabilidade política. Ora, imaginar que alguém pense assim é ignorar a invenção de Destutt de Tracy lá no século XIX: a ideologia, cujo conceito foi desenvolvido por tantos teóricos. No direito, a ideologia pode bem ser entendida a partir do conceito de senso comum teórico dos juristas, inventado por Warat. A pílula do direito sempre aparecerá de forma "dourada". Ideologicamente, esconderão isso que os positivistas dizem que eles não fariam.

Mas, de novo, o que é isto – os limites da admissão do poder discricionário? Para qual país? Para os Estados Unidos? Para a Inglaterra? Para a Alemanha? Ou para um "sistema" como o brasileiro, em que um juiz concede metade da herança para a amante sem qualquer previsão legal e onde se negam embargos declaratórios sob o argumento de que o que foi decidido o foi por livre convencimento, mesmo quando o artigo 371 do Código de Processo Civil não mais admite o livre convencimento? Veja, o STJ faz isso. E o próprio STF ainda se utiliza do livre convencimento. Ou para um país em que a moda agora é dizer que temos um sistema de precedentes? Ou para um país em que a doutrina aposta, paradoxalmente, no velho realismo jurídico? Ou onde se declara a inconstitucionalidade do sistema carcerário por intermédio de uma tese chamada Estado de Coisas Inconstitucional? É disso que se trata. É disso que estou falando. É da sangria do cotidiano, e não de teorias abstratas que (não) explicam como se deve "lidar com a discricionariedade".

Preocupo-me, pois, com o que está à minha frente: os discricionaristas à brasileira. Que figuras. São parecidos ou praticamente similares aos que pregam ponderações tipo "um princípio em cada mão". Preocupo-me com o estrago que fazem. Uma catástrofe. Vejam os protestos e as inconformidades em face da retirada do livre convencimento do novo CPC (art. 371), que, por acaso, protagonizei. Protagonizei a retirada, e não os protestos, é claro. E o que dizer do juiz que diz que princípios são valores? E que esses valores valem mais do que o direito posto? O que dizer do doutrinador que diz que é natural que o juiz tenha livre convencimento? Natural? E o que dizer de um doutrinador (ou vários deles) que dizem que, embora o CPC tenha excluído a palavra "livre" na questão do convencimento, isso nada significa, porque os juízes continuarão a poder formar livremente o seu convencimento? Vou me permitir consultar os meus alfarrábios para mostrar alguns julgados de 2016 que solenemente ignoram a redação do artigo 371 do CPC/2015: *"Não configura cerceamento de defesa o indeferimento de produção de prova quando o magistrado, entendendo substancialmente instruído o feito, motiva a sua decisão na existência de provas suficientes para formação do seu convencimento"*. (STJ, 3ª T., AgRg no AREsp 684319/MG, julgado 07.06.2016). *"Cabe ao magistrado decidir a questão de acordo com o seu livre convencimento, utilizando-se dos fatos, provas, jurisprudência, aspectos pertinentes ao tema e da legislação que entender aplicável ao caso concreto"*. (STJ, 2ª T., AgInt no AgRg no AREsp 833106/SC, julgado em 02/06/2016). Mais: *"Em nosso sistema processual civil vigora o princípio do livre convencimento motivado ou da persuasão racional, pelo qual o juiz tem liberdade para valorar as provas produzidas, devendo expor, racionalmente, quais os motivos que o fizeram chegar àquela conclusão, na forma do disposto nos artigos 130 e 131 do CPC/73 e artigos 370 e 371 do NCPC"*. (TJ/RJ, 20ª CC, 0008848-61.2002.8.19.0014 – Apelação julgada em 15.06.2016). Incrível. E o acórdão cita o NCPC e o ignora. Ainda: *"Ademais, o juiz é o destinatário da prova, em decorrência do princípio do livre convencimento. Inteligência do art. 130 do CPC"*. (TJ/RJ, 9ª CC, 0015106-38.2012.8.19.0208 – Apelação, julgado em 14.06.2016). É preciso dizer mais?

A coisa é muito grave. Dramaticamente grave. Um aluno meu foi defender um trabalho em um Congresso. O tema de que ele tratou foi a resposta correta-adequada a partir da *Crítica Hermenêutica do Direito*. Um professor doutor lhe disse: "– Esqueça. A discricionariedade é inevitável". Esse é o Brasil. Também o Ministro Roberto Barroso disse que o subjetivismo é inevitável. É nesse país que trabalho e escrevo. É em uma república idealizada, em que a discricionariedade é a solução, e não o problema.

O Brasil parece mais, no plano das práticas jurídicas, com a *Sereníssima República*, de Machado de Assis. É dessas questões que os meus críticos devem falar. Aliás, não deviam atacar a mim. Deveriam enfrentar o juiz que diz que não obedecerá a lei. Deveriam se preocupar com um grupo de doutrinadores que sustenta que, diante do NCPC, o STF e o STJ são as Cortes de Vértice, isto é, as Cortes de Precedentes. Os demais tribunais e juízes devem apenas aplicar as teses e os precedentes que tais "Cortes" fazem. Indago: Como assim, um "sistema de precedentes"? O que é isto – um sistema? Já nem se trata de discricionarismo. Trata-se de desobediência mesmo. Decisionismo. Vontade de poder.

No fundo, muitos dos meus críticos fazem a velha confusão entre criatividade e discricionariedade. Deriva da ilusão do positivismo primitivo, que acreditava que essas duas coisas eram sinônimas. Sei que alguns positivistas exclusivos rechaçam a tese da ausência de discricionariedade em razão da incontornável criatividade. Não posso concordar com isso. Ora, Dworkin deixa essa diferença muito clara na metáfora do romance em cadeia, por exemplo. O juiz escreverá um novo capítulo. Ele tem responsabilidade política, mas não faz política. Faz direito. Está preso ao enredo. E, ainda que não seja possível ter a certeza de que fez o melhor, é possível saber se fez de tudo para ter feito o melhor, o que inclui o enfrentamento da doutrina, dos precedentes. Não há liberdade de consciência. Assim como o tradutor não pode traduzir da forma que quer, o juiz, como tradutor do sistema, também não.

Para fechar essa resposta à sua complexa pergunta, lembro que o problema da discricionariedade pode não ser um problema na teoria de Raz e na sua aplicação no direito dos Estados Unidos, da Inglaterra e quiçá (ou principalmente) da Alemanha, onde os juízes nem de longe, mas nem de longe mesmo, possuem, primeiro, o poder que têm os juízes brasileiros e, segundo, não possuem o tal poder discricionário que os daqui praticam cotidianamente. Isso serve tanto para o positivismo exclusivo como para o inclusivo. Sem exagerar, uma vez o Professor Aroso Linhares, em um seminário que ministrei na Faculdade de Direito da Universidade de Coimbra, disse-me que, comparado aos juízes brasileiros, Duncan Kennedy era uma exegetista. Correto o meu amigo Linhares. A partir disso, posso dizer que Raz e Hart, aplicados no Brasil, muito provavelmente condenariam – e possivelmente com vigor – a discricionariedade à brasileira. Embora, é claro, fariam bem a diferença entre o que é teorizar o direito e aplicar esse direito. De todo modo, provavelmente diriam que aqui suas teorias não possuem terreno fértil. Só começando do zero

Ainda não terminei. Falo no Brasil e do Brasil. Quero resolver e enfrentar o problema da discricionariedade à brasileira ou outro nome que se dê a uma espécie de estado de exceção hermenêutico ou estado de natureza hermenêutico. Aliás, escrevi um texto no Conjur, denominado *Hermenêutica e positivismo contra o estado de exceção interpretativo*, em que proponho aos positivistas Bruno Torrano e André Coelho uma aliança estratégica com o positivismo exclusivo, tudo para combater o estado de natureza interpretativo que assola o Brasil. Que não é, nem de longe, a discricionariedade criticada por Dworkin. Aqui, infelizmente, não é possível vislumbrar a diferença entre discricionariedade e arbitrariedade. O pamprinicipiologismo é a maior prova disso. Os juristas do Brasil não têm limites. Os tribunais não têm limites. O céu é o limite hermenêutico. Por isso é que estou preocupado com as condições históricas em que o conhecimento é produzido. A nossa realidade é cruel.

Registro que Bruno Torrano me fez uma interessante resposta na mesma Revista Consultor Jurídico, em artigo denominado *A "aliança estratégica" entre o positivismo jurídico e a hermenêutica de Lenio Streck*. Corretamente, Torrano disse que minha proposta não poderia ser entendida como um esforço de *integração conceitual* entre premissas empregadas por ambas as correntes de pensamento. Isso, mais do que inconveniente, seria impossível: a metodologia do positivismo jurídico contemporâneo afirma ser necessário, em um processo de adesão por método, descrever o direito de forma moralmente desengajada antes de avaliá-lo. Permito-me citar o artigo textualmente nessa parte: "Como consequência, tem-se a proposição teórica, muito bem resumida por Brian Leiter, de que 'normas epistêmicas, sozinhas, são suficientes para demarcar o fenômeno jurídico', algo que Streck, partidário da 'tese da descontinuidade' e do direito como 'conceito interpretativo' (Dworkin), não está disposto a aceitar. Sendo assim, concorde-se ou não com a dita 'superação filosófica', o fato está a ilustrar que, a não ser que uma das partes do debate venha a mudar de opinião, os *inputs* do positivismo descritivo e do pós-positivismo hermenêutico são, simplesmente, incompatíveis. Pós-positivistas continuarão afirmando que o positivismo foi 'superado', e positivistas continuarão apontando falhas nesse raciocínio".

Torrano acrescenta, ainda, que, "embora essas diferenças das matrizes: o desacordo teórico sobre as fundações do direito não impossibilita uma *abordagem pragmática* destinada a iluminar e sistematizar eventuais *similaridades de resultado* entre teorias rivais no plano conceitual. Isso não significa negar a importância dos debates conceituais mais abstratos sobre a natureza do direito, e sim afirmar que a invocação de tais divergências metateóricas perde sua razão de ser quando, de forma contingente, duas partes teoreticamente dissidentes consentem em unir forças e refinar argumentos com o objetivo de alcançar um resultado prático específico que concordam ser importante".

Gostei também quando disse, na continuidade: "Nesse sentido, avizinhar positivismo e pós-positivismo hermenêutico, nos termos propostos por Streck, significa engajar-se em um empreendimento de natureza *crítico-normativa* que (i) toma como *critério de utilidade* ('podem ser úteis') a premissa de responsabilidade política do Poder Judiciário em contextos subordinados a constituições democráticas moralmente boas e (ii) propõe-se a *fazer uso* ("podem servir") de alguns ensinamentos do positivismo jurídico que possuem potencial bélico contra o *'Estado de Exceção Interpretativo' observado na atual prática jurisdicional brasileira"*.

Mas, se o positivismo é meramente descritivo, como ele pode, digamos assim, ajudar nessa luta contra o ENI (Estado de Natureza Interpretativo) brasileiro? Afinal, se é correto o que diz Andrei Marmor, discípulo de Raz, que o "positivismo jurídico não é uma teoria sobre o dever moral de juízes", como seria possível então usar teses descritivas? Torrano, baseado em Waldron, entende que sim: "Virtualmente, nenhum 'positivista descritivo' nega a necessidade e a importância do empreendimento de *valoração moral pós-descritiva* daquilo que foi angariado como *juridicamente vinculante* em um primeiro momento (pós-positivismo fraco). E uma das possibilidades pós-descritivas é, exatamente, a defesa da *primazia do texto* constitucional e legal. Os positivismos de Raz e de Shapiro ligam-se, de forma muito íntima, a relevantes ensinamentos da *teoria da autoridade* que, a meu ver, possuem *grande potencial normativo* no combate ao ativismo judicial. Não só partem de algumas premissas sempre ressaltadas pelo próprio professor Streck – caráter necessariamente intersubjetivo do fenômeno jurídico, responsabilidade política de magistrados, inexistência de 'grau zero' interpretativo, etc. –, como também afirmam, cada qual a seu modo, que a característica especial do sistema normativo que conhecemos como 'direito' é a de pretender agir por meio de 'razões protegidas', isto é, razões que, em diferente plano lógico, visam *impedir* ou *precluir* o balanço de razões dos indivíduos submetidos à autoridade sobre a conveniência ou não de fazer aquilo que é determinado pela norma jurídica".

Ou seja, nessa luta contra decisionismos e coisas desse jaez que assolam o direito brasileiro, há muitas coisas que se constituem em inimigos comuns. Temos divergências, é claro. Elas aparecem em vários lugares. Mas ninguém de nós, sejam os adeptos de Dworkin, os positivistas exclusivos ou um hermeneuta como eu, admitimos que a moral possa corrigir o direito. Isso só para falar desse predador "predileto" do direito.

Gostaria de acrescentar um comentário: Trata-se da questão relacionada à hermenêutica e sua compatibilidade ou incompatibilidade com a analítica. No fundo, as discussões entre a *Crítica Hermenêutica do Direito* e os positivismos duros são uma reprodução do debate hermenêutica e analítica.

Explico. Há um texto de Ronai Pires da Rocha, intitulado *"Memória de uma Visita e algumas notas adicionais"*, fruto de uma visita que Ernst Tugendhat fez à cabana de Ernildo Stein, em Morro Reuter, que, aliás, fica bem próxima de minha Dacha, em São José do Herval. A primeira coisa interessante é a introdução que faz Ronai, referindo-se a Hillary Putnam, quando este diz que os filósofos alemães constituem um modelo para o futuro da filosofia continental, citando como exemplo Tugendhat, que, embora analítico, continua a citar Heidegger. Para Tugendhat, a relação entre analítica e hermenêutica pode-se relacionar como os andares de uma casa. Apenas me permito inverter a ordem dos andares, isto é, a analítica é uma espécie de hermenêutica reduzida, como o andar de cima da moradia em que a hermenêutica é o andar de piso. Isto porque falta à analítica a dimensão histórica e um conceito mais amplo do que é compreender. Por sua vez, a hermenêutica vive perigosamente no andar terreo sem maiores preocupações com a solidez e a renovação do andar de baixo. Tugendhat sugere até uma certa superioridade da hermenêutica, problemática que não fica, entretanto, bem clara na obra do professor alemão. De todo modo, Tugendhat sugere que a análise linguística (dos conceitos) própria da analítica não deixa de ser uma atividade hermenêutica. Há, nessa frase de Tugendhat, uma desdualização entre os dois "andares". Ronai chega a fazer um subtítulo no artigo, perguntando: *"E se a analítica fosse também hermenêutica"*?

Pois é nesse sentido que acho que pode haver uma aproximação entre positivismo e hermenêutica, claro que com a exigência de que o positivismo (que é analítico) admita que quando descreve já está prescrevendo. Somente desdualizando é que é possível aproximar hermenêutica e positivismo. Mas, mais do que isso, os positivismos descritivos e normativos devem assumir as consequências disso. O abandono da dualidade descrição-prescrição (ser e dever ser, se quisermos) já coloca o intérprete e a própria teoria do direito dentro de um desde já sempre com o objeto, o direito. Isto quer dizer, na minha concepção, que Tugendhat pode ter razão quando fala da metáfora dos dois andares, desde que – e essa é a minha leitura muito particular – entre os dois andares haja uma escada rolante de subida e descida.

Desse modo, eventuais fragilidades do andar de baixo, como, por exemplo, a questão da aferição da autoridade da tradição e, na especificidade, os limites da norma como produto da atribuição do texto, poderiam ser compensadas pela solidez do andar de cima, que no plano bem jurídico, podemos chamar de texto. Quando falo de fragilidades da hermenêutica, falo da hermenêutica filosófica. A CHD não tem esse problema, porque vai além da hermenêutica filosófica, construindo uma criteriologia para solidificar esse andar de cima. Claro que ela depende do andar de baixo, mas este não tem autonomia conceitual.

Pergunta 10

Aproveitando a deixa, pode explicar melhor o conceito de discricionariedade? (R. D.)

Lenio Streck: Meu amigo Rodolfo Arango, jusfilósofo colombiano, discute magnificamente o tema e eu me abebero nos seus escritos. Fez uma magnífica conferência sobre isso em Congresso no Rio, cujo texto fará parte de um livro coletivo que trata exatamente da discricionariedade. Fizemos um painel juntos. Por exemplo, *lato sensu*, podemos dizer que, em termos de atividade exercida pelo juiz, a discricionariedade é a valoração que faz sobre os fatos e normas em termos de sua adequação, visando a decidir a questão em conformidade com a ordem jurídica. Mas, *stricto sensu*, a discricionariedade diz respeito à liberdade que teria ou tem o juiz para decidir quando o ordenamento jurídico não estabelece claramente como deve ser decidido o caso. Claro que esse é o tipo ideal do conceito de discricionarismo.

É neste último sentido, diz Arango – e por isso o chamei à colação – é que a discricionariedade se converte em um tema espinhoso. Afinal, se os juízes são livres para estabelecer, conforme o seu pensar, a solução para um caso quando a lei não é clara, completa ou sem contradições, então estamos diante de um engano ou engodo. Começa já um problema sério, aqui, ou seja, de que maneira podemos identificar essas situações? Warat dizia que uma lei somente é clara quando nos colocamos de acordo com seu sentido. Quando não concordamos, achamos nela uma porção de penumbras, vaguezas, etc. De todo modo, em tais circunstâncias – nebulosas ou não – os direitos das pessoas não dependem da lei, e, sim, da escolha dos juízes. Mas isso é profundamente antidemocrático.

É por isso que Dworkin rechaça a discricionariedade, em seu sentido forte. Já Hart reconhece o poder discricionário dos juízes nos casos difíceis, muito embora alguns leitores de Hart neguem aquilo que está claramente posto na sua obra. Particularmente, acho que Dworkin, Raz e Waluchow são bons intérpretes de Hart. Isto não quer dizer que não haja bons intérpretes de Hart no Brasil. Para mim, ele deixa nas mãos dos juízes a resolução dos casos difíceis, confiando na sua capacidade e formação. Como já falei, Dworkin, contestando seu professor Hart, não admite esse poder discricionário. Convoco novamente a doutrina de Arango, que, por coincidência, estudou com Dworkin, ao dizer – e cito de cabeça: "os juízes criam direito nos casos penumbrosos, obscuros, enfim, nos casos difíceis, tese compartida tanto por Hart quanto por Kelsen". Aqui também chamo a atenção para as leituras equivocadas que são feitas da obra *Teoria Pura do Direito*, de Hans Kelsen. Incrível como ainda tem gente que acha que Kelsen não admitia discricionarismo no plano da aplicação do direito pelos juízes. Neste andar de baixo de sua teoria, indubitavelmente Kelsen foi um decisionista. Kelsen nunca se preocupou com a decisão. Sua tese é do "andar de cima do direito", a ciência jurídica.

Mas, temos de estar atentos. Esse é o conceito de discricionariedade presente no debate de Dworkin e Hart e na discussão das teses positivistas. Aqui há duas questões a serem postas. Primeiro, a discricionariedade é uma característica de todos os positivismos, embora, como já disse, Wilfried Waluchow divirja do positivismo exclusivo que afirma haver sempre discricionariedade quando são utilizadas pautas morais, como também de Dworkin, para quem não restaria mais espaço para um juízo discricional. Ou seja, para Waluchow a discricionariedade não faria parte de forma inexorável de seu positivismo inclusivo. Peço desculpas por me repetir, mas sofro de LEER (Lesão por Esforço Epistêmico Repetitivo).

Para mim, a discricionariedade está presente de algum modo em todos os positivismos, mudando apenas de lugar. Tenho referido isso à saciedade, circunstância que está no cerne de minha descrição "do que é isto – o positivismo". Em segundo lugar, se Dworkin, criticando a discricionariedade, e Hart a defendendo, já provocam um problema enorme no que tange à questão da democracia, imaginemos aquilo que ocorre nas práticas cotidianas em um país como o nosso.

Arriscaria dizer que aquilo que Dworkin critica como discricionariedade em Hart, no Brasil é quase uma aplicação exegética, se me permitem esse pequeno exagero na comparação. Por isso alguns críticos não entendem que minhas teses são construídas dentro e a partir de nossa realidade, de nossa sangria do cotidiano, do nosso estado de exceção interpretativo, em que leis são descumpridas todos os dias com incentivo da própria doutrina, que acha bonito – desculpe-me a ironia – que, contra texto expresso do Código Civil, a amante receba a metade da herança do concubino adulterino, invocando o tal princípio da afetividade e outros argumentos de "justiça".

Por justiça, em meu favor, posso dizer que jamais afirmei que decisões desse quilate se enquadram na zona do poder discricionário. Nunca. Apenas refiro que uma decisão que constrói nitidamente direito novo, enfim, que põe direito como se legislador fosse, é uma forma de positivismo. Deixo isso claro em vários livros e textos. Daí a semelhança do positivismo com o nominalismo. Todo positivismo é uma forma de nominalismo. É o "eu ponho", algo como *auctoritas non veritas facit legem*. Que quer dizer: não é a verdade ou a substância que faz a lei, mas, sim, a autoridade para fazê-la. Lei e decisão passam a ser a mesma coisa. Por isso, o realismo jurídico, que é um empirismo, põe o direito. Por intermédio dos juízes. Compreende?

No fundo, o positivismo se enquadra em uma espécie de neossofisma: em vez de o homem ser a medida de todas as coisas, como disse Protágoras, hoje, no Brasil, vige o lema "o intérprete-juiz é a medida do direito a ser aplicado". Sim, sei que um positivista duro diria que isso não é problema do positivismo, que tão somente se preocupa com a teoria do direito, e não com a decisão, ou que se preocupa apenas com raciocínios jurídicos (feitos pelo teórico), e não com os raciocínios práticos (feitos pelo juiz). Minha resposta: sei disso e é exatamente por isso que repito um comentário de Albert Calsamiglia: quando mais precisamos de um modo de como aplicar corretamente o direito, mais o positivismo não tem essa resposta.

Sigo. Para dizer que, se o positivismo exclusivo é uma tese descritiva, excluindo juízos morais, é porque aceita o direito como ele é posto. Nesse caso, a *auctoritas* é do legislador. No realismo jurídico ou nas vulgatas do positivismo jurisprudencialista brasileiro, a *auctoritas* é do juiz ou tribunal. Trata-se de algo que, no plano da metaética, podemos denominar de não cognitivismo. É por isso que, para mim, todo positivismo é relativista. Aliás, essa é uma afirmação de Hans Kelsen, que cito literalmente no meu *Hermenêutica Jurídica e(m) Crise*. É a obra *Que es la teoría pura del derecho?*, publicada no México. Quem também explicita esse caráter relativista presente na teoria pura kelseniana é Gabriel Nogueira, em seu livro *Positivismo Jurídico e a Teoria Geral do Direito – na Obra de Hans Kelsen*.

Nesse sentido, cai como uma luva uma sacada do John Finnis e que vem reforçar aquilo que venho dizendo sobre o positivismo, isto é, a tese do *auctoritas nos veritas facit legem* ou o "eu ponho". Repetindo: de há muito refiro que o positivismo tem relação com o nominalismo e o pragmatismo. E o relativismo. Essa tese do Finnis me veio por intermédio do excelente trabalho de Arthur Ferreira Neto (*Cognitivismo Moral e o Não Cognitivismo Moral e sua Influência no Pensamento Jurídico*). É no livro *A Grand Tour of Legal Theory* que Finnis diz que os adeptos do positivismo são, consciente ou inconscientemente, nitzscheanos, porque fazem uma redução do direito, da ética e da política ao exercício da vontade de determinados indivíduos dotados de poder. Em última instância, o positivismo pressupõe que a fonte dos parâmetros normativos, que devem guiar a nossa ação, são reflexos dos nossos impulsos sub-racionais e de nossas compulsões por submissão e dominação de outros indivíduos, ilustrando, mais uma vez, o traço emotivista que Kelsen incorpora em seu projeto teórico. Neste ponto, Finnis alude que essa suposta "genealogia da moral" também influencia, fortemente, o pensamento empírico-pragmático na teoria do direito, representando, assim, um ponto de contato entre essas duas tradições jurídicas. Observação: empirismo, que não deixa de ser uma forma de positivismo e o próprio positivismo normativista. O mesmo Arthur Ferreira Neto, apoiado no jusfilósofo alemão Klaus Adomeit, conclui, com chave de ouro, dizendo que essa característica acaba propagando uma verdadeira metodologia niilista, na medida em que o conteúdo final que determinará, em última instância, como os indivíduos devem agir não será outra coisa senão fruto de mero arbítrio daquele investido de poder. Veja-se, aliás, complementa Ferreira Neto, que a denominada fase cética de Kelsen pode ser compreendida como sendo o período intelectual no qual ele abdica, completamente, de pretensões kantianas na explicação do direito, ficando apenas com a sua influência nietzschiana.

Mas, sigamos. Por tudo isso, tenho que uma decisão que aplica o direito de forma exegética-textualista, entendida no sentido de que todas as hipóteses de aplicação já estão contidas na lei, isto é, que demonstram que lei e direito são exatamente a mesma coisa, é tão positivista quanto uma decisão que faz o contrário, é dizer, desrespeitando qualquer parâmetro ou limite semântico, entendido o termo *semântico* no sentido hermenêutico da palavra. Na sequência, provavelmente virá uma pergunta para esclarecer isso, certo? Ou seja: tanto o legislador põe o direito como o juiz: só muda a perspectiva e o *locus* de poder. Se nenhum tiver limites, eis o caos.

Ainda sobre Kelsen, ele é um não cognitivista no nível da política jurídica. No nível da ciência jurídica, ele é um cognitivista epistêmico, porque acredita na possibilidade de conhecermos aquilo que as normas jurídicas prescrevem. Mas, atenção: por não acreditar que elas são boas ou ruins, justas ou injustas, Kelsen acaba sendo um não cognitivista ético no nível da ciência jurídica também. A norma fundamental é o fundamento do cognitivismo epistêmico em Kelsen. O cognitivismo epistêmico está assentado em uma imputação, e não em uma relação de causalidade. Para que eu possa dizer que algo é crime, o pressuposto é uma norma que não podemos dizer se é boa ou ruim. Se dissermos que ela é boa ou ruim, estaremos agindo como uma postura cognitivista ética. Como a própria realidade já é um conglomerado entre descrição e prescrição (ex.: uma briga entre duas pessoas não é apenas o braço em direção ao rosto do outro), Kelsen fugiu da realidade para construir uma ciência jurídica. Isto é, construiu seu próprio objeto de conhecimento – a ciência jurídica.

Se o cognitivismo ético é correto (grau de objetividade de juízos morais), então o positivismo e o realismo jurídico são posturas equivocadas no sentido da democracia. Alf Ross, um empirista, é um não cognitivista ético. Veja-se, de novo: estou tratando dos conceitos de cognitivismo e não cognitivismo no plano da metaética. Não estou tratando isso no plano da moral ou da ética normativa. Estou tratando de um segundo nível. Só para explicar: numa simples questão de moralidade, digamos, em um discurso ético-normativo, alguém diz que a justiça deve estabelecer um amplo acesso à saúde pública ou que a justiça requer um amplo financiamento de saúde pública. No plano da metaética, vou discutir sobre isso, isto é, vou discutir a possibilidade de um juízo ético poder ser objetivo ou não.

Pergunta 11

Cognitivismo e não cognitivismo: o senhor acha relevante essas distinções metaéticas? Qual é a diferença entre as duas posições? Pode citar exemplos de filiações teóricas ou enquadramentos de teses ou autores? (R. D.)

Lenio Streck: Acho relevante se disso podemos tirar proveito para situar as diversas teorias do direito. Importante para separá-las entre aquelas que acreditam em alguma objetividade e/ou verdades e as céticas ou meramente retóricas. Começando pelo mais fácil, não cognitivistas seriam aquelas correntes ou posições céticas. Por elas, não é possível exercer controle racional de decisões. Direito, por exemplo, será aquilo que a decisão judicial disser que é. E isso resultará de um ato de verificação empírica. Um ato de poder. E de vontade. Direito vira fato, de novo. Uma nova forma de positivismo. Para essa postura, decisões jurídicas sempre podem ser variadas. Portanto, para os realistas ou empiristas, não há resposta correta. Tampouco existe, para eles, a melhor ou uma resposta melhor que outra. Uma postura não cognitivista – um bom exemplo são as posturas realistas jurídicas – não concebe a possibilidade de existir nenhuma forma de realidade moral objetiva; se aproxima do relativismo; não é possível, por elas, dizer que uma coisa é ruim em qualquer lugar; somente a dimensão empírica é capaz de influenciar a formação do direito. Real e existente é aquilo que o agente pode manejar e dispor. O decisionismo é uma forma não cognitivista. Niilismo, do mesmo modo, é uma forma não cognitivista, assim como uma corrente chamada emotivista.

Um realista moral é diferente de um realista-empirista jurídico. O primeiro acredita que valores e direitos existem objetivamente. O segundo flerta sempre com o ceticismo. Com o relativismo moral. Mas vamos para a definição do cognitivismo: acredita na possibilidade de controlar decisões. Acredita que é possível que um discurso moral seja verdadeiro ou possa ser verdadeiro. Dworkin é um típico cognitivista. Cognitivismo quer dizer que é possível fazer juízos de certo e errado sobre um determinado agir, e que esses juízos podem ser transmitidos a outras pessoas. Há uma crença em um grau de objetividade. Acreditar em resposta corretas é um modo de se dizer cognitivista.

Fazer essa distinção é relevante, talvez não tanto para a *Crítica Hermenêutica do Direito*, mas para que possamos identificar determinados discursos. É bom saber que um decisionista não se importa com juízos de certo ou errado, mesmo que ele diga que sim. Mas, se decide como quer, naquilo que, em seu íntimo acha justo, agirá de forma não cognitivista. Se alguém se diz pragmático no direito, querendo assim dizer que cada decisão deve levar em conta só aquele caso, só aquele problema, está diante de um não cognitivista, porque é uma espécie de nominalista ou neonominalista.

Portanto, os conceitos de cognitivismo e não cognitivismo também são úteis para mostrar que uma dogmática jurídica que não se preocupa com critérios ou de buscar discursos de verdade, é igualmente não cognitivista. Bingo. Para mim, não há saída para o direito a partir da adoção de posturas não cognitivistas. Podem-se até adoçar as teses não cognitivistas. Mas é impossível esconder seu caráter cético. Vou mais fundo nisso. Para dizer que, no Brasil, autores como Luis Roberto Barroso, Ana Paula de Barcellos, Daniel Sarmento, para falar apenas desses, são não cognitivistas, nesse exato sentido. Aqui o conceito de não cognitivismo do Arthur Ferreira Neto se aproxima ao que o Claudio Michelon diz sobre as posturas realistas e os positivismos descritivos: são as posturas segundo as quais ou bem valores de verdade não podem ser atribuídos a qualquer enunciado sobre o direito ou bem valores de verdade são irrelevantes no que diz respeito aos enunciados jurídicos. Por isso, no Brasil a dogmática jurídica está sempre mais próxima do não cognitivismo ético, porque suas respostas são de acordo com o que pensa o autor. Logo, nisso não reside qualquer critério de coerência e integridade e tampouco preocupação com a verdade. Como diz Ernildo Stein, quem nos protege dos subjetivismos? Quem nos protege dos pragmatismos?

Vejamos mais. Não cognitivismo quer dizer que o intérprete não se preocupa com respostas verdadeiras. E isso representa uma autocontradição. Transforma o direito em um jogo de poder. É Kelsen redivivo, que transferiu o conteúdo do direito para um ato de vontade. No Supremo Tribunal Federal, o Ministro Marco Aurélio encampa essa postura não cognitivista, ao dizer que a interpretação é um ato de vontade. Que é um ato de poder, ao fim e ao cabo. Mas isso não quer dizer que, no plano da identificação do que seja direito, Kelsen não seja também cognitivista. Só que ele não é um cognitivista moral. É um cognitivista epistêmico. Afinal, para ele, há uma hierarquia jurídica a ser observada. Mas, ao mesmo tempo, o Kelsen cientista, ao separar a ciência jurídica da moral, é um não cognitivista. Sei que é complexo isso. Mas temos que tentar entender.

Nessa linha, o positivismo inclusivo, ao apostar na incorporação da moral, somente pode ser considerado cognitivista se deixar claro o modo como a moral é incorporada. Uma incorporação descriteriosa joga os inclusivistas nos braços do não cognitivismo, isto é, do irracionalismo. Uma incorporação descriteriosa joga os inclusivistas nos braços do realismo na sua versão mais empirista. Embora, atenção, há que se deixar claro que nisso pode residir uma contradição performativa dos inclusivistas. Explicando melhor: se eles oferecem essa criteriologia para a incorporação da moral no direito, acabam se contradizendo, pois dessa forma será uma postura não positivista.

O que isso quer dizer? Simples. Isso quer dizer que o rigor metodológico que o positivismo busca construir para evitar que o direito seja predado pela moral, acaba sendo esvaziado por uma abertura que derrota o propósito. Assim, o positivismo inclusivo, ao realizar uma abertura descriteriosa para a entrada da moral, derruba o edifício de fechamento metodológico construído pelo positivismo. Ao "dar certo", ele deixa de ser positivista. Essa é uma crítica que faço aos positivistas inclusivos. Que de tanto quererem fugir do positivismo exclusivo acabam se atirando na antítese. E correm o risco de não mais poderem ser chamados de positivistas.

Pergunta 12

Mas, então, como explicar que autores como Guastini e os seus seguidores aqui no Brasil digam que o positivismo clássico era cognitivista? Os conceitos que o senhor acaba de apresentar apontam para o contrário do que diz o autor italiano. (R. D.)

Lenio Streck. Efetivamente, são coisas diferentes. Quando falo de cognitivismo e não cognitivismo estou me referindo à metaética, única forma de se conseguir o papel das teorias do direito para a compreensão dos fenômenos. Fora da metaética, falar em cognitivismo não tem sentido, porque até mesmo Kelsen procurou superar isso quando se refere ao cognitivismo dos adeptos da antiga jurisprudência dos conceitos. Isso está claro na *Teoria Pura do Direito*.

No Brasil, Daniel Mitidiero, no livro *Cortes Superiores e cortes supremas* e também em livro publicado na Espanha, usa a expressão "cognitivismo" a partir justamente de Guastini, Tarello, Chiasonie e outros autores da escola de Gênova. Guastini, por sinal, é a principal base de Mitidiero para falar de interpretação. Por isso, é preciso deixar claro que quando os processualistas utilizam a expressão *cognitivismo interpretativo*, isso não tem nada a ver com cognitivismo moral e temas afins. Inclusive, é comum utilizarem o termo *cognitivismo* como sinônimo de *formalismo*. O que eles chamam de posturas não cognitivistas seriam concepções pós-exegéticas (de modo indistinto), sendo que eles se filiam à versão do Guastini para propor uma distinção entre texto e norma – o que no filão teórico deles começa com um texto clássico do Ascarelli e segue com o Giovani Tarello até chegar no Guastini e Chiassoni. A perspectiva desses autores caminha de certo modo no âmbito da filosofia da linguagem ordinária, porém, sem o devido refinamento.

Essa, aliás, é a base para compreender a proposta dos defensores das teses precedentalistas para a formação de Cortes de "Precedentes". Mitidiero trata de dois possíveis "modelos de cortes de vértice", sendo que cada um deles parte de concepções diferentes do que significa interpretar o direito, o que acabaria condicionado às relações entre o legislador e o juiz, sua função e a eficácia das suas decisões. Assim, enquanto o modelo de Corte Superior tem como ponto de partida a "identificação entre texto e norma" (o que ele denomina de teoria cognitivista da interpretação ou formalista) e a concepção da jurisdição como atividade meramente declaratória, o modelo de Corte Suprema parte da "dissociação entre texto e norma" e a da compreensão de que a jurisdição consiste numa atividade de reconstrução do ordenamento jurídico mediante a outorga de sentido a textos e a elementos não textuais do sistema jurídico. Nessa perspectiva, competiria às Cortes Supremas orientar a aplicação do direito mediante precedentes, assumindo, assim, uma função proativa, direcionada ao futuro. As Cortes Supremas, desse modo, transformam-se em Cortes de Precedentes. O que dizer disso? Autores como Nelson Nery Jr e Georges Abboud dizem que nisso reside uma inconstitucionalidade, isto é, o Código de Processo Civil não poderia, nem de longe, ter estabelecido efeitos vinculantes, porque, na versão de Cortes de Vértice, transformam-se em legisladores. E isso viola a Constituição. Corretíssimos Nery Jr e Abboud. Escrevi sobre isso no Conjur em quatro textos, que chamei de quatrilogia.

No final das contas, tem-se a impressão de que alguns processualistas brasileiros "descobriram" que interpretar não é somente reprodução do texto normativo e, como consequência, isso gera um "problema": descobre-se o caráter indeterminado do direito. Daí a afirmação de que o texto é equívoco (pode ter mais de um sentido). No final das contas, toda a teoria desse grupo de processualistas brasileiros reside em dar à Corte de Precedentes a competência para outorgar sentido aos textos normativos, estabelecendo normas que vincularão, por si só, para o futuro – e que serão aplicadas nos casos futuros – nos quais não há necessidade de interpretação se os casos forem "fáceis". Partem de uma cisão entre interpretação e aplicação, e que, desse modo, seria possível aplicar a norma sem interpretar, quando ela não for potencialmente vaga (entendida como textura aberta).

Qual é a relação das Cortes de Precedentes com o cognitivismo? Simples. A tese dos processualistas que denomino de "precedentalistas" quer superar as Cortes tradicionais que seriam cognitivistas. No lugar delas colocariam Cortes de Vértice, que atuariam não como cognitivistas, mas, sim, como não cognitivistas, fazendo um ato de vontade. Repristinam, assim, Hans Kelsen, que também disse, só que décadas atrás, que o juiz faz um ato de vontade e que o cientista é que faz um ato de conhecimento. Esse ato do cientista, para Kelsen, é que poderia ser enquadrado como cognitivista. O inusitado é que, ao fim e ao cabo, pegando o – equivocado – conceito de cognitivismo de Guastini e outros, tem-se que, de fato, examinando conceito de cognitivismo no plano da metaética, aquilo que eles pregam como não cognitivismo é de fato, um não cognitivismo, só que por outras razões, já explicadas antes, na resposta a outra pergunta.

Para finalizar, apenas uma observação: aqueles processualistas brasileiros que tratam o exegetismo como cognitivismo não precisam acreditar em mim quando trato da metaética e suas consequências para, inclusive, mostrar que o realismo é uma postura não cognitivista. Basta que acreditem naquilo que Arthur Ferreira Neto escreveu sobre isso. Por vezes, no Brasil, alguns juristas tendem a rejeitar teses por idiossincrasias pessoais e coisas do gênero. Não é o meu caso, asseguro. Há pouco tempo, mesmo criticado por autores positivistas, reconheci-lhes a qualidade e passei a dialogar com eles. Gostaria que os processualistas também agissem desse modo. Quando critico o livre convencimento, não é por implicância. Há bons filósofos que tratam disso. De novo, não é necessário que acreditem em minhas críticas à livre apreciação e às incongruências de suas teses. Basta que acreditem em alguns filósofos que até são mais radicais do que eu quando falam do subjetivismo. Afinal, livre convencimento e subjetivismo são irmãos gêmeos. Por exemplo, o francês Mattéi, com seu *La barbarie intérieure*. Ele ajuda a explicar, melhor do que eu, o problema do solipsismo e do subjetivismo. Sim, porque, no fundo, o que sustenta as teses da expressiva maioria dos processualistas – e dos juristas em geral – é, ainda, a filosofia da consciência. Basta ver como ainda se defende o livre convencimento. Afinal, o livre convencimento é o quê, senão o suprassumo do subjetivismo?

Pergunta 13

Mais alguma coisa que lhe incomoda nesse debate com os precedentalistas? (R. D.)

Lenio Streck: Algumas coisas eu nem fico sabendo que escrevem. Tenho sofrido duras críticas de alguns jovens processualistas. Um deles chegou a me acusar de que minha hermenêutica ou a teoria que sigo estaria vinculada ou caudatária do realismo norte-americano. A confusão feita com a crítica hermenêutica aos precedentalistas foi muito bem-apanhada por Eduardo da Fonseca Costa, que fez a classificação de hermeneututas (nossa tese) e transcendentalistas (que seriam os precedentalistas por mim assim epitetados), apenas para evitar a falsa impressão de que os hermeneutas são contra os precedentes. Diego Crevelin de Souza faz um apanhado do estado da arte da discussão de forma magnífica. E coloca as coisas nos seus devidos lugares. Vale a pena ler o texto de Crevelin, denominado *O que deve ser dito sobre (e enfrentado n)a compreensão de precedentes dos hermeneutas*?. Uma das coisas que o texto de Crevelin explicita é o conceito de precedente e quais são as condições de possibilidade de um precedente ser vinculante. Ele bem critica os meus críticos. E com relação à tese de que os precedentes, para a hermenêutica, não seriam vinculantes, o texto também é muito claro. Assinaria embaixo do texto de Diego. E mais não é necessário dizer.

Pergunta 14

Professor, é comum ouvirmos algumas críticas a respeito do modo como o senhor enfrenta o positivismo jurídico, sobretudo, como alegam, por este (supostamente) não abarcar as versões mais contemporâneas e que, por isso, estariam "imunes" aos seus apontamentos. O que pensa sobre isso? (R. D.)

Lenio Streck: Na resposta anterior, já delineava isso. E alguns pontos já esclareci, principalmente no meu debate com positivistas exclusivos. De todo modo, esta indagação é muito pertinente e me possibilita fazer alguns esclarecimentos sobre este tema. No ponto, quanto à crítica de que até um determinado momento, os positivistas exclusivos e inclusivos norte-americanos (e dessa cepa) não fazerem parte de minhas críticas e análises acerca do positivismo jurídico, também tenho que cobrar o mesmo dos positivistas do norte. Com efeito, os positivistas norte-americanos, incluindo Waluchow, e de outros países que não Espanha e Itália, não citam positivistas desses dois últimos. Por exemplo, Ferrajoli é um ilustre ausente do debate e até mesmo do esquema de descrição das diversas correntes positivistas. As dezenas de positivistas espanhóis, como Juan Garcia Amado, Juan Manero, Peces Barba, para falar só desses, igualmente não estão incluídos no debate. Portanto, só para registrar. São opções teóricas. Mas que agora corrijo, porque o assunto passou a me interessar sobremodo.

Logo de início, é importante notar que faço uma leitura diferenciada do positivismo jurídico. Partindo da concepção de filosofia no direito e diante do "método" fenomenológico-hermenêutico, não busco compreender o juspositivismo em suas características superficiais, mas sim seus elementos constitutivos de natureza filosófica. Não é incomum observar reflexões equivocadas sobre o tema, como aquelas que dizem: "se o positivismo aplicava a letra da lei, o pós-positivismo se caracterizará por uma abertura interpretativa aos valores". Ou coisas como: "agora no pós-positivismo o intérprete não está mais aprisionado pelos textos legais". Quando operamos neste nível, as "rupturas" são apenas diferenças de superfície, e que podem – como acontece em muitos casos – manter-se sobre o mesmo *background*. Para a *Crítica Hermenêutica do Direito*, a questão não é apenas identificar as características observáveis do juspositivismo, mas o que as sustenta a partir de um prisma filosófico.

Não me importa, portanto, *prima facie*, uma investigação pormenorizada de todas as versões juspositivistas, incluindo as contemporâneas, produzindo um conhecimento meramente enciclopédico e que apenas as descreve superficialmente. Como já falei, no livro *Quarenta Temas Fundamentais*, tratarei dos mais de dez tipos de positivismo. A questão, para mim, é tentar compreender o substrato filosófico do paradigma e que em alguma medida aparece em todas as suas expressões historicamente situadas. De todo modo, é necessário reconhecermos o valor dos positivismos pós-hartianos e críticos de Dworkin. E não são poucos.

Por exemplo, tenho dito que uma das características fundantes do juspositivismo é o relativismo – depois fui descobrir que o próprio Kelsen assumiu isso – e de modo diverso isso está na Escola da Exegese ou no normativismo kelseniano. Neste último, a decisão é entendida como um ato de vontade. Bom, ato de vontade, para mim, é relativismo. Ademais, podemos pensar que isto persiste na contemporaneidade com o reconhecimento da discricionariedade judicial.

Aqui cabe um parêntese, quase me repetindo. Mas tenho de dizer. Quando falo a respeito do problema da discricionariedade e que isso na prática gera, em determinados momentos – e falo do Brasil –, um "estado de natureza" hermenêutico, não estou afirmando que os juristas positivistas que defendem a discricionariedade não procuram sustentar que os juízes têm responsabilidade política. É que responsabilidade política em autores positivistas exclusivos como Raz, Marmor e Shapiro é diferente daquela defendida por Dworkin, como já expliquei. E isso faz a diferença.

Assim, devido ao seu recorte epistêmico, os juízes podem, para as teorias positivistas exclusivas, até mesmo decidir alegando razões não jurídicas, quer dizer, razões práticas. Isso, para eles, não interessa à teoria do direito. Interessante notar como a questão da obrigatoriedade do direito vai aparecer de forma diferente nos vários positivismos, especialmente se examinarmos o clássico (exegético) e o exclusivista, por todos, os modelos propugnados por Joseph Raz e Andrei Marmor. O velho positivismo impõe obrigatoriedade de o funcionário aplicar. Isso desde Austin e Bentham. É o juiz boca da lei que aparece em todas as lendas sobre o positivismo e que, neste caso, é verdadeiro. O segundo, o positivismo exclusivo, estranha ou paradoxalmente, não obriga a obediência. Sim, o juiz não está obrigado a decidir em conformidade com o direito. O juiz só obedece se ele interioriza o direito, isto é, se do ponto de vista interno acredita que ele, juiz, tenha obrigação jurídica – e não moral – de obedecer, aplicando então o direito. Como falei, soa estranho, mas no positivismo exclusivo o juiz não está obrigado a obedecer ao que está prescrito em lei. Não esqueçamos que o positivismo exclusivo é uma teoria descritiva. O juiz aplica raciocínio prático-geral. Em casos em que ele acredita não estar moralmente vinculado, pode decidir de outro modo. Mas não estará fazendo raciocínios jurídicos.

Para explicar melhor, permito-me fazer uma citação literal, pegando o livro do Bruno Torrano, intitulado *Democracia e Respeito à Lei*, p. 71: "O positivismo jurídico, mesmo nas suas versões seguidoras da tese da fonte social – como a ora sustentada [Torrano sustenta o positivismo normativo, que vai além de ser descritivo] não nega que a argumentação do magistrado muitas vezes é permeada por uma complexa gama de princípios morais, tampouco que a atividade do magistrado, cuja função não se confunde com o teórico incumbido de descrever o direito, pode ser uma atividade moralmente valorativa".

Isto quer dizer que há uma distinção entre a função de quem descreve o direito (seria o teórico), e o juiz que faz raciocínios práticos. Mas, em Kelsen isso já não era assim? O cientista faz um ato de conhecimento. O juiz, um ato de vontade. Claro que o positivista exclusivo ou normativo dirá que o juiz – na tese positivista – não faz ato de vontade. Mas se ele não está obrigado pelo direito, o que o segura? De que modo "seguramos" o modo como o juiz decide?

Quem leu Kelsen não vai se surpreender, no sentido forte da palavra, com essa aparente ou nem tão aparente contradição da qual falei. Isto é, a tese de que o direito não é obrigatório para os juízes já estava em Kelsen. Entenda-se bem o que quero dizer com "não é obrigatório" em Kelsen. O que quero dizer é que, se o juiz faz um ato de vontade, esse ato é voluntarista. Na verdade, no plano da metaética, um ato não cognitivista. Por isso, aproximam-se, talvez perigosamente, o positivismo exclusivo, mormente ele, e a teoria kelseniana.

Só para explicar de novo: Há dois níveis na teoria em Kelsen; no positivismo exclusivo, não. Seria uma distinção de funções. O positivista teórico descreve. Faz raciocínios jurídicos. O juiz é que faz raciocínios práticos. Em comum a relevante circunstância de que, mesmo assim, se o juiz não está obrigado a aplicar o direito e se ele aplicar a decisão contra a lei, isso vale. Repito: tanto em Kelsen como em Raz a decisão do juiz, mesmo que eivada de argumentos morais e em desconformidade à lei, vale. Dito de outro modo, no positivismo exclusivo, nas hipóteses em que o juiz não se sente vinculado juridicamente, porque moralmente não concorda, embora no plano da descrição esse ato seja reprovável, a decisão, *ratio* final, vale. É, pois, direito. Portanto, muito cuidado para não confundir o velho positivismo com o positivismo que surge depois de Dworkin, na especificidade da modalidade exclusiva. Mas, por outro lado, há coisas que parecem incrivelmente semelhantes. O positivismo clássico poderia ser classificado como ideológico. O atual positivismo exclusivo metodológico.

No fundo, há uma repetição do que Kelsen dizia a respeito de a interpretação que os juízes fazem é um ato de vontade. Até mesmo fora da moldura, estando o juiz formalmente autorizado a interpretar com base em sua vontade e ninguém recorrer de sua decisão, ela será norma jurídica. Portanto, mesmo *contra legem*, valem. Porque foram postas por quem tinha autoridade para fazê-lo.

Mas, não estariam os juízes vinculados – no sentido forte (há muita gente que gosta destas distinções) – a dizer uma resposta jurídica a partir do direito (limitada à tese das fontes sociais)? Ou eles podem decidir fora do direito? E se podem, estarão fazendo direito ou apenas raciocínios práticos? A resposta já está dada acima. No positivismo exclusivo não há nenhuma obrigação de os juízes obedecerem à lei.

Mas, então, qual é o problema? Simples. Corremos o risco de criar um paradoxo na medida em que razões extrajurídicas se tornam, em um segundo momento, direito, ainda que reconheçamos que esse direito produzido não reivindica autoridade por não ter sido aprovado por nenhum órgão com legitimidade democrática. Essa é uma sinuca de bico para o positivismo. Porque se o juiz pode construir direito, e esse direito vai valer, por que então ser positivista, separando direito e moral? Não estaria mais certo Kelsen, que desistiu de separar direito e moral, fazendo, em um segundo nível, a separação entre a ciência do direito e a moral?

Desenvolvendo mais um pouco isso, acrescento que o positivismo exclusivo de Raz, especialmente, ainda corre o risco de resvalar em uma falácia naturalista invertida, isto é, parte de um "dever ser" para um "ser" posteriormente. Explico: o positivismo exclusivo consegue oferecer recursos interpretativos para distinguirmos razões jurídicas que reivindicam autoridade daquelas que não o fazem (argumentos extrajurídicos). No entanto, ele admite que se o juiz fundamentar suas decisões utilizando razões extrajurídicas, essa decisão terá força jurídica assim como todas as outras, caso não reformada por uma instância jurisdicional superior. Assim, aquilo que em um primeiro momento não era direito, passou a ser. O juiz criou a norma jurídica (dever ser) no caso concreto utilizando-se de argumentos extrajurídicos; em um segundo momento, o positivista exclusivo simplesmente descreverá (ser) essa operação realizada pelo juiz desde uma perspectiva externa. Afinal, se a decisão é direito, este deve ser descrito em um segundo momento. E fará parte do que se chama "direito", que terá que ser descrito sem inserção da moral, pelo positivismo exclusivo. Forma-se, assim, um círculo vicioso.

Hipoteticamente, no caso *Riggs v. Palmer*, penso que, para impedir que o neto assassino receba a herança advinda da morte de seu avô por ele mesmo provocada, há dois tipos de respostas que podem ser dadas a partir do positivismo exclusivo. Considerar como lícita do ponto de vista jurídico-sucessório a conduta realizada pelo neto e, no caso de o juiz decidir alegando que a conduta do neto é moralmente inaceitável, também será uma decisão correta. O juiz, como funcionário público, não está vinculado ao direito (interpretado no sentido de que o que não está proibido está permitido).

Isso porque, e já estou me repetindo, o positivismo exclusivo de Raz e Shapiro separa raciocínios jurídicos de raciocínios práticos. Para registrar Shapiro se autodenomina de positivista exclusivo. O raciocínio jurídico se dá quando o juiz decide um caso a partir do direito, a partir do que consta na regra jurídica (como se as leis não fossem formadas por linguagem vaga e ambígua). Mas o direito não obriga o juiz e nem ninguém, dizem os positivistas exclusivos. De modo que, na minha opinião, Dworkin tem razão quando diz que Raz é um adepto do ceticismo interno. Dworkin também tem razão quando diz que nenhuma teoria do direito poderia ser descritiva. Eu até nem radicalizo isso.

Voltando ao positivismo exclusivo, no caso Riggs – e isso pode ser aplicado a qualquer caso difícil, por assim dizer – as duas respostas possíveis são corretas ou viáveis. O neto pode herdar, se o juiz fizer um raciocínio jurídico (o que já por si é um problema, considerando que é absolutamente questionável que um juiz possa interpretar o direito a partir da tese de que o que não está proibido está permitido – isso me faz recordar do episódio dos juízes da Colômbia que, a pretexto de que a lei orgânica do tribunal só proibia que os juízes eleitores dos órgãos de cúpula estão proibidos de contratar seus familiares, acabaram por contratar a si mesmo, com o argumento de que fizeram o que não estava vedado; isso não deixa de ser uma atitude discricionária). E o neto não pode herdar, se o juiz fizer um raciocínio prático, uma vez que ele pode dizer que conceder a herança ao neto que matou o avô é uma atitude moralmente impensável. Logo, o juiz faz não um raciocínio jurídico, mas, sim, um raciocínio prático. Ambas as decisões estão corretas. Aqui lembro quando Dworkin está explicando a questão do ceticismo interno e externo. Discutindo o aborto, a posição de alguém que diz que ambas as posições (contra e favor) podem ser viáveis, o cético externo diria que isso está certo. E o que dizer do princípio invocado por Dworkin no caso Riggs *versus* Palmer? Bom, para o positivismo exclusivo isso é um raciocínio moral. Não é um princípio que vincule. Não é jurídico.

Por isso, ouso dizer que não existe um juiz positivista para Kelsen, no sentido da ciência do direito, pela simples razão de que juiz não faz ciência; faz política jurídica. Fica em aberto a questão se existe propriamente um juiz positivista exclusivo ou se o positivismo exclusivo se esgota, como em Kelsen, em uma teoria meramente descritiva, portanto, não cognitivista (sempre alertando: não cognitivismo no sentido da metaética).

Isto é, o que quero dizer é que, no positivismo exclusivo, se o direito não obriga o juiz, podendo ele decidir por intermédio de raciocínios práticos (que incluem, por óbvio, a moral), então o juiz acaba sendo livre para decidir discricionariamente. Mesmo que ele decida fora do direito, valerá. Podem os positivistas até dizer o contrário. Mas então devem explicar o modo pelo qual podemos controlar os raciocínios práticos dos juízes.

Sempre lembrando que Kelsen deve ser analisado, no plano do cognitivismo de que trata a metaética – e explico isso de novo – em três aspectos, que pode ser aplicado, *mutatis mutandis*, a Raz: no plano da cognição do ordenamento jurídico, trata-se de um cognitivismo epistêmico; no plano da descrição, uma vez que não entram argumentos morais, é um não cognitivismo ético; e no plano da aplicação, já que em Kelsen o juiz faz política jurídica e não há nenhum método ou racionalidade para controlá-lo, volta-se a um não cognitivismo ético; em Raz, se o juiz não tem obrigação nenhuma de obedecer à lei, por que haveria, aqui, um cognitivismo? Não falo, por óbvio, a partir de uma perspectiva de ética normativa, mas, sim, da metaética. Não falo a partir do velho conceito de cognitivismo (por exemplo, Kelsen criticava a postura cognitivista da jurisprudência dos conceitos; por aqui já se pode tirar a diferença com o conceito de cognitivismo da metaética).

Sigo. Para perguntar: como explicar tudo isso à luz, por exemplo, do juspositivismo enquanto metodologia – como diria Bobbio – que prega uma análise neutra, estrutural do fenômeno? Aqui também está minha divergência e neste sentido acompanho Dworkin. O positivismo, em suas diversas formas, é insuficiente para ler o direito. Pode ajudar em determinadas circunstâncias. Digamos que o positivismo normativo, que faz uma espécie de retorno a Bentham, pode ser útil, porque estabelece que os juízes devem decidir de acordo com o direito estabelecido pelo legislador. É prescritiva, e não apenas descritiva. Mas isso também não está claro nos positivistas normativos. Qual é o nível de vinculação do juiz ao direito descrito pelo positivismo exclusivo, normativo ou não?

Ademais, pensemos nas implicações práticas da tese da discricionariedade e do que se plasma no senso comum teórico dos juristas. Se a doutrina declara que existem casos que não estão circunscritos ao direito e que sobre esses não existe resposta correta/adequada, a decisão, consequentemente, vai centrar-se numa subjetividade que diz a partir de si mesmo. E pior, esta também poderá dispor sobre o que são casos difíceis. Para que fique claro, apesar de vislumbrar essas dificuldades na prática e sua incoerência com a democracia, sou contrário à tese da discricionariedade. E assim faço baseado na matriz hermenêutica que trabalho, na qual os sentidos se dão num contexto intersubjetivo de significações. Minha crítica vem sustentada na matriz hermenêutica. Por isso construí a CHD. Para mim, se o juiz não está obrigado pelo direito e está autorizado a fazer raciocínios práticos a partir da moral, etc., por qual razão ele não estaria sob o pálio da filosofia da consciência ou de qualquer tese subjetivista?

Portanto, vejo como extremamente injustas as críticas que, por exemplo, Bruno Torrano me fez com relação ao fato de eu criticar os positivismos por suas ligações com teses da subjetividade (por exemplo, *lato sensu*, a filosofia da consciência). Claro que não estou falando do papel descritivo do positivista. Minhas críticas sempre foram ao *deficit* do positivismo. Minhas críticas se referem ao fato de que o positivismo não se preocupa com a decisão ou, melhor, não dá conta da decisão, como bem lembra Calsamiglia. Minha preocupação se refere ao risco que a tese de que os juízes não estão obrigados pelo direito pode provocar. Mais: sempre falei do Brasil. Algo como "risco Brasil". Imagine-se dizer aos juízes no Brasil de que eles não estão obrigados pelo direito. Assim eles já não se sentem obrigados, vinculando-se aos seus "valores" pessoais, coisa que se pode ver nas teses do "decido conforme minha consciência", "livre convencimento", "o Supremo Tribunal como vanguarda iluminista", a rebelião dos juízes em relação ao CPC e coisas desse naipe. É disso que sempre falei. A crítica foi, pois, demasiado ácida. Injusta. Incorreta. De todo modo, espero que o que aqui estou dizendo esclareça o que ainda possa estar incompreendido.

Feitos parênteses e colchetes, prossigo para dizer: como se pode notar, nunca ignorei que o juspositivismo contemporâneo tem procurado desenvolver outras abordagens – como as posturas exclusivistas e inclusivistas – e muito sofisticadas, mas ainda assim estas compartilham de alguns pressupostos filosóficos básicos que desde antes sustentam esta corrente de pensamento, e sobre estes tenho voltado meus olhares com maior atenção. No fundo, para mim, todo o debate do positivismo e das teorias que foram se formando a partir do positivismo tem como ponto fulcral a seguinte questão: o que fazer com a moral? Exclui-se a moral do direito? Inclui-se? Controla-se? Pois é.

Pergunta 15

No I Colóquio de Crítica Hermenêutica do Direito, realizado na Unisinos em novembro de 2016, seu aluno Rafael Giorgio Dalla Barba levantou na sua exposição uma questão importante sobre as novas formas de positivismo jurídico que têm se manifestado principalmente no Brasil. O ponto era o de que o caráter normativista do positivismo contemporâneo, no qual se determinaria o modo restritivo do qual os juízes deveriam julgar os casos difíceis numa democracia, só pode ser desenvolvido por uma teoria que parte de uma posição prescritiva e não descritiva do direito. A argumentação dele foi a de que esse caráter prescritivo entra em conflito com as premissas de qualquer positivismo enquanto teoria que pretende apenas descrever algum fenômeno. Assim, pergunto se o senhor concorda com a exposição de Rafael, que mostrou que o "positivismo normativo" – defendido, por exemplo, por Bruno Torrano – ao criticar a decisão do STF que flexibilizou a presunção de inocência, já não poderia ser considerado como uma espécie de positivismo, justamente por levantar um caráter normativo de como os juízes devem decidir? (D. M.).

Lenio Streck. Sim, concordo com Rafael. Em primeiro lugar, há que se dizer que as críticas de Torrano ao STF estão corretas. De fato, o Supremo não deve ser (ou tentar ser) a vanguarda iluminista da sociedade. Não deve querer ser o "superego" da nação ou algo parecido. Ativismo judicial nunca é saudável, nem mesmo quando aquela posição possa favorecer nossa posição política/moral individual. Isso é prejudicial para a democracia, como venho denunciando há anos. O ponto de divergência teórico é que acredito que posturas que pretendem dizer como os juízes devem julgar não podem fazer parte daquilo que tradicionalmente se entende por positivismo. Torrano, ao criticar (corretamente) o Supremo, assume uma posição prescritiva em relação ao modo como os juízes devem agir e, assim, abandona a premissa básica de qualquer positivismo, qual seja, descrever, a partir da tese da separação, determinado fenômeno, no nosso caso, o direito. Ele deveria assumir o lado do não positivismo. Do contrário, cai em uma autocontradição, pois teria que admitir que juízos morais não têm objetividade e, dessa maneira, as suas próprias críticas ao STF ficariam prejudicadas. Isso mostra aquilo que a partir do *I Colóquio de Crítica Hermenêutica do Direito* chamei de "genealogia do positivismo", isto é, que o positivismo, ao ter a pretensão de querer descrever algo sem se comprometer com qualquer prescrição, na verdade faz o contrário, isto é, primeiro prescreve (ou melhor, escolhe) aquilo que irá descrever para então dizer que está simplesmente descrevendo um fenômeno. Por isso Dworkin novamente acerta ao demonstrar, em *Justice in Robes*, que Hart estava implicitamente prescrevendo ao procurar apenas "descrever" como o direito é. E por isso que Dworkin venceu o debate contra o positivismo jurídico.

Pergunta 16

Professor: diante do que foi respondido até aqui, indago: dá para separar o positivismo ou os diversos positivismos da discricionariedade? (R. D.)

Lenio Streck: É isso mesmo. Não há como desvencilhar o positivismo da discricionariedade e vice-versa, embora, como falei, nem todos os positivistas admitam ser inexorável essa relação positivismo-discricionariedade. Sobre a discricionariedade já falei um pouco alhures. E provavelmente virão outras perguntas. Insisto em dizer: minha aversão e luta contra a discricionariedade tem por base a experiência brasileira. Não estou preocupado com uso da discricionariedade pelos juízes alemães ou norte-americanos. Gosto demais de um autor espanhol, chamado Tomás-Ramón Fernández, que se apresenta como um crítico contumaz da discricionariedade judicial, afirmando que o julgador não é livre, tampouco absoluto.

Permito citá-lo em português, em livre tradução: "o juiz não tem espaço de discricionariedade na hora de selecionar a norma aplicável, nem de fixar seu alcance concreto, nem tampouco a tem no que diz respeito ao tema que agora se trata, para escolher entre a versão dos fatos que lhe ofereça o demandante ou a acusação e a versão contraposta que apresentam o demandado ou o acusado, ou qualquer outra parte. O juiz não é livre em absoluto para escolher se existe ou não relação entre os meios de prova utilizados pelas partes e os fatos sobre os quais se discute, nem tampouco se um fato deve ou não ser considerado provado, nem para escolher entre os que efetivamente hajam sido aqueles que realmente foram relevantes para a decisão da controvérsia, nem para dar uma relevância ou outra distinta aos escolhidos, nem para passar ou não de um fato de possível eficácia probatória que não é em si mesmo constitutivo do *thema probandum* a outro distinto que é o que se trata de demonstrar que efetivamente se produziu, etc., como, desde logo, o é para designar o defensor do menor a qualquer parente ou a um estranho para escolher as medidas cautelares que considere convenientes, ou para modelar a responsabilidade do mandatário ou a dúvida gerada por um jogo ou aposta lícita".

Excelente abordagem do professor espanhol, pois não? Mas, vou adiante. Vou contextualizar. No início, a discricionariedade estava no nível da política, questão que atravessa os séculos XIX e XX. Havia um nítido enfraquecimento da autonomia do direito, que se apresentava como refém do processo político. Por isso, a aposta nas diversas formas de realismo jurídico que pudessem, paradoxalmente, resgatar um grau mínimo de autonomia para o jurídico. Note-se: se a história do direito é uma história de superação do poder arbitrário, então podemos afirmar que o que se procura enfrentar é o *locus* onde a decisão privilegiada acontece, o lugar onde a *escolha* ocorre. Nessa medida, a história do direito também é uma história de superação ou do enfrentamento do problema da discricionariedade (que conduz à arbitrariedade).

É possível dizer que a ideia de lei que surge com a revolução francesa é uma tentativa de pôr fim ao modelo de estado jurisdicional que existia ao tempo do *ancién regime*. Estado jurisdicional centrado na figura do monarca, que concentrava os poderes do *gubernaculum* e da *jurisdictio*. O *gubernaculum* representava o poder de declarar a guerra e celebrar a paz, enquanto a *jurisdictio* era a manifestação da vontade do governante na resolução dos conflitos de interesses que aconteciam no interior de seu território.

A moderna ideia de lei rompe com essa estrutura – que ainda guardava profundas semelhanças com a estrutura de governo do medievo – e institui um novo espaço institucional, onde as decisões públicas são tomadas em um ambiente parlamentar que expressa o conteúdo da vontade geral. Não mais uma única pessoa representaria a personificação do poder, mas um corpo legislativo de representantes de um novo ator político chamado *povo* (que, no contexto da revolução francesa, eram os burgueses).

É evidente que essa primeira ruptura com o modelo político do Estado absolutista representou uma conquista no que tange ao enfrentamento do arbítrio e na afirmação das liberdades. Porém, em um segundo momento, a conquista da revolução decai, com a formulação de um Estado legislativo – na forma de análise proposta por Ferrajoli em outros textos –, que traz consigo novas consequências de cunho autoritário. Ou seja, a ideia que se tornou símbolo da revolução francesa retratada pela pena de Montesquieu – do juiz como "a boca que pronuncia as palavras da lei" – estava sedimentada na concepção de que a lei cobriria tudo o que pode se dar no mundo dos fatos. Isto significa que, de alguma forma, seria possível prever – antecipadamente – todas as hipóteses fáticas de aplicação da lei. Daí a herança que todos nós conhecemos: o silogismo interpretativo, a cisão entre fato e direito e a proibição dos juízes de interpretarem.

Pergunta 17

Como um positivista comentaria leis ou Constituições? Não considere, no caso, um positivista como Ferrajoli, cujas teses são diferentes do positivismo descritivo. (R. D.)

Lenio Streck. Eles fariam aquilo que Kelsen pretende fazer no segundo nível da teoria pura: descrever as múltiplas interpretações possíveis daqueles conceitos. E nada mais. Todas elas são possíveis, e o juiz escolhe qual lhe convém. Mas agora pensando... Além do problema evidente da discricionariedade, ainda pesa o fato de que o positivista, ainda que trabalhando como "cientista", jamais conseguirá elencar as diversas possibilidades de interpretação daqueles conceitos. Ele sempre vai elencar algumas delas, e não todas. Ora, se ele parar para reconhecer isso, verá que a sua tarefa descritiva não serve para muita coisa porque é sempre uma tarefa incompleta, e o juiz poderá, havendo outra interpretação não elencada dentre aquelas realizadas pelo cientista, também se valer dela. Então no fundo tudo sempre acaba no nível de baixo mesmo. Müller tinha razão quando falou que devemos fazer uma teoria *impura* do direito.

Pergunta 18

E o movimento codificador, professor? (R. D.)

Lenio Streck: Já chego lá. E para dizer que, com o movimento codificador do século XIX, isso que eu disse há pouco será radicalizado. Os ideais jusnaturalistas modernos inspiraram os construtores do Código de Napoleão, de modo a conseguirem retratar – de maneira sistemática e completa – a realidade num único corpo legislativo, que receberia o nome de Código. Como a realidade que aparecia em primeiro plano na época era aquela vivenciada particularmente pelo indivíduo enquanto figura central de todo universo, esse Código receberá o adjetivo de *civil*, que pretenderá regular as relações que aquele indivíduo – autônomo – irá desenvolver durante toda sua vida. Afinal, o que interessava mesmo para a nova classe era a institucionalização de uma "Constituição das relações privadas".

É por isso que, em um primeiro momento, os códigos pretenderão traçar uma espécie de biografia do sujeito de direito, na qual se espelha aquilo que um indivíduo – burguês, evidentemente – desempenha desde seu nascimento, passando pela vida adulta e chegando até o momento do falecimento, e o problema sucessório dos bens que acumulou durante sua existência. Todavia, será no interior desse sistema traçado pela codificação que aparecerá o primeiro inconveniente: a constatação de que a lei não cobre tudo, que a facticidade apresenta problemas que nem sempre foram esboçados pelo legislador racional – termo que ainda faz moda em algumas teorias da interpretação do direito da atualidade.

A adaptação criada pelo próprio sistema para resolver esta questão foi colocar, ao lado do legislador racional, um juiz/intérprete racional. Desse modo, o primeiro criará, de forma absolutamente discricionária – poderíamos falar em uma discricionariedade política que funcionava como condição de possibilidade – o conteúdo da lei, ao passo que o juiz/intérprete racional terá uma delegação para, de forma limitada, preencher os vácuos deixados pela discricionariedade absoluta (política) do legislador. Cria-se, assim, uma espécie de "discricionariedade de segundo nível", representada pela atividade interpretativa do juiz racional. Essa discricionariedade de segundo nível será justificada pelos chamados princípios gerais do direito que, junto com a analogia e os costumes, representarão as autorizações legislativas para a análise discricionária do juiz no caso concreto.

Desse modo, a discricionariedade deferida para o juiz pelo legislador acaba por se consubstanciar em uma política judiciária, que, no limite, dá poderes para que o juiz determine a "lei do caso", a pretexto do dever de julgamento que a própria ordem requer. Veja-se que não é por acaso que Kelsen, ao desconsiderar o problema da razão prática e construir sua ciência sob uma pura razão teórica, irá chamar de política dos juízes (política jurídica) a atividade dos juízes e dos tribunais. E é por isso que Kelsen desdobra a interpretação em dois níveis: o ato de conhecimento, a ser feito pelo cientista do direito, e o ato de vontade, que eu chamo de vontade de poder, lembrando sempre o último princípio epocal da modernidade, a *Wille zur Macht*, pelo qual se institucionalizou o *decisionismo* judicial.

Essa estrutura do Estado legislativo persiste, inclusive, no primeiro momento do Estado Social, que incorpora também a mesma estrutura burocrática dos modelos anteriores. Porém, a ela se acumula um maior espaço de discricionariedade, que apontará com mais incisividade para outro nível: o dos poderes executivos (governos). A expansão da discricionariedade administrativa, que também é uma espécie de discricionariedade política, portanto, de primeiro nível, provocada pelo surgimento dos modelos de Estado Social na Europa, acabou por eclodir em um modelo espúrio de Estado de Direito, que mostrou sua pior feição na radicalização dos Estados totalitários nazifascistas. O mais importante é perceber como, em todos estes casos, o problema da discricionariedade é o ponto fulcral de todo enfrentamento da questão da arbitrariedade no direito.

Pergunta 19

Direito a serviço da política? (R. D.)

Lenio Streck: Perceba-se que a realidade política brasileira pós-1964 – guardadas as devidas proporções – possui semelhanças incontestes com a estrutura daquilo que Ferrajoli denomina Estado Social Burocrático, isto é, a forma de Estado Social que se edificou a partir da aposta em uma discricionariedade política, legitimada por uma maioria eventual, no caso o Poder Executivo dos Estados totalitários do entreguerras. A resposta dada por Ferrajoli a este problema da burocracia e da discricionariedade deste primeiro modelo de Estado Social – e também neste ponto estou de acordo com o professor florentino – é a construção de uma estrutura de garantias que proteja efetivamente as minorias da vontade discricionária das maiorias eventuais. Fala-se, assim, em um Estado Social de Direito que visa a limitar o exercício da discricionariedade política, a partir de um sistema de garantias acostado à Constituição.

Se tudo isso é importante para o direito na atualidade, então é preciso reconhecer que, depois de 1988, temos no Brasil um sistema de garantias como este reclamado pelo jusfilósofo florentino. Por isso, no que tange ao contexto atual, a novidade é que não discutimos mais o problema da discricionariedade política, portanto não apostamos mais em positivismos fáticos (lembremos do realismo jurídico, o direito alternativo em suas variadas formas de empirismo jurídico), porque temos uma Constituição que resolveu o problema dos limites do político. A Constituição aparece como freio da vontade da maioria. Na verdade, a Constituição – do paradigma do Estado Democrático de Direito – vai além de ser um freio à vontade das maiorias, uma vez que passa a estabelecer um modo de a sociedade ser transformada a partir do direito, com a incorporação daquilo que venho denominando "promessas incumpridas da modernidade".

Pergunta 20

E aqui começa o problema do ativismo? (R. D.)

Lenio Streck: Claro. Trata-se de fazer, destarte, com que este sistema de garantias incorporado pela Constituição seja devidamente concretizado. Para isso, é fundamental – por tudo que foi dito acima – combater o arbítrio presente na discricionariedade dos juízes, até para honrar a própria história institucional do direito e seu enfrentamento constante com o arbitrário, vale dizer, com o discricionário.

Por fim, insisto: a democracia pressupõe que o direito possua um elevado grau de autonomia. Isso significa que questões políticas e morais devem ser debatidas à saciedade nos meios políticos de decisão e que – no âmbito (autônomo) do direito – só se podem desconsiderar as decisões políticas tomadas em contraste com o sistema de garantias construído pela Constituição. E é exatamente este o *plus* do Estado

Democrático de Direito: a diminuição do espaço de discricionariedade da política pela Constituição fortalece materialmente os limites entre direito, política e moral. Daí a importância de Canotilho e de seu trabalho sobre a Constituição dirigente. Ali, o professor de Coimbra já chamava a atenção para a necessidade de pôr um freio na (antiga) discricionariedade do legislador. Também Ferrajoli aponta para a preservação da autonomia do direito, ao elaborar a tese de que tínhamos que fazer democracia a partir do direito. Enfim, o direito deixava de estar a reboque do político. Este será o grande ponto de contato – poderíamos dizer transteorético – que une as propostas de Canotilho, de Ferrajoli, da Hermenêutica (no modo por mim trabalhado), àquelas de Dworkin e de Habermas: todos apontamos para um elevado grau de autonomia do direito e reconhecemos a relevância deste *plus* que constitui o Estado Democrático de Direito.

Pergunta 21

Entra, aqui, o papel dos princípios? (R. D.)

Lenio Streck: Sim, é possível afirmar que os princípios são o modo concreto de enfrentamento da discricionariedade judicial porque são a manifestação da densidade normativo-concreta de um mandamento legal (regra-preceito), sendo que, mesmo aqueles preceitos nomeados como princípio, também necessitam dessa singularização que só ocorre no momento aplicativo. É preciso compreender que a subsunção não esgota, por impossibilidade filosófico-paradigmática, a aplicação de um texto jurídico. Se quisermos, de fato, ingressar na viragem linguística, antes é preciso termos claro que a subsunção era apenas o modo de a "vontade geral" (legislativo soberano no modelo formal-burguês) controlar a aplicação da lei. Nada mais do que isso. Veja a complexidade de tudo isso que estou dizendo: a viragem linguística é criticada por um jurista do porte de Michele Taruffo, problemática que enfrento em um longo artigo – *Processo Judicial como Espelho da Realidade? Notas Hermenêuticas à Teoria da Verdade em Michele Taruffo* – publicado na Revista Sequência, da UFSC, ao qual remeto os leitores.

O que deve ser dito é que subsunção é sinônimo de "juiz boca-da-lei", e que a discricionariedade é o modo que o próprio sistema encontrou para "preencher" as "insuficiências ôntico-semânticas" que a subsunção não poderia dar conta. Dito de outro modo, a aposta na discricionariedade, ainda que mitigada a partir da aposta em uma "argumentação racional", tinha e ainda tem o objetivo de "resolver" um problema considerado insolúvel no plano da teoria do direito, representado pela razão prática "eivada de solipsismo". Não esqueçamos que, afinal, o sujeito da modernidade sempre se apresentou "consciente-de-si-e-de-sua-certeza-pensante". E ele continua por aí. Forte. Não é um mero fantasma. Ele é a barbárie interior, que lamentavelmente os constrangimentos exteriores deveriam controlar. Ocorre que, em uma dogmática jurídica como a brasileira, com reforço de diversas teorias jurídicas, esse sujeito é incentivado a agir. E contra ele, qual é a nossa proteção? Tão importante é essa questão – embora não seja este o foco da discussão – que Habermas, em seu *Direito e Democracia: entre facticidade e validade*, busca construir uma razão comunicativa para substituir a razão prática solipsista, *locus* do sujeito da modernidade.

Pergunta 22

Só para deixar mais claro: qual é a diferença de sua crítica ao direito e outras que, inclusive, se colocam na contramão de suas teses? (R. D.)

Lenio Streck: Há vários modos de criticar a dogmática jurídica e o estado da arte da teoria do direito. Há inúmeras obras criticando as teses de Alexy. Rios de tinta já foram gastos para criticar o positivismo. Mas poucas obras atacam o *busílis* do problema, qual seja, a "questão dos paradigmas filosóficos". Do mesmo modo, o problema da relação direito-democracia e o modo como o Estado opera os direitos fundamentais ficam, muitas vezes, dependentes de argumentos que resvalam para o político ou para uma teoria constitucional sem Estado. O que não fica dito é o papel dos paradigmas filosóficos.

Vamos lá. A crítica ao positivismo é um bom exemplo da pouca presença, no debate, dos paradigmas filosóficos. Quem lê as críticas ao positivismo ou as concordâncias com ele não encontra uma reflexão acerca do problema representado pelo sujeito da modernidade. Ou pelo que ainda representa a metafísica clássica. Onde fica o esquema sujeito-objeto na crítica jurídica? Por que não relacionam a discricionariedade com o subjetivismo próprio do sujeito moderno? Qual é o papel do sujeito solipsista? Ou, ainda, qual é o papel da "razão prática", para usar a crítica que está já no início do livro *Direito e Democracia: entre facticidade e validade*, de Habermas? Quando critico o solipsismo no direito, parece que isso é uma implicância minha e que retirei esse argumento da cartola. Ora, esse é o grande problema e que fez o próprio Habermas, com seu pessimismo, abandonar o sujeito moderno – para ele incontrolável – e partir para a construção de uma racionalidade comunicativa.

Fazer uma análise do positivismo a partir da velha discussão acerca das fontes sociais ou "positivismo exclusivo" ou "positivismo inclusivo" pode ser importante e reconheço a sofisticação de autores como Raz, Shapiro, Waluchow e seus estudiosos no Brasil. Aliás, são muito poucos os que investigam os positivismos sob esse viés no Brasil.

Outra questão que é pouco explorada no Brasil é a crítica ao positivismo fático ou aquilo que podemos chamar de positivismo jurisprudencialista. Ou jurisprudencialismo positivista. Vivemos, além de todos os problemas já apresentados, em uma espécie de realismo jurídico tardio. Ou uma vulgata do realismo ou dos diversos realismos. Mas que não deixa de ser um positivismo, que Warat e Bobbio chamaram de "fático". A validade passa a estar na decisão. O sentido do direito estará na sentença ou no acórdão. É o que se pode chamar de empirismo jurídico. Ou seja, judiciário também faz positivismo. Mormente sob pretexto de ser pós-positivista. Isso é quase bizarro.

Pergunta 23
Fale mais sobre esse positivismo jurisprudencialista. (R. D.)

Lenio Streck: Para quem gosta de ativismo, basta lembrar o que já digo de há muito em *Verdade e Consenso*: o ativismo não é um sentimento constitucional. Ele depende da composição do Tribunal. Logo, depende da opinião pessoal. Logo, é antidemocrático. Às vezes pode até nos agradar. Por vezes, pode acertar. Mas, não há como confiar. Opiniões pessoais mudam ao sabor do vento. No livro *The Constitution – An Introduction*, os juristas Michael Stokes Paulsen e Luke Paulsen mostram os estragos feitos pela Suprema Corte dos Estados Unidos até o ano de 1936. Lembram que ao mesmo tempo em que o próprio documento foi melhorado, as interpretações da Suprema Corte mostraram-se reacionárias. E citam alguns dos danos, como: negou a igualdade de direitos para as mulheres; confirmou a segregação racial; recusou-se a proteger o direito constitucional de votar, sem discriminação com base na raça; negou os benefícios da constituição para residentes nos territórios recém-adquiridos no exterior; derrubou benefícios sociais com os quais não concordava, por razões políticas; concordou com a discriminação contra pessoas com deficiência e alinhou-se ao governo para suprimir a liberdade de expressão e o livre exercício da religião.

Isso é que se pode chamar até hoje de jurisprudencialismo positivista ou positivismo jurisprudencialista. Trata-se da transformação dos textos constitucionais em normas que, muitas vezes, nada têm a ver com os textos. Na verdade, o judiciário constrói uma nova constituição e transforma as leis ao seu talante. Como isso não tem controle, está-se diante de um novo legislador, o que faz a constituição vivente, como dizem alguns. Novamente aqui aparece a questão do "positivismo decorrente de *auctoritas non veritas facit legem*".

Não esqueçamos que o realismo jurídico, raiz desse tipo de positivismo fático, que aqui denomino de positivismo jurisprudencialista, foi originado de uma reação ao positivismo austiniano, que dava ênfase à sintaxe interpretativa. Austin dizia que a existência de uma lei é uma coisa; seu mérito ou demérito é outra. O realismo inverte isso. O sentido não está no texto e, sim, na decisão judicial. Christopher Langdell é um dos baluartes do realismo. Ele contesta a natureza científica do direito constitucional, por ele ser político demais e conter termos demasiadamente vagos. Eis o empirismo se consolidando. Albert Dicey, com seu livro *Introduction to the Study of the Law of the Constitution*, que viveu até 1922, tinha uma máxima: nossa Constituição, em suma, é uma constituição feita pelo juiz, e não tem em sua face todas as características, boas e más, de lei feita pelo juiz.

Só que isso tinha um contexto histórico. Hoje isso não faz sentido. Depois de a Constituição se transformar em norma, mormente em se tratando do mundo da *civil law*, um positivismo fático desse jaez é claramente antidemocrático. O neoconstitucionalismo também se enquadra nessa postura de dar ênfase ao protagonismo do judiciário. Por isso se aproxima do empirismo.

Aliás, tenho de fazer um adendo para reforçar isso que venho dizendo há anos. E aqui o faço pelas palavras de Rodrigues Puerto, cuja construção teórica me agrada sobremodo. Dizem os realistas jurídicos que, em face da complexidade própria dos assuntos humanos, torna-se impossível prever e predizer as decisões futuras mediante regras gerais. Por isso, para os realistas, está muito claro que o juiz primeiro decide e, na sequência, seleciona o argumento para justificar o decidido, o que pode ser visto em Jerome Frank e M. Radin. Segundo os realistas mais agudos, circunstâncias e particularidades que impedem a aplicação de normas coincidem com os fatores pessoais que determinam o comportamento do juiz: sua personalidade, seus hábitos, educação e mentalidades políticas, o tipo de jornal que lê, etc. Na medida em que esses fatores são difíceis de conhecer, a decisão não pode ser previsível. Daí a afirmação e denúncia de Puerto: afirmações desse tipo alimentam a imagem positivista – registrem bem isso – do realismo jurídico. Com efeito, se o direito é apenas o produto da vontade judicial, com independência de seu conteúdo, a situação teórica é a mesma que a do positivismo de base legal: a diferença é que o legislador deu espaço para o juiz. Permito-me dizer: bingo. Como me fez bem ler isso. Há vinte anos eu já falava da relação entre o positivismo legal e o de base empirista, que é o realismo jurídico. Claro que há realismos diversos, alguns mais *soft*. Mas a teoria de base consiste nesse deslocamento do legislador para o juiz. Outra vez: *auctoritas non veritas facit legem*.

Pergunta 24

O senhor chega a dizer que nosso direito foi substituído por um conjunto de decisões judiciais. Pode explicar isso? (R. D.)

Lenio Streck: O jusfilósofo alemão Mathias Jestaedt, um destacado positivista, escreveu um texto que poderia ter sido escrito para o Brasil. Chama-se *Verfassungsgericht Positivismus. Die Ohnmacht des verfassung gesetzgebers im verfassungsgerichtlichen Jurisdiktionsstaat* (Positivismo do Tribunal Constitucional. A impotência do legislador constituinte ante a jurisdição constitucional do Estado). Na verdade, se substituirmos no texto a referência ao *Bundesvesfassunsgericht* por Supremo Tribunal Federal, pouco mudaria, com a diferença de que ao menos o tribunal alemão usou (e usa) uma certa coerência na sua atuação realista, a começar pelo fato de que, já de início, disse a que veio, epitetando a Lei Fundamental de Ordem Concreta de Valores – *objektive Wertordnung*.

É exatamente disso que fala o jurista alemão. Ele mostra – numa denúncia mais filosófica do que aquela famosa de Ingeborg Maus (sobre o Tribunal Constitucional como superego da nação) – que o tribunal incorporou uma tese segundo a qual o direito se forma apenas *ex post*, isto é, não há direito anterior à decisão judicial. Nesse tipo de jurisprudencialismo, diz o professor, o juiz cria o direito para o caso concreto sem estar vinculado a nada antes dele. Jestaedt diz ainda que esse atuar é uma forma de realismo jurídico. Empirismo. Correta a crítica, que pode ser estendida ao trabalho do Supremo Tribunal Federal do Brasil e também ao que os tribunais fazem cotidianamente (o que é isto – a construção de enunciados?). O que Jestaedt quer dizer é que o tribunal põe novo direito. Logo, constrói um fato social. Que vale. Daí a sua denúncia acerca da impotência do Estado diante da transformação do TC em legislador. Qual seria a diferença do que denuncia Jestaedt daquilo que fez o STF em ações como as ADCs 43 e 44 ou quando um ministro diz que a suprema corte é a vanguarda iluminista da nação? Ou quando um tribunal, contra o Código Civil, concede metade da herança para a amante? Ou quando os tribunais dizem que "aqui o CPC é só cumprido em parte"?

No Brasil não é só o tribunal constitucional (no caso, o STF) que "põe o direito". Todo o "sistema judiciário" pratica esse realismo (ou essa espécie de realismo tupiniquim) tão bem denunciado por Jestaedt no que pertine ao tribunal constitucional alemão. Já não temos mais direito legislado. Temos uma *Ohnmacht* (impotência) diante do Judiciário. Já não temos Constituição. O que temos é o que os juízes e tribunais pensam, de forma pessoal, subjetiva e solipsista, sobre o direito. Popper chama a isso de "racionalidade teológica".

Listo, por amostragem, algumas atividades realistas-jurisprudencialistas: 1) Desembargador do Tribunal Regional Federal da 2ª Região diz que perdoa advogados por "defenderem seus clientes" – uma apreciação moral que mostra como a advocacia é vista por eles, os juízes (sem paráfrase de Calamandrei) – o resultado disso pode ser visto no voto em que nega *habeas corpus*; 2) O STF tolhe o direito de greve dos servidores públicos sem considerar a diferença entre greve legal e ilegal; 3) O STF fragiliza a presunção da inocência contra expresso texto de lei e da Constituição (e metade da comunidade jurídica acha "bom"); 4) O Judiciário, com a benção do STJ e do STF, decide não cumprir o artigo 212 do CPP, sem fazer jurisdição constitucional; 5) Uma chacina de 111 presos feita pela polícia é "legítima defesa" para parte do Tribunal de Justiça de São Paulo (um voto está baseado não na lei, mas na consciência do julgador); 6) O TJ-SP autoriza o uso de balas de borracha contra manifestantes – a população virou inimiga do Estado?; 7) Em Brasília, um juiz da infância e juventude utiliza métodos de tortura para expulsar adolescentes de uma escola; e parcela importante dos juristas brasileiros – e dos leitores da ConJur – acha "legal" isso (até a revista *Veja* criticou o ato do juiz, mostrando que nem o Senado americano aprova o uso desses instrumentos); 8) "Medida excepcional" da Justiça autoriza a polícia a fazer buscas e apreensões coletivas em favela no Rio de Janeiro contra expresso texto legal e constitucional; 9) Um TRF decide uma representação contra um juiz invocando "jurisprudência de exceção" (empirismo jurídico na veia); 10) O CPC não é cumprido nem mesmo pelos tribunais superiores, que, para muitos juristas, deveriam logo ser ungidos à condição de tribunais de precedentes; 11) Doutrinadores adeptos do realismo incentivam as práticas jurisprudencialistas, cindindo texto e norma e colocando o ato judicial como um ato de vontade (repristinando Kelsen) – eficiente combustível para a jurisprudencialização; 12) Em plena democracia e no ano da graça de 2016, pesquisa mostra que todos os tribunais estaduais (e alguns federais) continuam invertendo o ônus da prova em crimes como furto e tráfico de entorpecentes e ainda usam a verdade real; 13) Uma juíza eleitoral da Bahia diz: não tenho provas, mas eu sei que foi ele... e cassa um prefeito – e o TRE baiano confirma a decisão; 14) A LC 64 permite que se usem intuições e presunções para cassar mandatos populares; 15) Corre solta, lépida e fagueira a tese de que existe o *in dubio pro societate* – não leram *Oresteia*, de Ésquilo (não é esquilo); 16) As grandes "ideias" das salas de aula que forma(ra)m um milhão de advogados são: *"princípios são valores"*, e o juiz boca da lei morreu e *agora-é-a-vez-do-juiz-dos-princípios* (e dá-lhe princípios como um que recebi hoje por *e-mail*: *princípio da primazia do acertamento* – quem teria "bolado" isso?; 17) Chegamos ao ponto de o STJ ter de dizer que desemprego não é motivo para decretar preventiva (tem juiz e tribunal dizendo o contrário). Paro por aqui. Por total desnecessidade. Cada um que faça a sua lista.

Pergunta 25

O jusfilósofo Mathias Jestaedt é um positivista e é crítico à hermenêutica. Como o senhor lida com isso? (R. D.)

Lenio Streck: Ainda que correta a crítica de Jestaedt ao modelo jurisprudencialista que ele considera uma forma de positivismo, o professor alemão atribui esse tipo de atividade jurídica à hermenêutica e à doutrina de Friedrich Müller. Jestaedt acerta na acusação ao jurisprudencialismo, mas erra na atribuição da culpa. Em vários textos explico o equívoco de Jestaedt nesse ponto.

Pergunta 26

Então ativismo, subjetivismo, protagonismo, realismo são conceitos que caminham lado a lado? (R. D.)

Lenio Streck: Sim. É possível dizer isso. Já falei antes do realismo norte-americano e do modo como se colocou como contraponto do formalismo positivista. O realismo escandinavo de Alf Ross, embora diferente do norte-americano, mostra um mais profundo empirismo do que seu coirmão. Há uma diferença entre o realismo escandinavo e o realismo norte-americano. O primeiro tem um cunho mais filosófico, mais próximo ao empirismo contemporâneo, nome também dado ao neopositivismo lógico. Já o realismo norte-americano tem um caráter mais sociológico. De todo modo, nenhum desses realismos e qualquer outro que tenha existido pode ser confundido com o realismo filosófico. A menos que o objetivismo proporcionado pelas decisões jurídicas fosse decorrente de algo dado, meramente descrito, em segundo momento, pelos juízes a partir dessa profecia sobre o passado.

No fundo, os realistas não conseguiram se libertar das amarras do sujeito da modernidade. Veja que no livro sobre o *Direito e a Justi-*

ça, Ross diz que o direito depende da consciência do juiz. Consciência material, se é que se pode explicar o conceito disso. Na verdade, sua tese tem relevância apenas se levarmos em conta seu adversário, as concepções mecanicistas que existiam sobre a aplicação da lei. Queria era derrotar o formalismo metodológico. Com base na filosofia da linguagem ordinária, fruto da revolução provocada pelo neopositivismo lógico, Ross percebeu o valor do terceiro nível da semiótica, a pragmática. A relação principal não estava na sintaxe e na semântica, e, sim, nesse nível da relação dos signos com seus usuários. Também buscou subsídios no segundo Ihering, em Phillip Heck, na Escola do Direito Livre e na sociologia norte-americana, que sustentava o realismo daquele país. Só que estes estavam sustentados no subjetivismo, enfim, na soltura das amarras da razão em detrimento da vontade. Sendo mais simples, é a vontade superando a razão. Só que vontade e voluntarismo sempre andaram juntos.

Ross sustentava que aquilo que chamava de consciência material do juiz provinha não do juiz particular, mas, sim da tradição comunitária em que está inserido esse juiz. Baseado no terceiro nível da semiótica, aposta no contexto para dar os sentidos. Claro, o contexto é a situação concreta a ser examinada pelo juiz. A tradição em que está inserido o juiz é o conjunto de decisões proferidas pelos demais juízes. Só que há um problema. Não está explicado o modo como se dá esse contexto no qual se situa o juiz. Para Ross, o "social" está delimitado pelo juiz e por sua relação com a judicatura. Na verdade, se, de fato, a filosofia da linguagem ordinária estivesse sustentando a tese de Ross, ele teria que ser não empirista, passando a forjar sua tese no plano da linguagem pública, como preconizou Wittgenstein, em seu *Investigações Filosóficas*. Do modo como estabelece o seu realismo, Ross permanecesse no campo do subjetivismo, naquilo que Wittgenstein chamaria de linguagem privada. Há, pois, uma contradição no pensamento de Ross. A tentativa de deslocar o sentido do mecanicismo do positivismo legalista resvalou em direção ao subjetivismo, e não em direção à formação de uma linguagem compartida para além do discurso dos juízes. Os sentidos da lei passaram a depender não de algo compartido publicamente, mas tão somente do sentimento dos juízes.

Consequentemente, a pergunta que se põe é: qual é, efetivamente, a diferença entre as posturas subjetivistas e o realismo ou os diversos realismos? O ativismo se abebera nesse *mix* de teorias e posturas, pela simples razão de que tudo se desloca para o protagonismo do sujeito-juiz. Mesmo as posturas realistas, pretensamente baseadas no empirismo das decisões judiciais, não explicaram até hoje o modo como esses fatos decorrentes das decisões não provinham da subjetividade, enfim, da ideologia dos juízes. Para ser empirista e fugir do subjetivismo, esse deslocamento teria que ser efetivo, passando a estar sustentado na construção de sentidos que exsurgissem não do sentimento dos juízes sobre a lei e, sim, de uma linguagem intersubjetiva e em sentidos compartidos, saindo da órbita de um sociologismo judicial e judicante.

Pergunta 27

A partir dessa resposta sobre o realismo, percebe-se que essa questão do positivismo é perturbadora. Imagine-se isso tudo no ensino jurídico, professor. (R. D.)

Lenio Streck: Como vocês já viram nas respostas anteriores, a questão é efetivamente complexa. Houve uma banca de mestrado em que um aluno defendia uma dissertação sobre hermenêutica. Uma importante professora, convidada para a arguição, no entremeio de uma discussão em que eu defendia a aplicação do artigo 212 do Código de Processo Penal, chegando à "ousadia" de invocar a "literalidade" do dispositivo (não esqueçam das aspas), aparteou-me dizendo: "mas você está sendo positivista, ao defender a aplicação da clareza da lei".

Vou tentar explicar a minha crítica à professora, porque parece que ela esqueceu de uma coisa importante. Há uma longa trajetória do positivismo, que vai do século XIX ao século XXI, pois não? O que quero ressaltar é que nitidamente a professora, ao acusar-me de "positivista", o que, em si, não representaria maior problema, falava do positivismo primevo-legalista ou o paleojuspositivismo tão criticado por Ferrajoli. E também por Kelsen, que é pós-exegético. Eis a confusão. Utilizei o exemplo do artigo 212 do Código de Processo Penal, que estabeleceu uma nova forma de inquirição de testemunhas. Enfim, pela nova redação, institucionalizou-se, pelo menos em parte, o tão reclamado "sistema acusatório".

Ocorre que os juízes e Tribunais da República, incluindo parte do STF e parte do STJ, decidiram que a nova redação, muito embora determine, claramente, que o juiz somente possa fazer perguntas complementares, essa "letra da lei" não deve ser entendida desse modo. Ou seja, para os Tribunais, o artigo 212 não alterou o sistema inicial de inquirição, podendo o juiz seguir fazendo "como de praxe". Insurgi-me contra isso, em vários artigos publicados em revistas e *sites* jurídicos, dizendo uma coisa prosaica, isto é, que "onde está escrito que o juiz somente fará perguntas complementares", deve-se ler "o juiz somente fará perguntas complementares". Para ser mais simples: em nome de quê e com base em quê é possível ignorar ou "passar por cima" de uma inovação legislativa aprovada democraticamente? É possível fazer isso sem lançar mão da jurisdição constitucional?

Pergunta 28

E onde entra a discussão do positivismo, Professor? (D. M.)

Lenio Streck: Já chego lá. Parece que, no Brasil, compreendemos de forma inadequada o sentido da produção democrática do direito e o papel da jurisdição constitucional. Tenho ouvido em palestras e seminários que "hoje possuímos dois tipos de juízes" (*sic*): aquele que se "apega" à letra fria (*sic*) da lei e que deve "desaparecer", segundo essa "crítica" e aquele que julga conforme os "princípios". Parece bem a reprodução da peça *Medida por Medida*, de Shakespeare, na figura do "juiz" Ângelo. Esse segundo modelo traduziria os "valores" – *sic* – da sociedade, que estariam "por debaixo" da "letra fria da lei". Fantástico isso, não? Por isso, perguntei à professora, por ocasião da aludida banca de mestrado: cumprir princípios significa descumprir a lei? Cumprir a lei significa descumprir princípios? Existem regras, leis ou dispositivos legais desindexados de princípios? Mesmo sem a resposta, acrescentei: a) Que os juristas não repitam a velha história de que "cumprir a letra da lei" é assumir uma postura positivista e que isso é, por si só, uma coisa ruim; b) Aliás, o que seria essa "letra fria da lei"? Haveria um sentido em-si-mesmo da lei? Ou um "sentido não frio", para brincar um pouco com esses conceitos?

Na verdade, confundem-se conceitos. Tenho a convicção de que isso se deve a um motivo muito simples: a tradição continental, pelo menos até o segundo pós-guerra, não havia conhecido uma Constituição normativa, invasora da legalidade. Para mim, isso é fulcral. Vejam, aqui, a profundidade da expressão "invasora da legalidade" e fundadora do espaço público democrático. Isso tem consequências drásticas para a concepção do direito como um todo. O que ocorreu é que saltamos de um legalismo rasteiro-pedestre para uma nova concepção de legalidade que ainda não foi bem compreendida.

Não se preocupe, porque vou explicar isso melhor. O que era esse legalismo rasteiro-pedestre? Era aquele que reduzia o elemento central do direito ora a um conceito estrito de lei – como no caso dos códigos oitocentistas, base para o positivismo primitivo – ora a um conceito abstrato-universalizante de norma, que se encontra plasmado na ideia de direito presente no positivismo normativista do tipo kelseniano. Já a nova concepção da legalidade é aquela que só se constitui sob o manto da constitucionalidade. Afinal – e me recordo sempre de Elias Díaz, com quem muito aprendi – não seríamos capazes, nesta quadra da história, de admitir uma legalidade inconstitucional. Isso deveria ser evidente. Acaciano. Deveria ser óbvio, embora este, o óbvio, esteja sempre no anonimato, sendo necessário retirar o véu que lhe encobre.

Para arrematar e não a-ré-matar – lembremos que quem me chamou de positivista foi uma professora, e uma dose de Lacan não faz mal –, disse-lhe que não devemos confundir "alhos" com "bugalhos". E fui mais longe e incisivo, incorporando um pouco o velho Elias, não o profeta da Bíblia, mas o Elias Díaz, catedrático espanhol, "cumprir a letra [sic] da lei" significa, sim, nos marcos de um regime democrático como o nosso, um avanço considerável. E continuei: "- a isso, cara professora, deve-se agregar a seguinte consequência: a) Pode ser positivista tanto aquele que diz que texto e norma ou 'vigência e validade' são a mesma coisa – portanto, igualam 'direito e lei'; b) Também pode ser positivista aquele que diz que 'texto e norma estão descolados', como no caso das posturas axiologistas, realistas, pragmaticistas, etc., hipótese em que o intérprete se permite atribuir 'qualquer norma a qualquer texto'". Por favor, não esqueçam o que já disse anteriormente sobre a relação legalismo e realismo. Duas pontas que se unem na contradição. Portanto, não esqueçamos, e agora já estou misturando o que disse à professora e o que aqui estou referindo, Kelsen, Hart e Ross foram todos, cada um ao seu modo, positivistas. Nunca esqueçamos as razões pelas quais Alf Ross era considerado um positivista fático. Uma demonstração de que o positivismo tem várias facetas; c) Pode ser também positivista aquele que cinde o raciocínio jurídico, feito pelo teórico que descreve o direito a partir das fontes sociais (identificação), do raciocínio prático, feito pelo juiz; d) Por último, também a professora poderá se deparar com um positivismo inclusivo, sobre o qual não preciso falar neste momento.

Ou seja, é tão complexo isso que é possível afirmar que apegar-se à letra da lei pode ser uma atitude positivista ou pode não ser. Do mesmo modo, não se apegar à letra da lei pode caracterizar uma atitude positivista ou antipositivista, ou, se quisermos, pós-positivista ou não positivista. Mais ainda, por vezes, manejar princípios pode representar uma atitude deveras positivista, porque pode estar sendo instrumento para decisões de cunho realista. Claro: com a ressalva de que nisso não está incluso o positivismo exclusivo, para o qual os princípios não estão autorizados por fontes sociais. Por outro lado, posso afirmar que utilizar os princípios para contornar a Constituição ou ignorar dispositivos legais, sem lançar mão da jurisdição constitucional, difusa ou concentrada ou de uma interpretação que guarde fidelidade à Constituição, é uma forma de prestigiar tanto a irracionalidade constante no oitavo capítulo da TPD de Kelsen, quanto homenagear, tardiamente, o positivismo discricionário de Herbert Hart e de seus sucedâneos mais radicais, como os "neoconstitucionalismos". Aqui no Brasil há uma proliferação de neoconstitucionalismos que usam a ponderação como um álibi interpretativo. Aliás, a ponderação é um instrumento para a consolidação do positivismo jurisprudencialista.

Aqui, um parêntese que abro só para a nossa entrevista: não há como escrever sobre uma crítica ao direito e sua operacionalidade sem fazer um eterno retorno aos fantasmas cotidianos que arrastam suas correntes no "campo dogmático" e até mesmo em alguns discursos sedizentes críticos (ou transdogmáticos). Por isso, em todo momento, temos de lembrar os malefícios da "ponderação", do "pamprincipiologismo", do "discricionarismo", "do pamdiscricionarismo", "do livre convencimento", "da livre apreciação da prova", etc. Isso tudo, em termos epistêmicos, é farinha do mesmo saco. É antidemocrático. Não é desse modo, pois, que escaparemos do positivismo ou construiremos uma teoria crítica adequada. Eis a questão: tem gente que pensa que, eliminando ou superando o juiz boca da lei, transformar-se-á (a mesóclise é proposital) em um pós-positivista ou antipositivista ou em um não positivista. Posso dizer, como repto: onde está a solução, está o perigo. Além do mais, é possível fazer "bom direito" sendo positivista, a depender de qual dos mais de dez tipos o autor está filiado.

Pergunta 29

Pode ser mais específico em relação a essa questão "literalidade" ou "juiz boca da lei"? (D. M.)

Lenio Streck: Claro. Nessa discussão acabamos sempre em um dilema. Explico. No Brasil, se gostarem das analogias dos nomes com as coisas, é de se pensar em que momento o direito legislado deve ser obedecido e quais as razões pelas quais fica tão fácil afastar até mesmo – quando interessa, axiologicamente – a assim denominada "literalidade da lei", mormente quando isso é feito com base em vetustos métodos de interpretação elaborados no século XIX, como é o caso do uso do método sistemático para afastar o sentido da palavra "complementares" no artigo 212 objeto da discussão com a professora.

Aliás, o que quero dizer quando afirmo, por vezes, a "literalidade da lei"? Quero apenas falar dos limites hermenêuticos dos sentidos de textos conferidos em uma dada tradição. Qual é o problema de se querer sinonímias? Há problemas em se entender que onde está escrito "complementares" leiamos "o que vem depois de algo"? Ora, não esqueçamos que não estamos discutindo sentidos *in abstrato*. Não se trata de ver ou disputar qual é o sentido dicionarizado de uma palavra ou uma frase.

Não quero disputar conceitos lexicográficos. Importa é o contexto, a situação hermenêutica, a *hermeneutische Situation*. A norma é sempre o produto da interpretação de um texto. E esse texto não existe ou subsiste em-si-mesmo. De todo modo, não apenas eu, mas o Supremo Tribunal e todos os juristas, cotidianamente, sem se darem conta, apelam às literalidades e não vemos nenhum problema nisso. Qual é o problema de cumprir uma lei a partir de uma espécie de sinonímia? Ora, não podemos confundir o direito do século XIX com o direito exsurgente do paradigma constitucional do século XX.

Pergunta 30

Como assim? (D. M.)

Lenio Streck: Vou tentar explicar isso de forma mais detalhada. A diferença, como já disse tantas vezes, é de perspectiva. Se alguém aplica uma lei partindo da pressuposição de que todas as hipóteses de aplicação estão previamente dadas, estará se comportando como um positivista primevo, exegético. Para ele, o direito já está, de antemão "dado-na-lei" e peço que ponha os hifens para, como fazia Heidegger, dar mais ênfase à expressão. Neste caso, estamos diante de alguém que defende um objetivismo estrito na tomada de decisões judiciais ou na interpretação do direito. Aqui surge uma coisa ainda não bem explicada: qual é a diferença de fundo entre o positivismo clássico e o positivismo exclusivo? Há um ponto em comum, pois não? É a separação entre direito e moral. Há um exclusivismo. De todo modo, pensemos apenas assim: quem pensa que o direito está separado da moral, por certo pensa que as diferentes hipóteses de aplicação já estão postas na lei, mesmo que o positivismo exclusivo não trate da aplicação do direito. Poderíamos dizer que, para quem pensa assim, há um objetivismo filosófico que conforma a situação do texto. Tanto é que, no caso disso não ocorrer, simplesmente transfere a responsabilidade da decisão para o solipsismo judicial, isto porque não acredita que possa haver uma tradição hermenêutica que sirva como limitadora da subjetividade do intérprete.

Mas, atenção, porque aqui temos um problema. Em tese, isto é, no plano teórico, quem afirma que é possível determinar quando uma decisão é correta no plano objetivo, estaria rechaçando a discricionariedade. Quem assim fala, defenderia um objetivismo dos e nos juízos de valor. Trata-se de uma perspectiva externa, atribuindo o sentido independentemente do contexto. Afinal, se a lei abarca todas as hipóteses de aplicação, não é o contexto que fará um positivista dessa cepa mudar de ideia.

Aqui é que entram, de novo, os paradigmas filosóficos. A filosofia no direito, e não do direito. Nessa seara, estou muito próximo de algumas teses defendidas por Rodolfo Arango. Ele diz que para debater sobre a objetividade (e não objetivismo) no direito não é necessário partir de uma tese tão forte que tenha compromissos metafísicos, que eu chamaria de compromissos metafísicos ontoteológicos, usando aqui a análise que Ernildo Stein faz sobre os dois caminhos de Aristóteles, no livro *As voltas com a metafísica e a fenomenologia*. Recomendo a leitura desse livro.

O que quero dizer é que assumo uma postura interna na discussão do direito, embora às vezes brinque com a questão de que estaria falando de um plano do observador, para fazer a diferença entre o agir estratégico e o dizer do cientista. Mas, na verdade, penso que o direito necessita que argumentemos de dentro dele, respeitando as regras do jogo, como refere Arango, e levando em conta a prática social compartilhada pelos participantes do discurso. Isto é fundamental para enfrentar os diversos positivismos e suas implicâncias para com a hermenêutica. Sendo mais claro: não preciso assumir uma postura objetivista para respeitar o direito posto. Definitivamente, não. E isto porque não estou no século XIX. Hoje o direito é diferente. As Constituições têm um papel que não tinham no positivismo clássico. Isso parece ser ignorado pelos positivistas exclusivos.

Para trabalhar com a importância do texto jurídico, passei a chamar a esse "caráter objetivo" da hermenêutica como o "mínimo é" que exsurge a partir de um *a priori* compartilhado. Como diz Gadamer, se queres dizer algo sobre um texto, deves deixar que o texto te diga algo. Essa frase é absolutamente genial. E paradigmática. Ruptural. Não há fatos brutos no mundo. Os fatos só o são quando interpretados. Aqui uma direta aproximação de Gadamer com o interpretacionismo de Dworkin. Portanto, não se pode dizer qualquer coisa sobre qualquer coisa. Se o fizer, o intérprete baterá contra a coisa. Baterá contra essa objetividade mínima que a coisa oferece. Há um constrangimento que a tradição estabelece. Com isso, afasto as posturas neoconstitucionalistas e axiologistas em geral, como aquelas que acreditam na ponderação ou que dizem que princípios são valores. Passo ao largo das posturas sobre o direito que defendem o privilégio cognitivo do juiz (chamemos a isso de PCJ), coisa que, para mim, deveria ter ficado armazenado lá no finalzinho do século XIX e no início do século XX ou no máximo até o advento daquilo que denomino, em *Verdade e Consenso*, de Constitucionalismo Contemporâneo (com C maiúsculo).

Mas não quero perder o fio da meada. Esse caráter objetivo do "mínimo é" advém da ruptura com a linguagem privada, assumindo que Wittgenstein estava absolutamente certo nas *Investigações Filosóficas*, deixando para trás o Wittgenstein isomorfista, que acreditava que a filosofia era o espelho da natureza, tal qual muitos processualistas hoje acreditam que o processo é o espelho do direito. Para chegar a esse caráter de objetividade mínima, tem-se um conjunto de elementos hermenêuticos, como a reconstrução da história institucional do direito, revolvendo o chão linguístico em que está assentada a tradição, entendida como "entrega de sentidos". E, obviamente, para isso, são fundamentais os dois teoremas da hermenêutica, assim ditos por Ernildo Stein: o círculo hermenêutico e a diferença ontológica.

Aqui um pouco de Hilary Putnam cai bem, e essa apropriação é feita tanto por Rodolfo Arango como por Ernildo Stein. E por mim também, é claro. Vou tentar explicar isso. Fazendo uma concessão às teorias analíticas, há dois modos de analisar o direito. Uma perspectiva externa e outra interna. Na primeira, ocorre uma abordagem cética ou não cognitivista em relação a juízos morais objetivos, restando ao jurista simplesmente a tarefa de descrição do direito posto e das interpretações e aplicações produzidas pelo juiz. Aqui, os limites da perspectiva externa terminam aonde começa a prescrição, isto é, de como os juízes devem julgar.

Já na perspectiva interna, em que se trabalha um cognitivismo ético, é possível realizar juízos de moralidade política na própria interpretação do direito. Nessa perspectiva interna, os juízos de valor recebem uma dimensão de objetividade, e com isso passam a ter um grau de prescrição em relação às intepretações dos juízes. Veja, não é objetivismo. É objetividade. Objetivismo, conforme bem lembra Gadamer, põe como condição o intérprete não implicar-se o compreendido. Objetividade é aquilo que é a condição mínima de compreendermos o mundo. Invertendo a famosa frase de Nietzsche, só existem interpretações porque existem fatos.

O conceito de "objetivista" é usado no sentido de "uma realidade onde as coisas existem independentemente do homem". Mas essa não é a preocupação das posturas não cognitivistas (éticas). O que os não cognitivistas advogam é que eles não reconhecem a possibilidade da existência de uma moralidade objetiva, isto é, que juízos morais são proposições que não têm objetividade para poder formularmos proposições de verdadeiro ou falso sobre elas. Portanto, devem ser excluídas de qualquer ciência. Para um NC, a proposição que diz "assassinar o avô para poder apoderar-se de sua herança viola o princípio de que ninguém pode se beneficiar da própria torpeza" não é uma frase falsa (ou errada), mas pior: é uma pseudoproposição, pois não é possível encontrar o "princípio de que ninguém pode se beneficiar da própria torpeza" no mundo empírico.

No máximo (e aí já estamos em positivismos mais moderados) um não cognitivista vai admitir que as pessoas (e juízes) julgam conforme esse tipo de padrão moral (pois isso pode-se demonstrar empiricamente), mas não que esse princípio tenha objetividade a ponto de ele ter sua validade independente daquilo que cada indivíduo pensa sobre ele. Aqui a diferença do não cognitivista com Dworkin é bem flagrante, ainda mais nesse último livro dele, onde defende a "unidade do valor". Assim, como diz Dworkin, a teoria do direito assume uma dimensão normativa que estava ausente no positivismo. Essa perspectiva externa acaba ignorando a cooriginariedade entre direito e moral. E, em termos da *Crítica Hermenêutica do Direito*, significa o esquecimento da diferença ontológica entre texto e norma.

Sim, temos que avisar aos juristas de que trabalhamos com o direito. E que direito não é moral, não é sociologia. Vejam que era diferente falar disso em uma ditadura ou antes do *Constitucionalismo Contemporâneo*. Essa discussão já começa com a negação da relação umbilical entre direito e moral, o que traz à baila o poder discricionário do juiz para resolver a questão "das correções". Observemos que Habermas vai dizer que existe uma cooriginariedade entre direito e moral. Dworkin, por exemplo, consegue superar o problema central do positivismo – a discricionariedade – ao dizer que, além da existência de uma relação entre direito e moral, as decisões judiciais, que conterão sempre juízos subjetivos, podem ser controlados ou fundamentados objetivamente.

Claro que a hermenêutica filosófica tratará isso de forma um pouco diferente, não utilizando a concepção de objetividade. Sempre lembro que, no lugar em que Hart deu por resolvido o problema das insuficiências de um mundo de regras, exatamente nesse ponto é que Dworkin entendeu que a solução desse problema se transformou no problema da solução. Isto porque Hart apela à pragmática, que é o terceiro nível da semiótica, sob a influência do segundo Wittgenstein, e coloca o polo principal de tensão da atribuição de sentidos na relação do usuário com os signos. Só para lembrar, na semiótica, a sintaxe dizia respeito à relação dos signos entre si, e a semântica dizia respeito aos signos com os objetos que estes designam.

Com isso, isto é, com a solução calcada nesse terceiro nível que é a pragmática, o juiz ganhou amplo poder discricionário nos casos difíceis. Neste ponto, é bom frisar que, em Hart, a objetividade se daria apenas *a posteriori*. Não tenho receio em dizer que, até hoje, essa herança causa imensos prejuízos para o direito, mormente em um país periférico em que ainda vivemos sob a égide do protagonismo judicial (PCJ – privilégio cognitivo do juiz), inclusive explicitamente na previsão do Código de Processo Penal de que a prova será apreciada livremente pelo juiz. Para Dworkin e a hermenêutica que eu sustento, isso não é assim e não deve ser assim. Não podemos ser profetas do e sobre o passado. Temos que construir as condições para o controle das decisões judiciais do futuro. Enfrentar o PCJ. Esse controle deve ser feito, digamos assim, antes, *a priori*. Por isso é possível defender respostas corretas ou, na minha linguagem, respostas adequadas à Constituição (RAC).

Pergunta 31

Como é isto, então, "cumprir a letra da lei"? (D. M.)

Lenio Streck: Aqui, uma especial atenção. É bom não esquecer que, por trás de uma pretensa análise positivista-exegética calcada em uma posição objetivista, pode estar não a tese positivista, mas, sim, tão somente uma posição ideológica, motivada pelo simples fato de uma análise teleológica-consequencialista. Ou seja: só porque interessa ao intérprete, nesse caso concreto ele adota a tese do cumprimento objetivista da letra da lei. Só por isso. O mesmo se aplica para as posturas que abandonam os limites daquilo que se pode entender como "mínimo é" de um texto jurídico. Volto, aqui, à metáfora dos dois tipos de comportamentos do personagem Ângelo, da peça *Medida por Medida*, de Shakespeare.

Andante. Para dizer que, de outra banda, cumprir uma lei partindo da ideia de que ela não abarca todas as hipóteses de aplicação é o primeiro passo em direção à superação do positivismo exegético, que, mesmo que se diga que está superado, explícita ou implicitamente é aplicado todos os dias, mormente como uma forma ideológica tipo "aqui me interessa a letra da lei". Isso é, *mutatis, mutandis*, a superação disso está no que Friedrich Müller quer dizer com sua tese de que a norma é sempre o sentido de um texto ou o produto da interpretação do texto jurídico. Chamemos de texto jurídico uma lei ou um preceito jurídico qualquer. A norma será o sentido atribuído. Já eu busco ir um pouco mais longe, colocando nesse debate a diferença ontológica da filosofia hermenêutica e da hermenêutica filosófica. Há uma dissertação de mestrado, defendida por *Lanaira Silva*, no PPG da Unisinos, que trata das diferenças entre o que eu digo e a tese de Müller. Texto e norma, para mim, são diferentes. Essa diferença não é uma cisão estrutural. Para um positivista exegético, texto e norma são iguais.

Mas, atenção: dizer que a norma não é igual ao texto não transforma o seu emissor em um antipositivista ou pós-positivista. Sim, porque o positivismo não é apenas o exegético. A característica principal do positivismo é a discricionariedade. Que pode estar em vários lugares. Inclusive no intérprete-juiz (lembremos que o positivismo exclusivo se diz um positivismo do tipo analítico-externo, descritivista; em consequência, como a tese positivista dura-exclusivista não obriga o juiz, este acaba lançando mão de critérios morais; esse atuar do juiz não pode ser excluído da tese positivista, ou seja, o positivismo exclusivo não pode ficar apenas com a parte da descrição; tem de ficar também com a "parte ruim", que é o problema da decisão judicial). Feito o parêntese, sigo. Portanto, atribuir uma norma ao texto não pode ser uma atitude discricionária ou proveniente de escolha. O texto não contém a norma. Mas também não se pode dizer que ele já não tem uma espécie de indicativo daquilo que será a norma. Na hermenêutica, posso denominar isso, a partir de Heidegger, de indícios formais (*formale Anzeigen*). É claro que haverá as hipóteses de nulidade do texto, ocasião em que, a partir de um juízo de inconstitucionalidade, o texto vira pó. Mas veja a importância disso na hora em que vou fazer uma interpretação conforme a Constituição (*verfassugnskonforme Auslegung*). Neste caso, o texto permanece na integralidade; o que muda é a norma, que será atribuída em conformidade à Constituição.

Pergunta 32

Professor, o senhor não corre o risco de cair em um interpretativismo? (D. M.)

Lenio Streck: Boa pergunta. Parece-me claro que há uma articulação equivocada do conceito de interpretativismo. Como é cediço, interpretativistas são as posturas teóricas que defendem uma interpretação originalista da Constituição. Na medida em que tais teorias surgem nos Estados Unidos, trata-se de um originalismo com relação à Constituição norte-americana. Sendo mais claro, há uma disputa histórica entre os teóricos norte-americanos – pelo menos desde o clássico artigo de Thomas Grey, chamado *Do We Have un Unwritten Constitution?*, que, pela primeira vez, estabeleceu e classificou desse modo a diferença metodológica em relação à interpretação da Constituição sobre como deve ser encarada, metodicamente, a interpretação da Constituição. Segundo Grey, duas são as posições que se contrapõem: *o interpretativismo* e o *não interpretativismo*. O *interpretativismo* relaciona-se à postura originalista, em que os limites de liberdade de conformação do legislador devem se dar nos limites do texto escrito; ou seja, basta a grafia constitucional para que os limites ao processo político sejam determinados e instaurados. Já as posturas *não interpretativistas* postulam uma espécie de política constitucional, aproximando-se das ideias defendidas pelo realismo jurídico.

Ora, por certo que, ao defender a possibilidade e a necessidade de respostas corretas em direito (ou, na fórmula que proponho: respostas adequadas constitucionalmente), não é possível ter-me como um *interpretativista* (originalista). Isso por um motivo simples: quando afirmo tal tese, tenho por pressuposto que a dicotomia *interpretativismo – não interpretativismo* está – de há muito – superada, e os problemas daí decorrentes já tenham sido sanados. Isto porque, quando, em *Law's Empire*, Dworkin enfrenta o aguilhão semântico e o problema do pragmatismo, há uma inevitável superação das teses clássicas sobre a interpretação da Constituição americana. Ou seja, o problema da resposta correta não se resume à identificação da sentença judicial com o texto da lei ou da Constituição. Se pensássemos assim, estaríamos ainda presos aos dilemas das posturas sintático-semânticas. Quando falo em resposta correta e em limites hermenêuticos e coisas como "levemos o texto a sério", há uma série de acontecimentos que atravessam o direito, que ultrapassam o mero problema da "literalidade do texto". Nesse sentido, lembro do meu livro *Verdade e Consenso*, em que explico isso em uma longa nota de rodapé.

Atenção, porque, por óbvio, não sufrago nenhuma postura interpretativista-originalista e tampouco exegética. Já escrevi demais sobre isso. Escrevi um artigo na Revista Eletrônica Consultor Jurídico, intitulado *Supremo poderia usar "excepcionalidade" para julgar Cunha?*, em que mostro, a partir do caso *Riggs v. Palmer*, que não se pode simplesmente pegar um argumento como "o que não é proibido é permitido" e achar que isso é defender o constitucionalismo ou que isso, por si só, signifique "levar o direito a sério". Esconder-se atrás desse tipo de argumento é professar uma atitude positivista. Imaginemos a hipótese de que, cada vez que o legislador não prever uma ação, os utentes possam fazer tudo aquilo que não foi estabelecido como proibido ou permitido. É o caso do Presidente da Câmara dos Deputados, Eduardo Cunha. De fato, a Constituição não prevê hipótese de suspensão de mandato ou perda do cargo de Presidente a ser feita pelo Supremo Tribunal Federal. Entretanto, uma decisão por princípio pode mostrar que um parlamentar não pode tirar proveito de sua própria torpeza. A imunidade possui limites. A partir disso, há que se fazer a reconstrução da história institucional. Uma suspensão do mandato e a retirada do cargo possui previsão no campo do poder de cautela do judiciário, que deve ser utilizado para proteger a Instituição do parlamento, refém de seu Presidente. No caso, o Supremo Tribunal fez uma fundamentação equivocada. E isso não foi bom para o direito. Além disso, o Supremo errou também ao não fixar prazo para a suspensão do mandato. Afinal, se ele fez analogia com o *impeachment* do Chefe do Poder Executivo, em que há prazo máximo de afastamento para julgamento, ao não fixar prazo na tal cautelar, o STF deu a impressão que deu uma decisão definitiva. Só que cautelar tem como pressuposto a provisoriedade. Veja-se como a lei não esgota as possibilidades. Pretender usar o que a lei não diz como uma hipótese autorizativa é construir direito. É lançar mão da discricionariedade. Forte.

De todo modo, para deixar isso mais claro, pergunto: a) Será necessário lembrar que, desde o início do século XX, a filosofia da linguagem e o neopositivismo lógico do Círculo de Viena, que está na origem de teóricos do direito como Hans Kelsen, já haviam apontado para o problema da polissemia das palavras e, por isso, inventaram a linguagem lógica? b) Estaria a literalidade à disposição do intérprete, usando-a quando lhe aprouver? c) Se as palavras são polissêmicas, se não há a possibilidade de cobrir completamente o sentido das afirmações contidas em um texto, quando é que se pode dizer que estamos diante de uma interpretação literal? Apostar na literalidade ou em argumentos do tipo "aquilo que não foi dito na lei, pode ser feito de modo contrário", como no caso do neto que mata o avô para ficar com a herança, em que a lei não previa essa hipótese de indignidade (justamente o caso *Riggs*) não é, exatamente, uma atitude positivista no sentido exegético?

Permito-me ser repetitivo, mas como todos já sabem, sofro de LEER (Lesão por Esforço Epistêmico Repetitivo), para dizer que a literalidade, com ou sem aspas, é muito mais uma questão da compreensão e da inserção do intérprete no mundo, do que uma característica, por assim dizer, "natural" dos textos jurídicos. Além disso, não há textos sem contextos. O texto não existe na sua "textitude". Ele só "é" na sua norma, isto é, o sentido atribuído à lei. Mas essa norma tem limites. Muitos. E, por quê? Pela simples razão de que não se pode atribuir qualquer norma a um texto ou, o que já se transformou em bordão que inventei há algum tempo, "não se pode dizer qualquer coisa sobre qualquer coisa".

Insisto: literalidade e ambiguidade são conceitos intercambiáveis que não são esclarecidos numa dimensão simplesmente abstrata de análise dos signos que compõem um enunciado. Tais questões sempre remetem a um plano de profundidade que carrega consigo o contexto no qual a enunciação tem sua origem. Esse é o problema hermenêutico que devemos enfrentar. Problema esse que, argumentos ilusórios como o mencionado, só fazem esconder e, o que é mais grave, com riscos de macular o pacto democrático.

Pergunto: quem seriam ou são os juristas positivistas, críticos ou pós-positivistas? Seriam ou são aqueles que escavam valores que estariam submersos ou escondidos "debaixo" da "letra da lei"? Ou os juristas avançados seriam aqueles que, baseados na Constituição, lançam mão de "literalidade da lei", invocando a força normativa, para preservar direitos fundamentais? Parece-me que – guardadas as condições da relação texto-norma – o último caso mais se aproxima do jurista inserto na legalidade constitucional ínsita ao Constitucionalismo Contemporâneo. Não poderia haver uma legalidade inconstitucional, pois não? Mais: uma decisão decorrente de uma sinonímia pode ser uma decisão discricionária, como já falei, desde que as hipóteses não previstas apontem para outras soluções, sendo que a escolhida, a sinonímica, pode ser até mesmo inconstitucional.

A propósito: que nome se daria a uma decisão que mantivesse alguém preso, denegando-se a ordem de *habeas corpus* com "fundamento" no princípio (*sic*) da confiança do juiz da causa, ignorando os requisitos da prisão preventiva previstas na "literalidade" do artigo 212 do CPP? Boa pergunta, pois não? Os requisitos constantes na lei de "forma clara" nada valem? Não existe história institucional, tradição, coerência e integridade – enfim, aquilo que chamo de DNA do direito – sustentando um determinado sentido? Os sentidos estão à disposição do intérprete? Esse intérprete, por autointitular-se crítico, pós-positivista ao algo assim, pode deles dispor e indeferir um *habeas corpus* de acordo com a gravidade do delito, com base no seu critério pessoal de "justo ou injusto"? Qual é a diferença disso com o argumento da fórmula Radbruch? Afinal, o que é justo ou injusto? Neste caso, o que é isto – a lei? Afinal, a "salvação da democracia" estará no sentido que emerge da subjetividade do juiz, do seu solipsismo, enfim, como muitos gostam, da sua consciência? Eu já respondi a todas essas indagações. Agora a palavra está com a comunidade jurídica.

Mas, voltemos à questão objeto da pergunta. Como se viu, é necessário compreender os limites e os compromissos hermenêuticos que exsurgem do paradigma do Estado Democrático de Direito. Sem entender a noção e a amplitude do paradigma do Estado Democrático de Direito em que está inserido o Constitucionalismo Contemporâneo, fica impossível falar sobre o sentido do direito e da cooriginariedade entre este, o direito, e a moral. O positivismo é bem mais complexo do que a antiga discussão "lei *versus* direito". Nem tudo que parece, é...! Ou, como diz a mãe de um grande Amigo, nem tudo o que parece é; mas se é, parece...! Já, se não é, o que se pode dizer?

Pergunta 33

O senhor é pós-positivista ou antipositivista? (D. M.)

Lenio Streck: Ótima indagação. Tenho sempre dito que sou pós--positivista. Mas agora insisto em dizer que sou um não-positivista. Isso porque não aceito os pressupostos de todas as formas de positivismo, embora, no tocante à questão da moral, considere Raz o positivista exclusivo mais interessante. Mas também poderia me intitular antipositivista. De todo modo, diria que pós-positivista, não positivista ou antipositivista, tenho que a CHD é um modo hermenêutico de compreender a positividade do direito.

Pergunta 34

Há, pois, segundo entendi, um problema na formação do jurista. Seria porque essa formação reduz demasiadamente a compreensão do fenômeno jurídico? (B. A.)

Lenio Streck: Claro. O professor Roberto Lyra Filho já dizia que nós precisamos de "faculdades de direito", não de "faculdades de leis". Talvez não saibamos direito o que quer dizer "direito". O ensino jurídico está empobrecido, porque parece ter apenas dois enfoques: ou você é formalista (positivista exegético fora de época) ou é realista-pragmatista, enfim, um adepto de um certo empirismo jurídico. Essa dicotomia é falsa e ultrapassada. Nem a lei se basta e nem o direito é aquilo que o judiciário diz que é. E, pior: construiu-se uma coisa *fake* na doutrina e na jurisprudência pátrias. Explico: quando você quer cumprir uma lei, naquilo que podemos entender como "limites hermenêuticos", você é taxado de positivista. Pergunto: como assim? Quer dizer que fazer cumprir a Constituição à risca é ser positivista? Expliquei isso já na pergunta anterior. De novo: O que é isto – o positivismo? De fato, este é um fenômeno complexo. Escrevi um texto do qual gosto muito e que está publicado na *Revista de Estudos Jurídicos da Univale*, intitulado *Aplicar a letra da lei é uma titude positivista?*.

Nesse artigo, demonstro como é equivocado dizer que, por si só, cumprir a lei é uma atitude positivista; mas também mostro que não cumpri-la pode, igualmente, ser uma atitude positivista. Positivismo não é apenas o velho legalismo exegetista ou o antigo formalismo. O que sustenta qualquer postura positivista é o poder discricionário.

Explico detalhadamente isso no livro *Hermenêutica Jurídica e(m) crise*, mormente a partir da 11ª edição, para o qual remeto você e os leitores.

Permito-me acrescentar mais uma coisa. Gosto de lidar com exemplos. Rodolfo Arango traz um bem interessante, que vai ajudar no destrinchamento desse fenômeno. E que ajuda também a explicar o que é discricionariedade. Na Colômbia, o artigo 126 da Constituição proíbe a funcionários públicos nomearem familiares que participaram de sua eleição (ao cargo público). Ocorre que juízes da Suprema Corte de Justiça nomearam ex-juízes da mesma Corte que justamente haviam participado de sua eleição à cúpula do Conselho Superior da Administração de Justiça. A tese dos que nomearam: o texto jurídico não proibia nomear os seus próprios eleitores, mas, sim, somente os familiares destes. Genial essa tese, não?

Aqui a literalidade, de onde se retirou que "o que não é proibido, é permitido", parece com o exemplo da proibição de levar cães na plataforma do trem e permitir ursos, porque a lei só proibia cães. Neste ponto é importante referir aquilo que Putnam trata como "objetividade sem objetos", questão que Arango trabalha muito bem para mostrar que, por mais paradoxal que possa ser, a decisão da Corte nomeando os próprios eleitores é discricionária. Sim. É discricionária. E por quê?

Porque objetividade, aqui, será algo como o que trato de "mínimo é" na *Crítica Hermenêutica do Direito*. Desse modo, a objetividade (esse "mínimo é" hermenêutico) deve ser entendida como a verdade de um determinado juízo, que jamais poderá advir de uma "realidade ontológica" separada de nossas práticas, e, sim, de uma realidade que nós mesmos construímos a partir de jogos linguísticos que não dependem de nossa subjetividade. Este ponto é de suma importância. Afinal, e permito-me acrescentar ao que diz Arango, a partir de Wittgenstein, não há linguagem privada. O solipsismo está morto. Portanto, por mais paradoxal que possa parecer, a decisão da Corte colombiana que se firmou em uma espécie de "literalidade" nada mais é do que o exercício de uma discricionariedade/arbitrariedade, que se deu exatamente na parte em que a lei não tratou de outras hipóteses – óbvias – de proibição, algo como "se não pode o menos – familiares – não pode o mais, os próprios eleitores". Ou seja, de novo: nem tudo que parece, é.

Em outras palavras, a resposta correta, a verdade ou a correção do juízo depende não da subjetividade ou ideologia do intérprete, e, sim, da coerência da teoria que melhor reconstrói o fenômeno, revolvendo o chão linguístico em que está assentada a tradição. Com isso, caem por terra teses "descritivas" sobre o direito, isto é, tanto as antigas teses exegéticas como também as teses positivistas contemporâneas. E por quê? Porque o problema é sempre filosófico. É de paradigmas.

Mais: essa questão da discricionariedade é armadilhesca. É uma trampa ideológica, que esconde a irresponsabilidade dos juízes e tribunais. Veja: de novo, não estou utilizando o conceito de responsabilidade no sentido de que trata Raz, por exemplo. Uso no sentido de Dworkin. Vou explicar porque afirmo isso. Quando alguém decide pela literalidade de um texto e se fundamenta nela de *per se* ou com base no argumento de que o que não está proibido está permitido ou coisas do gênero, está fazendo escolhas discricionárias e/ou arbitrárias. Por quê? Porque, em primeiro lugar, ao dizer que o texto já trouxe consigo a resposta, o intérprete volta ao século XIX, a partir do axioma de que todas as normas são gerais e, portanto, o texto legal já contém todas as hipóteses de aplicação. Afinal, o direito, neste caso, está cindido da moral. Mas pode também estar assumindo uma postura positivista exclusiva.

Portanto, no caso do qual estou falando, a discricionariedade está no legislador. E o intérprete assume uma postura meramente descritiva e não cognitivista. Só que – e aqui reside o *busílis* da questão – ao dizer que a discricionariedade é do legislador, ele comete um ato discricionário, como é o caso colombiano antes descrito. Ele se desonera de qualquer juízo.

Assim, ao dizer que a resposta é só aquela e que não há outras, ele comete outra discricionariedade, decorrente de sua subjetividade. Em outras ocasiões, quando o intérprete não concorda com o que diz o texto jurídico, ele comete outro ato de escolha, do mesmo modo como no caso anterior, decorrente de sua subjetividade. Estará construindo direito, o que lhe é vedado.

Tentando ser mais específico, ainda, permito-me dizer que utilizar o axioma "tudo que não está proibido, está permitido" não significa fugir da discricionariedade, como em uma primeira vista poderia ser o caso. No exemplo narrado por Arango, os juízes colombianos se valeram desse axioma como justificativa para violar os princípios que lhes impõem condutas de moralidade pública para com os demais cidadãos. Um princípio republicano basilar de qualquer democracia. Não se quer uma república de malfeitores. Se o direito permitisse a nomeação de pessoas por laços de intimidade para cargos públicos (portanto, remuneração retirada dos cofres públicos), estaríamos trabalhando com as duas formas de discricionariedade que refere Dworkin. Teríamos uma discricionariedade forte, por haver uma "lacuna normativa", e também em sentido fraco, porque a escolha feita (arbitrária) é realizada dentro de tudo aquilo "que não está proibido".

Por isso é que, a partir da hermenêutica e da *Crítica Hermenêutica do Direito*, é possível defender um grau de "objetividade" no modo de dar a resposta aos casos jurídicos. No plano da metaética, será uma resposta cognitivista. Essas respostas não podem depender da subjetividade ou da ideologia, o que dá no mesmo, do juiz ou tribunal. Mas também não podem depender de um olhar externo-descritivo objetivista. Observemos: neste caso, não se trata de uma objetividade, mas, sim, de um objetivismo, aquilo que na filosofia chamamos de realismo filosófico. Mas que não tem nada a ver com realismo jurídico.

De minha parte, posso dizer que existem padrões, que chamamos de princípios, que decorrem da reconstrução da história institucional do direito, que não são relativizáveis e tampouco estão à disposição dos intérpretes. Por isso, Putnam se coloca contra a dicotomia fato-valor. É possível trazer para o direito, a partir de uma realidade que não é ontológica-clássica (aqui estaria o objetivismo), aquilo que os jogos linguísticos nos mostram e que não permitem que nos apropriemos dos sentidos e nem dos juízos sobre as coisas e, por óbvio, do direito.

No caso de um certo positivismo descritivo, que, para mim, continua apostando na filosofia representacional, o juiz, também quando diz que os juízos já foram feitos anteriormente acerca dos limites da lei, está fazendo uma escolha ideológica, que nada tem de democrática. Pode até coincidir, mas um relógio parado também acerta a hora duas vezes por dia. De novo e pela enésima vez, a ressalva: estou ciente que certos positivismos apenas estão preocupados com a elaboração de raciocínios teóricos de identificação das fontes sociais, seja com a explicitação dos componentes de reivindicação de autoridade ou de perspectiva de que se cumpram planos.

Sei, portanto, que o positivismo duro *lato sensu* não se preocupa com a decisão, isto é, de como deve ser o direito. Mas, ínsito: o juiz não está livre desse mundo. E o positivismo tem de "abraçar" e "aceitar" a tese de que alguém terá que aplicar esse "produto" descrito a partir da separação entre direito e moral. E quando esse juiz aplica o direito, a pergunta que sempre fica é: como o positivista cuida desse juiz, para impedir que conspurque o "produto"?

Ainda poderia acrescentar um exemplo de nosso CPC de 2015. O artigo 139 tem um parágrafo (IV) que permite ao juiz determinar todas as medidas indutivas, coercitivas, mandamentais ou sub-rogatórias necessárias para assegurar o cumprimento de ordem judicial, inclusive nas ações que tenham por objeto prestação pecuniária. Pois vejam como foi interpretada a expressão "todas as medidas". Juízes julgaram processos dizendo que o CPC dava a possibilidade de que, esgotados outros meios, fossem determinadas "sanções executivas" hábeis à efetivação de obrigações mediante suspensão da autorização de dirigir do devedor, proibição de viajar, retenção de passaporte, proibição de participar em concursos públicos e licitações a ser provocada pela criatividade de advogados. Eis um bom exemplo de discricionariedade praticada sob pretexto de literalidade da cláusula-álibi de que o que não é proibido é permitido. Se "todas as medidas" quer dizer qualquer medida, então o juiz deixou de lado toda a história institucional do direito. Não revolveu o chão linguístico em que está assentada a tradição, que nem de longe permite constranger devedores e tampouco tomar medidas violadoras da dignidade da pessoa humana. Valesse o discricionarismo à brasileira praticado pelos juízes, poderíamos chegar ao cúmulo de poder justificar a cláusula posta no contrato firmado por Shylock e Antonio, em *O Mercador de Veneza*, de Shakespeare. O não pagamento poderia acarretar a retirada de uma libra de carne do lado esquerdo do peito de Antonio, que teve seus barcos levados pela tempestade. Veja-se como uma aparente cláusula "clara" nem de longe é tão clara. E nem permite que na sua leitura *a contrario sensu* se coloque qualquer coisa. Veja-se a diferença entre a hermenêutica e uma leitura rasa da lei.

Pergunta 35

Uma pergunta urgente, no entremeio das demais: o senhor falou de Hillary Putnam, filósofo norte-americano. Ele tem alguma relação com a hermenêutica que o senhor trabalha? (B. A.)

Lenio Streck: Boa pergunta. Há vários livros interessantes de Putnam, como *Realismo de Rosto Humano* e *The collapse of the fact/value dichotomy and other essays*. Ele é um filósofo, por assim dizer, independente. Penso que tem coisas em comum com a hermenêutica, como por exemplo, sua aversão ao relativismo e sua crença – dele, Putnam – de que são possíveis juízos objetivos. Calma, calma: ele dá um nome para uma coisa que tem outro nome na filosofia hermenêutica e na hermenêutica filosófica. Sem querer simplificar, sua proposta filosófica é um caminho intermediário, a partir de uma concepção de verdade que exsurge da imbricação da objetividade e da subjetividade, entendidos como os dois grandes paradigmas (realismo e idealismo).

Putnam critica a concepção ingênua de verdade e, ao mesmo tempo, está a anos luz de qualquer relativismo ou anarquismos epistêmicos. Ele rompe com os diversos dualismos, especialmente os que falam de juízos de fato e juízos de valor. Coloca-se contra a filosofia como espelho da natureza, enfim, contra o paradigma objetivista clássico, assim como é avesso ao solipsismo, entendido aqui como a contraposição daquilo que Wittgenstein, em seu *Investigações Filosóficas*, trata por linguagem pública, rechaçando a linguagem privada. Coloca-se contra Rorty e jamais concordaria com Kelsen ou Hart.

O que me interessa nele – e confesso que foram Rodolfo Arango e Ernildo Stein que me influenciaram – é essa criação de uma tese ou teoria que se contrapõe aos dois paradigmas clássicos e, sem jogar a água fora com o bebê dentro, busca uma terceira via. Isso para o direito é de fundamental importância, porque lida com o modo como se decide, ou seja, como dizer se uma decisão é correta ou justa. Juízes escolhem como decidir? Eles possuem poder discricionário para dizer "o direito"? Ou existem modos de amarrar as suas decisões, impedindo uma livre apreciação de sentidos, o que aproximaria o juiz das posturas relativistas?

Um dos aspectos importantes de Putnam é o seu resgate do não consequencialismo kantiano, o que, para mim, o aproxima de Dworkin para assegurar que uma decisão correta é aquela que não cede à política ou às questões subjetivas, devendo ser exarada a partir de princípios. "Doa a quem doer", para usar uma linguagem cotidiana. Quando falo em Kant, refiro-me ao princípio da moralidade, que, para ele, goza de universalidade na medida em que – e só porque – deriva da razão prática do homem. Ele não busca "fora" algo objetivo-heterônomo-metafísico, e, sim, para ele o princípio da moralidade deriva da própria estrutura da racionalidade dos agentes. Gadamer e Dworkin, ao trabalharem a noção de tradição e a autoridade desta, com a concepção de pré-juízos autênticos e inautênticos, recuperam essa moralidade kantiana.

Afinal, por que Gadamer rejeita o subjetivismo e aposta em algo construído na linguisticidade, na pré-compreensão, que, é fundamentalmente, pública? Por que não é nem de fora (objetivismo) e nem "de dentro" (subjetivismo) que advêm as possibilidades de dar respostas às perguntas, que, exatamente por isso, já vêm com o mensageiro por intermédio da *Vorsicht, Vorhabe e Vorgriff* – pre-visão, pré-ter e pré-conceito. Não é por acaso que Gadamer superou o modo de dar sentido clássico que se baseava nas três *subtilitates* – *intelligendi, explicandi* e *applicandi*, colocando todo o processo do sentido na *applicatio*.

Veja. Putnam se aproxima da hermenêutica mais ainda quando diz que, em seu livro *The collapse of the fact/value dichotomy and other essays*, o conhecimento dos fatos pressupõe o conhecimento dos valores, isto porque a atividade de justificar afirmações factuais pressupõe juízos de valores e devemos considerar que esses juízos de valor podem ser corretos (aí que entra a palavra "objetivos"). Tudo isso para, segundo ele, e com razão, não corrermos o risco em cairmos no subjetivismo acerca das próprias afirmações sobre os fatos.

Se trouxermos isso para o direito, aproximamo-nos de Gadamer e Dworkin. Se queremos levar a sério textos (e o direito é fato-texto-valor), temos que, seriamente, pensar em construir condições de correção dos juízos subjetivos. Portanto, uma coisa deve ficar clara: tratar de decisão jurídica está longe de descrever "objetivamente" ou de prescrever subjetivamente.

Se um juiz pode decidir livremente um caso, então o direito se transforma em uma fraude e fica sem sentido dizer que as pessoas possuem direitos. Simples assim. Tudo isso está ligado ao que disse antes sobre as teses filosóficas de Gadamer, Dworkin e Putnam. Não existe uma ordem objetiva fora do intérprete que assegure um olhar objetivo. Mas tampouco o solipsismo impera. Logo, há que buscar no entremeio, naquilo que, com Herbert Schnädelbach, pode ser denominado de razão hermenêutica. Pode-se dizer que, no campo jurídico, a razão hermenêutica vem construída a partir dos princípios que traduzem a moralidade política, os padrões que são construídos na intersubjetividade. Estes nada têm a ver com a visão individual do intérprete. No campo da correção da decisão jurídica, esses princípios vinculam. No Brasil ocorre, entretanto, o inverso disso, compondo uma tragédia. O tipo de princípio que é utilizado maciçamente nas práticas jurídicas é fruto de visões subjetivistas e ideológicas, que servem para mascarar a aplicação do direito. Usam-se princípios para não aplicar princípios enquanto padrões intersubjetivos.

Não esqueçamos que o direito, diferente da ética e da moral, compõe um sistema diferenciado, porque emanado de textos jurídico-constitucionais que traduzem um paradigma que incorpora os componentes ético-morais a partir daquilo que denominamos paradigma do Estado Democrático de Direito, lugar em que os direitos humanos-fundamentais, assim como os direitos sociais, foram positivados. Isso aumenta o grau de necessidade de apelo ao "mínimo é" dos textos jurídicos, que pode ser traduzido como esse espaço intersubjetivo de manifestação objetiva de direitos em um dado contexto histórico de legitimidade do direito constitucional.

Pois com auxílio de Putnam, é possível dizer que o positivismo jurídico, especialmente no viés exclusivo, trabalha com uma objetividade ou objetivismo com objetos, ao contrário da hermenêutica que trabalha – no modo como estou desenvolvendo esse raciocínio aqui – com elementos objetivos que não decorrem de objetos. São eles a pré-compreensão, a tradição, a integridade, a coerência, etc. Vistos a partir de um objetivismo com objetos, pode-se dizer que os positivistas objetificam, assim, os seus argumentos. Dworkin se aproxima sobremodo de Putnam e Gadamer se entendermos que os positivistas colocaram os juízos de valor no âmbito da *doxa*. Devemos ter em conta, no direito, que é possível corrigir decisões judiciais ou, melhor dizendo, alcançar respostas corretas, a partir da superação dessa objeticação resultante da verdade correspondencial ou do simples apelo ao subjetivismo.

Por isso o positivismo exclusivo nega a relação entre direito e moral, deixando para o juiz fazer juízos subjetivos. Não vou falar do positivismo inclusivo, que é híbrido e por vezes já se sabe não passa de um jusnaturalismo ou axiologismo.

No Brasil, é difícil, inclusive, detectar quem são os realistas do direito e quem seriam os positivistas inclusivos, dado ao grau de correção política, moral e ideológica que se faz ao direito. Tudo feito sem qualquer rigor ou metodologia. Por exemplo, como classificar um juiz que diz que faz ponderação colocando um princípio contra o outro e dizendo que os valores "x" sobrepõem os valores "y" e dali tira a decisão? Ele é qualquer coisa, menos alexyano. Seria um pragmatista? Um empirista sem empiria? Ou simplesmente alguém que, kelsenianamente, remete o problema do conteúdo do direito a um jogo de poder? Eis a questão.

Uma crítica forte ao positivismo inclusivo é feita por Pedro Serna, em texto no qual responde ao professor Vittorio Villa, um positivista dessa grei epistêmica. Diz Serna que estes positivistas, querendo se afastar do positivismo exclusivo, alteraram tanto sua teoria que sequer já se pode chamá-los de positivistas. Esta crítica é semelhante a que Dworkin fazia aos inclusivistas. Querendo fugir do positivismo exclusivo, acabam caindo em um voluntarismo. Ou seja, para eles, o direito não é algo dado, mas, sim, o resultado de um processo de determinação no qual participam elementos valorativos e externos à legislação ou à intenção do legislador.

Uma crítica interessante ao positivismo inclusivo – embora o livro *Positivismo Jurídico e Discricionariedade Judicial* critique as diversas formas de positivismo – é feita por Henrique Abel, para quem o positivismo inclusivo, de certa forma, apresenta o pior dos dois mundos: não possui a coerência estrutural do positivismo clássico porque abandona a maior parte de seu legado filosófico mas, no entanto, fica refém da discricionariedade judicial.

Já um antipositivista como Dworkin afirma a existência da relação entre direito e moral, porque os juízos feitos pelos juízes podem ser fundamentados "objetivamente" (portanto, controlados). Para entender melhor ainda essa questão, veja-se que Hart, no seu *post-scriptum*, objeta a tese de Dworkin no seguinte sentido: a identificação do que é direito não depende de princípios morais. E dizia sustentado no argumento de que não existe uma escala ou ordem objetiva de valores externa ao direito a partir da qual se possa fazer depender a objetividade ou não de uma decisão judicial. Referia-se aos casos difíceis, é claro. Essa era a sua preocupação. Hart, a partir da filosofia da linguagem ordinária, resolvia mais facilmente o problema dos casos difíceis. Já que não existe essa "ordem de valores", deixe-se que o juiz resolva, apelando, assim, ao terceiro nível da semiótica: a relação do usuário com os signos. O restante já falei anteriormente. Ou seja, onde Hart achava que terminava o seu problema, Dworkin considerou que ali estava só o começo. Francisco Borges Motta trata bem disso na sua tese de doutoramento.

Pergunta 36

Professor, não pude interromper antes quando falava da objetividade sem objetos e com objetos. Putnam defende um realismo a partir da tese de uma objetividade sem objetos. A hermenêutica trabalha com um grau de objetividade. O senhor chama de *mínimo* é. Surgiu recentemente uma corrente denominada Novo Realismo, capitaneada pelo alemão Markus Gabriel. Qual é a sua opinião sobre essa tese? (B. A.)

Lenio Streck: Li os livros de Gabriel, fixando-me mais em *O Sentido da Existência*, apresentado pelo Maurizio Ferraris, que compartilha de grande parte da tese do "novo realismo". Você vai lendo o livro e vai achando que ali tem coisa nova e que pode auxiliar o direito para a construção de novas racionalidades ou modos de controlar as decisões. Por exemplo, a crítica que é feita por Gabriel à pós-modernidade e o fato de esta ter dado adeus à verdade é uma coisa que atrai de pronto um hermeneuta como eu. A crítica a Nietzsche no tocante à famosa frase não há fatos, só há interpretações, é encantadora.

É interessante também quando diz que a tese do novo realismo não é anti-hermenêutica. E que a verdade não é um mal. Não há mundo sem interpretação. Ele dá adeus à filosofia como teoria do conhecimento e dá boas-vindas à filosofia como ontologia. Diz ainda que a verdade e os dados da filosofia são mais evidentes como dados; esses dados se impõem à consciência e não são fabricados por ela. Faz uma releitura de Schelling (*Tratado sobre a Liberdade*), com aproximação do segundo Wittgenstein. Os sentidos não dependem dos sujeitos, em última instância. A epistemologia não depende da ontologia. Na verdade, a ontologia é anterior à epistemologia. A ontologia chega antes, diz Gabriel. Faz uma crítica forte ao solipsismo. Fiz até uma adaptação para dizer que o solipsismo bajula o nosso narcisismo.

Outra questão importante exsurge quando Gabriel diz que os fatos não são suspeitos como tais; suspeitas são as nossas interpretações sobre eles. Algo, aqui, próximo ao que Ernildo Stein diz: complexa não é a realidade; complexas são as nossas interpretações da realidade. Critica Kant, que, segundo Gabriel, fez uma revolução ptolemaica, fazendo com que o mundo fique dependente do sujeito. Mas, então, em que ponto reside minha discordância? Pelo fato de não encontrar, na tese de Gabriel, uma explicação plausível para ele dizer tudo isso e considerar sem sentido as versões da viragem linguística, pois renega Gadamer, Heidegger, Wittgenstein, Husserl e Derrida. Discorda da frase de Gadamer de que "ser que pode ser compreendido é linguagem". Diz que o acesso ao mundo não tem a linguagem como condição de possibilidade. A sua virada ontológica não é uma virada ontológico-linguística. É possível alcançar os fatos sem a linguagem, diz Gabriel.

De minha parte, penso que o que confere um sentido objetivo, um mínimo é, a uma coisa, a um fenômeno, é o fato dele ser resultado de uma linguagem pública. Isso é inescapável, do meu ponto de vista. Propugnar um novo realismo a partir de uma virada ontológica pode não passar de uma redefinição do velho realismo. Os indícios disso são os argumentos de Gabriel de que a viragem linguística já não tem sentido na discussão dos sentidos e da verdade. Veja-se esta frase: as árvores não são discursivas, mas um discurso sobre elas pode ser objetivo, porque nesse caso há objetos que existem de uma determinada maneira independente de opiniões, ou seja, as árvores. Muito próximo, para mim, do realismo originário. Ele volta à crítica à Gadamer, na célebre frase "ser que pode ser compreendido é linguagem", para dizer que não entende que, pelo fato de ser árvore, esta não poder ser percebida e compreendida sem linguagem. Acrescenta que também os animais, que não falam em sentido nenhum, compreendem algum sentido, porque percebem as coisas de um ponto de vista objetivo.

Enfim, embora, como falei, existirem alguns pontos em comum, aparentemente, a tese desse novo realismo, ao dispensar os dois *linguistic turn* e a mediação da linguagem, teria pouca possibilidade de ser útil no direito. Além do fato de ser questionável no plano dos paradigmas filosóficos. Evidente que Gabriel pretende inovar. Mas o ônus argumentativo que vem dos paradigmas e dos princípios epocais é dele. De minha parte, sou mais conservador em termos paradigmáticos. Não vejo como abrir mão da intersubjetividade exsurgente da linguagem e do *a priori* compartilhado, que forma a linguagem pública que condiciona e constrange nosso modo de agir e os sentidos que transmitimos.

Pergunta 37

Professor, ao defender a hermenêutica do modo como faz, o senhor se mostra um tanto quanto otimista, certo? O senhor tem feito críticas aos fatalistas. (B. A.)

Lenio Streck: Vou contar o que me aconteceu dia desses. Proferi uma fatigante conferência sobre o meu livro *O Que é Isto – Decido Conforme Minha Consciência* em uma importante Universidade. Fiz críticas ao imaginário solipsista e ao modo de decidir dos juízes. Falei que nós juristas tínhamos de lutar contra essa espécie de fatalismo da dogmática jurídica, assim como de setores da teoria do direito. Um professor me interceptou no final, colocou a mão no meu ombro e me disse: "– Veja, professor Lenio, concordo com o que o senhor falou acerca do decisionismo, ativismo, etc. Entretanto, estou convencido de uma coisa: não tem outro jeito. Os juízes decidem assim mesmo. Primeiro decidem, depois buscam o fundamento. Portanto, professor Lenio, é impossível escapar da filosofia da consciência". Tenho ouvido esses mantras cotidianamente.

Esse "fatalismo" é uma das coisas que mais me intriga. Antes de tudo, trata-se de uma falácia. Essa falácia se denomina "falácia realista". É o "mito do dado". É, portanto, pré-moderna. O homem pré-moderno também pensava assim. As coisas são como são, diria um pré-moderno. Portanto, a observação do professor se insere em um paradigma anterior ao surgimento do sujeito. E ele é doutor em direito. Um doutor medieval solto nas pradarias jurídicas de Pindorama. Um doutor pré-Descartes. Na falácia proferida por ele está outra: "a falácia do fim da história": não tem mais o que fazer. Disse, na ocasião, para o professor: "– Se você tiver razão, temos de nos abraçar e chorar". Veja: penso ter sido pioneiro na crítica a essa questão de que o juiz primeiro decide e depois vai procurar uma justificação.

Georges Abboud, que escreveu comigo o livro *O que é isto – o precedente judicial e as súmulas vinculantes?*, fez uma bela conferência no Congresso de Direito Processual em Uberaba e, para ilustrar essa questão na qual venho batendo há tantos anos, adaptou a fábula do lobo e do cordeiro, de Ésopo. Todos conhecem a fábula. O lobo decidiu devorar o cordeiro. E para isso busca várias justificativas, como "você está sujando a minha água". O cordeiro responde que isso seria impossível, porque o lobo está na parte de cima do riacho. "– Então foi seu pai", argumenta o lobo. Ao que o cordeiro lamenta, pelo simples fato de ser órfão de pai e mãe. "– Então foi alguém de sua família". De novo, o cordeiro diz que isso é impossível, porque ele não possui alguém vivo na família. Foram todos devorados. Sobrou só ele. E o lobo o devora. Não importa o fundamento. Sua decisão estava tomada pela vontade de poder. No caso, pela vontade de comer o cordeiro. Essa fábula mostra o problema central do raciocínio teleológico. Do finalismo decisional. Obviamente que, se isso o ato decisional for, efetivamente, um ato de vontade como, aliás, dizia Kelsen, de forma pessimista, então o processo penal e civil ficam reduzidos a meros instrumentos. Algo que está a disposição. *Ge-stell*, se diz em alemão. Pura técnica, ferramenta. Manuseável. Ao talante do poder.

Seguindo, para não perder o fio da roca e para ficar no clima meio medievo. No fundo, é como se a filosofia não penetrasse nas "capas de sentido" produzidas historicamente por um direito "blindado" às transformações. Episódio semelhante ocorreu em Portugal, quando, em um debate, eu defendia a necessidade de controlar as decisões e criticava a discricionariedade judicial, outro importante (na verdade, importantíssimo) professor (brasileiro) me acusou de estar defendendo uma espécie de volta à exegese, isto é, uma proibição (*sic*) de os juízes interpretar. Disse ele: "- o professor Lenio quer proibir os juízes de interpretar". Aliás, essa crítica pedestre é a mais comum que me fazem. Vira e mexe, e lá vem um interlocutor incauto e tasca: "você é um positivista...". ou "você é um exegeta"... "você é um conservador...".

Outra crítica que me fazem é de ser originalista, mas sobre esta já respondi anteriormente. Ainda mais recentemente, na Argentina, uma juíza contestou-me, após conferência que fiz sobre "o poder discricionário e o ativismo", dizendo, aos berros, que eu *"estava sendo antidemocrático ao retirar o poder discricionário dos juízes"*. Para a magistrada *porteña*, era *"natural"* esse poder e *"não podia ser de outro jeito"*. Ponto para a falácia realista. Em Pindorama, proliferam *blogs* jurídicos com artigos e *posts*, em que os signatários se dizem perplexos com a minha tese antidiscricionária (e, portanto, antirrelativista). Eles perguntam: *"Onde ficam as apreciações subjetivas dos juízes? Ele quer que os juízes sejam neutros?"*.

Por vezes, penso que estamos no século XIX. Ou, pior, na virada para o século XX, ouvindo integrantes da Jurisprudência dos Interesses discutindo com os adeptos da Jurisprudência dos Conceitos. Há professores que defendem colisão de valores. Ou colisão de interesses. Como se o tempo não tivesse passado. E as indagações ficam ainda mais incisivas quando os subscritores são juízes. Quantas vezes terei de repetir que: primeiro, o juiz não é escravo da lei (pensem, uma vez mais, no personagem Ângelo, da Peça *Medida por Medida*, de Shakespeare, quando diz "não fui eu quem condenou seu irmão, foi a lei"); segundo, ele, o intérprete-juiz não é o dono da lei (pensem no mesmo personagem, mas, agora, na parte em que ele diz à bela Isabela "mas se você fizer amor comigo, eu liberto seu irmão" e, portanto, faço a lei nada valer).

A hermenêutica será – e parafraseio o professor Ernildo Stein – essa cadeira entre o primeiro e o segundo modelos de juiz. Dou, aqui, algumas dicas. A primeira questão é nos darmos conta de que a discricionariedade e suas perigosas derivações, que todos conhecemos, está ligada umbilicalmente ao paradigma da subjetividade, isto é, ao esquema sujeito-objeto. Nesse paradigma, o sujeito (intérprete, juiz, tribunal) é "senhor dos sentidos". Ele "assujeita" as "coisas" (se, se quiser, ele é o dono "das provas", do "andar do processo", etc.). Claro que há derivações nisso. Uns são mais voluntaristas que outros. Outros são subjetivistas no sentido de "colocar óculos cor-de-rosa e, assim, enxergam o mundo nessa cor", algo ainda kantiano.

Além de tudo isso, há uma porção de juristas que mistura tudo: usa qualquer concepção ou postura teórica de forma puramente estratégica-ideológica, sem qualquer compromisso com a coerência. No mesmo texto utilizam pressupostos da metafísica clássica e da metafísica moderna. Pior; por vezes, uma dose de pós-modernidade quando nenhum dos dois paradigmas resolve o seu problema. Neste caso, uma dessubjetivação ajuda, certo? Tudo isso é facilmente perceptível por intermédio da produção da prova *ex officio*, da prevalência de princípios (*sic*) como o do "livre convencimento do juiz", do mantra "princípios são valores", do uso da verdade real, etc.

Tenho escrito muito sobre isso. Onde enquadrar o subjetivismo? É verdade que, em meus textos, tenho falado que o solipsismo judicial, o protagonismo e a prática de discricionariedades se enquadram no "paradigma epistemológico da filosofia da consciência". Por vezes falei que, espantando com tanta arbitrariedade interpretativa, estávamos em face de uma vulgata da filosofia da consciência, enfim, da metafísica moderna.

De todo modo, atitudes decisionistas e voluntaristas devem ser enquadrados filosoficamente. Parece-me evidente que esse *modus decidendi* se aproxima do subjetivismo do sujeito da modernidade. Na sexta edição do *Verdade e Consenso* deixo isso bem claro. Também no dicionário de teoria do direito cuja segunda edição esta em produção, trato disso de forma detalhada. Venho apontando essas "aproximações" para, exatamente, poder fazer uma *anamnese* dos discursos, até porque não há discurso que esteja "em paradigma nenhum", por mais sincrético que seja. Aliás, estou sendo generoso ao falar de "discricionariedades"... O que temos visto vai muito além daquilo que, na tradição, tem sido epitetado de "discricionariedade". Basta ver o que fazem com a "ponderação".

De todo modo, vulgata ou não, o problema principal que envolve a aplicação do direito no Brasil reside na tirania do subjetivismo. A ditadura do sujeito da modernidade. J. F. Mattéi, com seu *La barbarie intérieure* nos diz que é no interior do homem (no subjetivismo) que precisamos detectar as tendências a cair na barbárie. Ela está no subjetivismo. E Ernst Bloch diz que, deixados a nós mesmos [solipsismo], somos ainda vazios. E Hannah Arend, Horkheimer e Adorno são impiedosos para com o sujeito da modernidade, chamado pelos dois últimos de "despótico". Essa sujeição de tudo que é natural ao sujeito leva ao obscurantismo e ao autoritarismo. Com toda a razão. E nem precisei apelar a Gadamer para dizer isso tudo.

Quer dizer, vou lembrar o que diz Mariflor Aguilar Rivero, no livro *Diálogo y Alteridad*, de quem gosto muito, sobre a hermenêutica de Gadamer, cuja proposta, segundo ela, enfrenta o desafio de acessar a alteridade, reconhecendo-a em suas diferenças específicas, para evitar o risco da autoprojeção, isto é, de subsumir o outro sob o nosso horizonte de interpretação, mas também evitar o risco de tornar os sentidos inacessíveis. Ou seja, Gadamer pensa as relações com o outro evitando duas formas de solipsismo: por um lado, o solipsismo que supõe a compreensão do outro mediante processos de autoprojeção, de empatia ou de subsunção aos próprios marcos conceituais, porém também evita o solipsismo que está implicado na tese da incompreensão do outro (tese radical de Levinas, por exemplo) ou por mediar obstáculos infranqueáveis como as inevitáveis relações de poder (Nietzsche e Foucault, por exemplo). Veja-se como Gadamer tinha aversão ao solipsismo.

Em uma frase: subjetivismo é pensar que nada vindo de fora (de si) pode impor limites ao intérprete. Ora, a Lei e a Constituição (mais a doutrina e a jurisprudência) são essas coisas "de fora". Em face disso, pergunto: quando os juristas irão perceber que, quando vamos ao Judiciário, buscamos uma resposta daquilo que está do lado de fora do juiz, e não do que está dentro?

Como hermeneuta, quero deixar claro que não é possível concordar com qualquer forma de "ditadura do subjetivismo", âncora do relativismo. Também odeio essa espécie de fatalismo relativista, do estilo "é assim que acontece no mundo prático", "é assim que os juízes pensam e decidem" ou "nada há a fazer". Permitam-me dizer: se, de fato, os juízes "pensam assim", é porque se expressam a partir de um paradigma ultrapassado, em que um sujeito "assujeita" o objeto. A essa situação – de "assujeitamento do objeto" pelo "sujeito do conhecimento" – em uma apreciação, digamos assim, generosa, poderíamos chamar de filosofia da consciência, com as ressalvas que já fiz anteriormente, isto é, os filósofos desse paradigma são (ou eram) bem mais complexos do que o adágio "decido conforme minha consciência"... Não esqueçamos que a filosofia da consciência foi a condição de possibilidade para a construção da modernidade e, fundamentalmente, para a institucionalização do Estado Moderno (pensemos em Hobbes, por exemplo). Claro que o início da modernidade está trezentos anos antes, no plano da filosofia, em Ockam e seu nominalismo. E, não esqueçamos, Hobbes foi um nominalista.

Pergunta 38

O que é o direito, então? (B. A.)

Lenio Streck: Direito é um conceito interpretativo e é aquilo que é emanado pelas instituições jurídicas, sendo que as questões a ele relativas encontram, necessariamente, respostas nas leis, nos princípios constitucionais, nos regulamentos e nos precedentes que tenham DNA constitucional, e não na vontade individual do aplicador (mesmo que seja o STF). Assim como a realidade, também o direito possui essa dimensão interpretativa. Essa dimensão implica o dever de atribuir às práticas jurídicas o melhor sentido possível para o direito de uma comunidade política. A integridade e a coerência devem garantir o DNA do direito nesse novo paradigma.

Por isso é que insisti para que o novo CPC incluísse a exigência de coerência e integridade. Apelo para que o projeto do novo Código de Processo Penal também inclua esse importante princípio interpretativo, que, aliás, faz parte dos cinco padrões mínimos para se alcançar a resposta correta ou adequada à Constituição, conforme explico nos *Comentários à Constituição do Brasil*, prêmio Jabuti de 2014, escrito e organizado com vários parceiros, como Ingo Sarlet, Gilmar Mendes e J. J. Gomes Canotilho, hoje já em sua segunda edição. Muitas vezes o problema nem é "como se está decidindo agora, neste momento"; o problema maior é "como se vai decidir amanhã". E depois de amanhã.

Sigo. O que não podemos admitir é uma fragmentação, uma espécie de "estado de natureza hermenêutico", em que a decisão é, ou um jogo de cartas marcadas ou uma loteria (que não deixa de ser, também, um jogo). Um detalhe: não divido o direito ou a aplicação do direito em funções diferenciadas entre teórico do direito e o juiz aplicador. Minha tese é normativa. Diz como o direito e sua aplicação devem ser. Juiz decide e não escolhe. E não faz raciocínios práticos. E nem o teórico faz raciocínios jurídicos, como se fosse possível fazer esse tipo de distinção. Refiro isso apenas para mostrar as diferenças da hermenêutica de qualquer postura analítica. Aqui é ontologia (não clássica, é claro) *versus* analítica. Posso até fazer analítica no plano da explicitação do que já foi compreendido. Digamos assim, eu aceito fazer analítica no plano apofântico.

Bola ao centro. Claro que não disse tudo isso para o professor fatalista da pergunta anterior. Digo agora, além, é claro, de que deveríamos nos abraçar e chorar. Ali, naquele momento, diante de sua falácia realista, fiquei escutando o silêncio do "Estádio". Como nos tempos em que jogava futebol e, vencendo o jogo até os 45 minutos do segundo tempo, o time era atropelado por um pênalti mal marcado. Reclamávamos. Xingávamos o juiz. Ali, naquele caso, o fatalista teria razão: o pênalti estava marcado. "É assim mesmo...; quem manda é o árbitro". Não há volta. A esperança, então, voltava-se toda para o pobre do goleiro. Que, casualmente, era este escriba!

Pergunta 39

Como resultado, dentre outros, deste ensino anacrônico poderíamos citar a manutenção de dicotomias como a separação entre teoria e prática no direito como se elas fossem estanques? Ou entre fato e direito? (D. R.)

Lenio Streck: Há vários porquês. Porque as abordagens teóricas são vistas como "perda de tempo". Porque o direito não é visualizado como um fenômeno complexo. Resultado: direito facilitado, mastigado, resumidinho, cantado em funks, etc. Vi na rede social um vídeo em que o professor explica os conceitos em forma de música. Tem um vídeo em que um professor de cursinho canta o "lepo lepo" para explicar à malta o que é crime impossível. Fico pensando: por que o Brasil ainda não ganhou um prêmio Nobel, com tantos "Einstein jurídicos" soltos por aí? Tem um vídeo em que o professor chama os alunos de "gafanhotos" e "gafanhotinhos". Ah, sim: porque ele é o mestre. Estocolmo: aí vamos nós para receber o Nobel. Vi no Facebook um professor se vangloriando por ter aprovado um artigo no CONPEDI. Pior: foi incensado por dezenas de alunos e até professores, que diziam coisas como "esse é fera", "monstro", "quero chegar lá". Ora, a aprovação de um artigo no CONPEDI – que até pode ser importante – é uma tarefa muito simples e singela para quem deseja fincar raízes na academia. Tudo isso apenas mostra o quanto a comunidade jurídica se contenta com pouco. Também vi nas redes sociais que um advogado fez um salto mortal no tribunal do Júri. Sim, fez uma cambalhota. O que mais falta fazer?

Na verdade, há uma ideia de que "na prática" vale tudo. Inclusive vale tudo para "vender o peixe" no direito. Fico muito irritado com a frase "na prática a teoria é outra". Horrível isso. Aqui deveria haver um chicoteamento epistêmico. O látego da palavra deve bater forte em quem sustenta isso. Esse é o problema: para quem pensa assim, na prática, age-se como quiser, decide-se sem critérios jurídicos. Além do mais, esta leitura dicotômica ainda espelha um direito que era visto acima e para além da faticidade. Seria como se o direito tivesse de antemão as respostas para as perguntas antes que estas surgissem. Por isso, falar em silogismos e subsunção do fato à norma. Sustentar estas rupturas é de algum modo manter vivo o positivismo jurídico.

Pergunta 40

Professor, como avalia o interesse dos alunos por temas jurídicos mais densos? (D. R.)

Lenio Streck: O interesse ainda é pequeno. São resistentes os que insistem nestes temas, porque ficam na "contramão" do "direito facilitado". Eu procuro estimular os alunos. Tenho um grupo de pesquisa – *Dasein – Núcleo de Estudos Hermenêuticos* – que conta com a participação de 16 pessoas, somando graduação, mestrado, doutorado e pós-doutorado. Ele funciona na Unisinos. Recentemente constituí um grupo junto à Unesa, no Rio de Janeiro, com alunos de mestrado e doutorado. O imaginário jurídico deve mudar, para que os juristas passem a visualizar a sua imersão nestes temas mais profundos como necessária. O nosso modelo de direito como um todo os faz enxergar esse tipo de reflexão como "perfumaria", o que é absolutamente problemático. Vejam que até mesmo professores com mestrado ou doutorado não conseguem ministrar uma aula sem um livro-resumo--simplificado (ou algo assim) ou um *Power Point*, em que leem para os alunos aquilo que está focado na *pantalla*.

Pergunta 41

O senhor poderia citar alguns juristas que lhe inspiraram? (D. R.)

Lenio Streck: Corro o risco de cometer esquecimentos. Mas, vamos lá. Luis Alberto Warat, Leonel Severo Rocha, Ronald Dworkin, Hans Kelsen, Herbert Hart, Friedrich Müller, Ernildo Stein, Gadamer (embora não fosse jurista). Há os mais jovens com os quais dialogo cotidianamente e respeito, como Marcelo Cattoni, Gilberto Bercovici, Otavio Rodrigues Jr., Martonio Barreto Lima, Dierle Nunes. Também João Mauricio Adeodato e Menelique Carvalho Neto. Na dogmática constitucional, tem o Ingo Sarlet, o Gilmar Mendes, Canotilho (com os quais lançamos o livro *Comentários a Constituição do Brasil*), Jorge Miranda e tantos outros nas diversas áreas do direito. Não posso deixar de referir os meus orientandos, já com obras publicadas e parceiros de escrita, como Rafael Tomás de Oliveira, Georges Abboud, Francisco Borges Mota, Lucio Delfino, Clarissa Tassinari, Alexandre Rosa, Danilo Pereira Lima, Mauricio Ramires, André Karam Trindade, Adalberto Hommerding, Walber Araujo, Victor Drummond, Marcelo Ribeiro, Eduardo Fonseca Costa, Dielo Crevelin, Marcio Gil Tostes, João Luiz Rocha do Nascimento, Pablo Malheiros, Alexandre Coura, Alexandre Bahia, Diogo Bacha, Alexandre Nogueira, Henrique Garbelini, Draiton Gonzaga de Souza e não posso esquecer dos inteligentes entrevistadores deste livro. E muitos outros que não lembro assim de memória. Há mais uns vinte brasileiros que eu poderia citar, mas não quero cometer injustiças. De todo modo, Willis Guerra Filho, Nelson Nery Jr., Jose Luis Bolzan de Morais, Fabio Oliveira. Como disse, essa é pergunta difícil de responder.

Pergunta 42
Quais conselhos daria para quem está começando o estudo do direito ou mesmo já terminou? (D. R.)

Lenio Streck: Não existe intelectual bronzeado. Isso é metafórico, é claro. Pode até aparecer um Einstein do direito com bronzeamento. O que quero dizer é que é necessário ler muito. Ler livros à mancheias. Evitar resumos e resumos de resumos. Evitar direitos facilitados, mastigados, simplificados, etc. Fugir de professores que ficam querendo ensinar o ECA cantando funk. Ter senso crítico. Vá para a biblioteca e estude. Há uma coluna minha sobre o protótipo do aluno ideal. Está publicado na Revista Eletrônica Consultor Jurídico. Também escrevi como deveria ser o professor ideal. Também é uma coluna.

O estudante deve se dar conta de que estudar direito é uma coisa complexa. Direito é difícil de pegar. Fácil é periguete (masculino e feminino, para evitar a crítica dos politicamente corretos, que por sinal são muito chatos). Venho dizendo há mais de vinte anos uma frase: parcela considerável dos livros utilizados nas salas de aula das faculdades de leis – porque temos que refundar as faculdades de direito – e nas aulas de cursinhos de preparação deveriam ter uma tarja como a que vemos nas carteiras de cigarro: O Ministério da Epistemologia adverte – o uso constante desse material fará mal a sua saúde mental. E na parte de trás, uma fotografia de um aluno ou bacharel com cara de imbecil, com a frase "li e fiquei assim".

O estrago causado pelos cursinhos é incomensurável hoje em dia. Há um curso de preparação para concurso no Rio Grande do Sul em que o professor de filosofia do direito disse – guardei o vídeo – que Dworkin era um neopositivista. O que será que o aludido professor quereria dizer com "neopositivista"? Mistério. Mas os incautos dos alunos "compram" isso. Nem vou falar de outras barbaridades que assisti no aludido vídeo. Para quem gosta de bizarrices, basta acessar o Google e ver aulas-resumo. Lembro que, no caso esse do cursinho do Rio Grande do Sul, o que o professor disse sobre Gadamer é um crime epistêmico. E sobre Rawls? Enfim, tudo indica que foi um equívoco colocarem matérias como filosofia do direito em concursos públicos. Foi um passo para a desmoralização da filosofia do direito. Veja: nem estou falando da filosofia no direito. O "no" faz uma diferença. E como. É porque os cursinhos consideram a filosofia um ornamento do direito que virou nisso que se vê e ouve por aí.

Ainda: quando o estudante for a um congresso e assistir a palestras, ele deve se informar primeiro quem é o palestrante. Como quando vai a um teatro, veja quem é o ator principal, do que se trata, etc. Leia algo sobre o palestrante. Não vá como se fosse a uma partida de futebol. Leve a sério. Faz pouco tempo estive em um grande congresso em uma capital e fiquei impressionado com o grau de pouco conhecimento, para ser generoso, de parcela considerável da plateia. Você conta uma peça de Shakespeare, de cuja alegoria se podem compreender as vicissitudes de um tema de teoria do direito e, ao final, nenhuma reação. Ninguém entendeu um ovo do que foi falado. Isso tudo demonstra o grau de alienação do ensino jurídico. Transformamos o ensino em algo *standard*, tipo Chevette 76 pé-de-boi, sem ar condicionado, sem direção assistida, sem bancos de couro e sem espelho retrovisor. Um ensino com "ventoinha" para pegar um arzinho fresco. Estudar, estudar e estudar. Eis a fórmula. Não há mágica nas coisas. Engraçado: quanto mais eu leio, mais eu sei.

Parte II
Sobre a Crítica Hermenêutica do Direito

Pergunta 43
Professor, gostaria que falasse sobre o caminho teórico que percorreu até a hermenêutica jurídica. (B. A.)

Lenio Streck: Eu sou anterior à Constituição, portanto, "fui recepcionado" por ela (risos). Dessa maneira, foi o processo histórico que me levou a, "darwinianamente", buscar as respostas para as perguntas que foram surgindo. Não há resposta antes da(s) pergunta(s), então quais as perguntas eram postas em determinado momento? Até 1988, por exemplo, nós não tínhamos uma Constituição, nós tínhamos um arremedo de "Carta". O que tínhamos havia sido editado por um ato de força, que era a Emenda Constitucional de 1969, que já tinha sido feita em cima de outra Constituição ditatorial. Então, o que tínhamos era um Estado mau, uma Constituição má, ruim, um ordenamento ruim, que necessitavam de um modo específico de enfrentamento. Um dos modos, dentro das brechas da institucionalidade, era fazer uso das teorias analíticas.

Então, nos anos 80, já no mestrado, ali por volta de 1983, 1984, nós estudávamos o primeiro *"linguistic turn"* e o segundo *"linguistic turn"*, ou seja, o neopositivismo lógico, que foi o movimento do início do século XX, que era o modo de enfrentamento de uma crise que se dava nos diversos "ismos" daquele momento, e a questão da crise da linguagem. Enfim, o neopositivismo foi um modo de tentar fazer um enfrentamento, a partir da semiótica e da semiologia.

Mas, isso também não era suficiente. Embora estudássemos isso, meu professor Luiz Alberto Warat, de quem fui orientando, já havia avançado e trouxe toda a "expertise" de uma leitura privilegiada de Hans Kelsen que ele tinha, exatamente porque ele conhecia o neopositivismo lógico, e Kelsen tinha sido um neopositivista lógico. Kelsen conseguiu fazer a sua teoria pura como uma metalinguagem sobre a linguagem objeto. Nós já estávamos trabalhando aquilo que o Warat chamava de "semiologia do poder". Nós já estávamos trabalhando Wittgenstein II. Se Wittgenstein I está ligado, no "Tratactus", ao neopositivismo lógico e às tentativas de formalização da linguagem e ele, o que incluía a questão do isomorfismo e que o aproximava de uma ontologia clássica até, em seguida, vem o Wittgenstein II, com as "Investigações Filosóficas", que é um salto. O problema não estava mais na relação dos signos como os signos, que é uma questão de sintaxe, não estava mais na relação dos signos com os objetos que se designam, mas a questão que surgia estava na relação dos signos com os seus usuários. Ora, isso para a crítica do direito era/é um grande salto, porque você vai dar ao sujeito da relação o modo de fazer interpretação das situações, enfim. Veja que o próprio realismo jurídico, com a tese de que o direito se faz na decisão judicial, tem uma derivação, uma dívida com a filosofia da linguagem originária, com os problemas que já delineei em outra resposta de um dos entrevistadores.

Então, nós, naquele momento, dentro das brechas da institucionalidade, lidávamos com a vagueza e com a ambiguidade dos signos e das palavras. Nós precisávamos ali, inclusive, de um juiz racionalista, nós necessitávamos que ali, sim, o juiz fosse protagonista, porque ele tinha que enfrentar uma estrutura, nós tínhamos de enfrentar uma estrutura.

O jurista crítico olhava aquilo desse modo. Partindo destas inquietações e experiências que fui, cada vez mais, me aprofundando na Hermenêutica, posteriormente, com Heidegger e Gadamer, encontrando um modo, que entendo mais adequado, de compreender a decisão judicial. Nesse ponto, o Professor Ernildo Stein foi de fundamental importância. Posso dizer que é meu guru.

Pergunta 44

Conte um pouco mais sobre a hermenêutica jurídica que o senhor desenvolveu e sua importância no contexto de uma Constituição democrática. (B. A.)

Lenio Streck: A hermenêutica, no modo como eu a trabalho, surge depois da Constituição, como algo que vai além, porque eu não quero mais um racionalismo. Eu preciso agora cumprir a Constituição, isto é, eu preciso aos poucos controlar os atos dos juízes, dos agentes políticos. Eu preciso de uma hermenêutica, mas no sentido de uma hermenêutica que aponte para além do que, simples ou ingenuamente, busque superar "o juiz boca da lei". A luta anterior à Constituição objetivava identificar o "juiz boca da lei" e dizer que esse modelo de juiz não poderia existir. Nem vou falar aqui da ficção que era esse "juiz boca da lei". Ele existiu, mesmo? Mistério (risos).

No segundo momento, eu não posso simplesmente continuar fazendo a mesma coisa, como se não houvesse Constituição. Sem falar nas lutas sociais, para colocar tudo no texto. Quer dizer, seria fazer pouco caso da Constituição e das lutas, se eu continuasse com as mesmas teses, com as mesmas teorias. E a analítica era pouco para isso. De toda maneira, vai uma advertência: se o modelo de "juiz boca da lei" devia ser rejeitado antes da Constituição, isso não quer dizer que ele possa ser ressuscitado depois da Constituição. É difícil para a comunidade jurídica entender essa problemática. Juiz boca da lei, ou sua ficção, é coisa datada. É o modelo do positivismo clássico, em que lei e direito eram a mesma coisa, e a lei (o texto) pretendia abranger de antemão todas as hipóteses de aplicação. O modelo é derrotado no paradigma do Estado Democrático de Direito, em que o direito assume um elevado grau de autonomia e onde texto e norma (lei e sentido da lei) passam a significar coisas diferentes, na feliz invenção de Friedrich Müller. Para ser mais simples: na atualidade, a ficção do juiz boca da lei é tão perigosa quanto o juiz voluntarista "dono da lei", circunstância que explico a partir da peça *Medida por Medida*, de Shakespeare, com as peripécias do personagem Ângelo.

Pergunta 45

Para não perder o embalo, pode explicar a peça e o significado para a compreensão dessa fenomenologia? (B. A.)

Lenio Streck: Shakespeare, no início do século XVII, antecipou esta discussão hermenêutica que se tornou o centro das preocupações dos juristas do século XIX até os nossos dias. Entre as várias peças, há uma em especial, escrita por volta de 1604, chamada *Medida por Medida*, da qual já fizemos um programa *Direito e Literatura*. A estória se passa em Viena. O Duque Vivêncio, em face de um quadro de desordem e corrupção de costumes, transfere a seu amigo Ângelo o governo, simulando tirar um período de férias, em que visitaria a Polônia.

Sob novo comando, a guarda prende o jovem Cláudio, sob a acusação de ter fornicado com Julieta, sua namorada. Incontinenti, é condenado à morte por Ângelo. Cláudio, então, pede a sua irmã Isabela para que interceda por ele junto a Ângelo. Isabela busca persuadir Ângelo. Este diz que Cláudio é um transgressor da lei, e que ela estaria perdendo o seu tempo. Diz, também, que no contexto dado, a lei não permite vicissitudes idiossincráticas. É ela a palavra do poder:

"A lei, não eu, condena o seu irmão. Se fosse meu parente, irmão ou filho, seria o mesmo. Ele morre amanhã".

Isabela retorna no dia seguinte e insiste na tese. Ângelo se mantém irredutível. Entretanto, enquanto falava, a concupiscência tomava conta de Ângelo, vendo que por debaixo das vestes de Isabela (ela estava vestida com roupa de noviça) um belo exemplar da espécie humana se escondia. Assim, em um instante, Ângelo, aquele "poço de virtude", transmuda-se, dizendo à Isabela que "se o amasse em retorno, seu irmão seria poupado". De escravo da lei, de escravo da estrutura, do "que está dado", Ângelo se transforma em "senhor da lei", "senhor dos sentidos".

Do extremo objetivismo, Ângelo vai ao completo subjetivismo. Qual é o pior dos Ângelos? O modelo I ou o modelo 2.0, turbinado pela vontade? Ou seja, duzentos anos antes das críticas de Ihering à juíza Pórcia, de *O Mercador de Veneza* – outro exemplo de juiz solipsista shakespeariano –, essa discussão já estava posta pelo bardo. Tenho usado muito essa peça shakespeariana nas aulas. Já há várias dissertações por mim orientadas que tratam de *Medida por Medida*. Todas elas buscam desvendar esse mistério entre o mito do dado e o voluntarismo, entre concepções objetivistas e subjetivistas e, fundamentalmente, buscando construir respostas para esse dilema entre Ângelo I e II. Sim, a teoria do direito tem respostas para isso.

Pergunta 46

Professor, retornando mais detidamente à sua construção teórica, o senhor é o fundador da Crítica Hermenêutica do Direito (CHD)? Poderia dizer em que ela consiste? (B. A.)

Lenio Streck: Sim. A *Crítica Hermenêutica do Direito* é um movimento que foi por mim fundado desde a primeira edição do livro *Jurisdição Constitucional e Hermenêutica*, que agora passou a chamar *Jurisdição Constitucional e Decisão Jurídica* (RT, 2014). Na verdade, naquela obra, aparecia como "Nova Crítica do Direito". Com isso, pretendia fundar uma matriz teórica abrangente para o direito que, sob os aportes da filosofia (em especial, da filosofia hermenêutica de Martin Heidegger e da hermenêutica filosófica de Hans-Georg Gadamer), possibilitassem uma análise crítica do fenômeno jurídico. Também a obra de Ernildo Stein, principal intérprete de Heidegger e Gadamer no Brasil. Penso que a *Crítica Hermenêutica do Direito* também recebeu muitas influências do pensamento de Luis Alberto Warat, em especial de sua crítica ao senso comum teórico. Mas minha proposta foi além disso ao incorporar os elementos estruturais de filosofia hermenêutica e de hermenêutica filosófica, o que foi construído por meio dos diálogos e apoio do meu amigo e filósofo Ernildo Stein.

Nos últimos anos, incorporei à ideia de CHD a necessidade de uma teoria da decisão (a partir da noção de coerência e integridade de Ronald Dworkin, que, aliás, consegui colocar no novo CPC, no artigo 926), que não deve ser lida simplesmente como uma análise das decisões judiciais, mas da atribuição de responsabilidade política a todos os atores jurídicos. Criei também as seis hipóteses pelas quais um juiz pode deixar de aplicar uma lei, visíveis em *Verdade e Consenso* (Saraiva, 6ª ed, 2017) e *Jurisdição Constitucional* (Forense, 6ª ed, 2019), como também no livro que se chama exatamente *Lições de CHD – Crítica Hermenêutica do Direito* (Livraria do Advogado, 2014).

Assim, retomando esses pontos que mencionei acima, é possível identificar pelo menos três espectros nessa minha abordagem. A grande inovação da *Crítica Hermenêutica do Direito* foi a fundação de uma matriz teórica para o direito com fundamentos filosóficos e de teoria do direito. Isto é, não se trata de uma aplicação direta de categorias filosóficas ao direito; não se trata de interpretar o direito de acordo com a leitura/posicionamento de determinado autor – a *Crítica Hermenêutica do Direito* se coloca exatamente neste meio-termo.

Sob o aspecto metodológico, desenvolvemos o que chamamos de método hermenêutico (ver verbete em meu Dicionário de Hermenêutica). Esta "ferramenta" (veja-se, aqui, a importância das aspas, considerando que a hermenêutica é antimetodológica) tem sido utilizada em parcela considerável das dissertações e teses do Programa de Pós-Graduação em Direito da Unisinos. Em poucas palavras: revolve-se o chão linguístico em que está assentada a tradição, reconstruindo a história institucional do fenômeno. É como se o fenômeno fosse "descascado".

Vejamos a aplicação disto na alegoria do hermeneuta que chega a uma ilha e lá constata que as pessoas cortam (desprezam) a cabeça e o rabo dos peixes, mesmo diante da escassez de alimentos. Intrigado, o hermeneuta foi buscar as raízes desse mito. Descobriu, finalmente, que, no início do povoamento da ilhota, os peixes eram grandes e abundantes, não cabendo nas frigideiras. Consequentemente, cortavam a cabeça e o rabo. Hoje, mesmo que os peixes sejam menores que as panelas, ainda assim continuam a cortar a cabeça e o rabo. Perguntando a um dos moradores o porquê de assim agirem, ouviu: "Não sei... Mas as coisas sempre foram assim por aqui!". Eis o senso comum. Isto somente pode ser desvelado neste processo de revolvimento em que se assentada esta tradição. Explico isso melhor na introdução do *Lições de Crítica Hermenêutica do Direito*.

Isto pode parecer um pouco distante da nossa cotidianidade, mas não é. Observemos a qualificadora da escalada para o crime de furto. Ainda hoje a aplicamos com base na interpretação de que escalar é simplesmente subir em alguma coisa. Assim, penas são majoradas mesmo diante de uma mureta. Ao escavar o fenômeno, vemos que esta qualificadora surgiu num contexto em que, devido à pequena atividade bancária, a maioria das pessoas guardava seu dinheiro no andar de cima de suas casas. Daí, percebemos que a escalada somente poderá ser aplicada quando efetivamente houve um obstáculo a ser transposto por cima, ensejando o uso de escadas, cordas, ou outros artifícios. O que é muito diferente do que é visto nos tribunais em que qualquer pequeno muro já configura esta qualificadora.

O método hermenêutico vê os fenômenos como palimpsestos, que precisam ser raspados a fim de que se manifestem as escritas que estão por debaixo daquelas que estão à vista num primeiro momento.

Pergunta 47

A base teórica da CHD se encontra na filosofia hermenêutica de Heidegger e na hermenêutica filosófica de Gadamer. Especificamente, como foi que o senhor se aproximou desses filósofos? (B. A.)

Lenio Streck: Heidegger e Gadamer são importantes, no sentido da compreensão dos paradigmas filosóficos, isto é, antes de eu entrar na questão da aplicação para o direito, porque eu não faço simplesmente uma acoplagem ou uma aplicação de Heidegger e Gadamer para o direito. Ao contrário, eles são a condição de possibilidade, porque, paradigmaticamente, Heidegger representa a ruptura com o paradigma aristotélico-tomista e com a filosofia da consciência.

Heidegger dá um salto neste sentido e constrói uma espécie de cadeira que se estabelece entre esses dois grandes paradigmas. Gadamer, por sua vez, vai dizer que a filosofia não é lógica, que a filosofia não é ornamento, a filosofia é condição de possibilidade. Tem um texto que eu escrevi em um *dicionário de filosofia do direito* organizado pelo prof. Vicente de Paulo Barreto, no qual eu mostro a importância de Heidegger na crise dos anos 20, o porquê da construção do livro "Ser e Tempo" e qual a sua importância. É um texto que sempre recomendo aos alunos.

Seguindo, é necessário sempre frisar que Gadamer, seguidor de Heidegger, vai dizer que a hermenêutica é filosófica. Ele dá um salto para além daquilo que é a hermenêutica clássica, ou seja, sai da questão da reprodução de sentidos, a *Auslegung*, e vai para a ideia de dação de sentido, a *Sinngebung*, e ali, então, começamos a trabalhar Gadamer muito mais, como alguém que faz, com Heidegger, uma ruptura. E podemos chamar a isso de hermenêutica da facticidade, em que a linguagem não é uma terceira coisa que está à minha disposição, mas como condição de possibilidade, para, então, a partir dela, nós compreendermos melhor o modo da aplicação de um texto, de um texto constitucional, que vem rico em direitos e é transformador. Então tenho que ter uma teoria adequada para isso nesse sentido.

Não esqueçamos que Gadamer produz a ruptura com a subsunção. Ele diz que a subsunção é impossível, filosoficamente falando. Aqui entra a sua crítica ao processo interpretativo clássico, que entendia a interpretação como sendo produto de uma operação realizada em partes: *subtilitas intelligendi, subtilitas explicandi, subtilitas applicandi*, isto é, primeiro compreendo, depois interpreto, para só então aplicar. A impossibilidade dessa cisão que é tão bem denunciada por Gadamer implica a impossibilidade de o intérprete "retirar" do texto "algo que o texto possui-em-si-mesmo", ao contrário: o intérprete sempre lhe atribui sentido. Essa impossibilidade da cisão – que não passa de um dualismo metafísico –, relaciona-se com o nosso modo-de-ser-no-mundo. Em virtude da (pré-)compreensão sempre antecipamos sentidos que se radicam na facticidade. Não é um processo cartesiano; ao contrário é um existencial. O acontecer da interpretação ocorre a partir de uma fusão de horizontes (*Horizontenverschmelzung*), porque compreender é sempre o processo de fusão dos supostos horizontes para si mesmo. Aqui sempre retorno a Ernildo Stein, que foi quem me iluminou o caminho para encontrar esses filósofos.

Acrescentaria, ainda, que a *Crítica Hermenêutica do Direito* não heideguceriza e nem gadameriza o direito. Tampouco dworkiniza. Trata-se de assumir um lugar da fala, que advém de um paradigma filosófico. Nesse sentido, sempre é bom ler Lorenz Puntel. Heidegger não vai ajudar a resolver um problema de súmula vinculante, como dia desses ironizou o jusfilósofo espanhol Manuel Atienza. Descartes também não escreveu sobre direito. Gadamer escreveu algumas páginas. Putnam não se dedicou ao direito. E tantos outros filósofos. No entanto, construíram ou ajudaram a conformar paradigmas filosóficos. Se quero encontrar uma cadeira filosófica que se coloca entre os dois grandes paradigmas, objetivista e subjetivista, tenho de recorrer a Heidegger e Gadamer. Também a Wittgenstein. O que não posso e não devo é pensar que o direito caminha ao largo da filosofia. Ora, sem filosofia não há mundo. E também não há direito.

Mas quero falar mais sobre isso. Minha trajetória na crítica do direito passa pela contingência histórica do regime autoritário e o período posterior à Constituição. Antes da Constituição, os críticos do direito necessariamente tinham que rejeitar a estrutura formal constituída por um arcabouço autoritário. Sequer Constituição havia. Com a aprovação da Constituição, muda o cenário e, portanto, os pressupostos epistêmicos. Se antes o empirismo jurídico era o meio para o enfrentamento da estrutura, apelando ao voluntarismo de juízes comprometidos com a democracia, a partir de 1988, passamos a ter outro quadro. O voluntarismo já não fazia sentido.

Ou seja: se antes de 1988 tínhamos que lutar contra o positivismo clássico formalista, agora, pós-CF/88, necessitávamos de uma teoria que passasse a respeitar o texto, sem que isso configurasse um retorno ao velho positivismo clássico-exegético ou de suas vulgatas muitos presentes no Brasil. A fenomenologia hermenêutica se apresentou como essa cadeira que se assentava entre o objetivismo que sustentava o formalismo e o subjetivismo que sustentava o velho empirismo ou as posturas voluntaristas que, já no início do século XX, apostavam em uma espécie de "livremo-nos do juiz boca da lei". Percebia, então, no início dos anos 90, que a dogmática jurídica, enfim, os discursos jurídicos, ainda estavam presos ao velho formalismo, mas, incrivelmente, esse formalismo mirava as leis anteriores à Constituição. Não havia um formalismo em relação à aplicação da Constituição. Por exemplo, o controle de constitucionalidade demorou a ser uma prática. Mormente o controle difuso. Ou seja: a doutrina era formalista para sustentar o velho e, ao mesmo tempo, voluntarista para negar o novo.

E, de certo modo, ainda ocorre hoje. Incrivelmente, a dogmática começou a construir princípios para com eles descumprir a Constituição em nome da qual eram feitos. Um imaginário ativista tomou conta do direito. A defesa da legalidade constitucional passou a ser malvista, isto é, passou a ser vista como sendo uma atitude positivista. Como se ser positivista fosse um mal em si. Além disso, parcela da dogmática que se diz pós-positivista acaba sendo justamente aquilo que rejeitam: são positivistas fáticos ou empiristas jurídicos.

Resultado: construiu-se no Brasil um positivismo jurisprudencialista. Esse é e foi o estado da arte no qual tentei plantar as sementes da CHD. Que ficou com alguns pontos básicos retirados de Gadamer, Heidegger e Dworkin, como o antirrelativismo, a superação do esquema sujeito-objeto, levar os textos a sério e trazendo para o direito uma adequada diferença entre direito e moral. Isto é, as bases para não permitir que a moral corrija o direito. O direito, é claro, é construído com a moral, ética, em uma linguagem pública, democrática. Evitar, portanto, que o sujeito da modernidade, esse sujeito que assujeita os objetos, conspurque o produto elaborado em uma linguagem compartilhada, em um *a priori* compartilhado pela comunidade.

A tentação, no direito, de uma espécie de razão teológica, é muito grande para o juiz decidir. Em vez de responder com base nesse *a priori* compartilhado e na estrutura constrangedora que deve ser o direito, o juiz não vem resistindo a responder às perguntas (casos jurídicos) com base na sua percepção pessoal. Nesse caso, sequer houve a secularização. E longe está a magistratura de incorporar os dois corpos do rei, tese pela qual se expurgaria essa racionalidade ainda teológica do juiz. É possível dizer, nessa linha, que a aplicação do direito ainda vem sendo feita a partir de uma metafísica ontoteológica, para usar o conceito que consta no livro *As Voltas com a Metafísica e a Fenomenologia* (Ernildo Stein).

A CHD teve, desde o início, a preocupação de escapar da armadilha do positivismo nas suas diversas modalidades. Sem os paradigmas filosóficos, torna-se impossível vencer o positivismo. Sem uma análise filosófica, não podemos solucionar os problemas da moral no direito. Não esqueçamos que desde o século XIX o problema central do direito é: o que fazer com a moral? O positivismo clássico simplesmente cindiu direito e moral. Depois disso, as diversas teorias tentaram lidar com isso. Pessimistas como Kelsen simplesmente partiram para uma linguagem de segundo nível. Optaram por discursos externos, meramente descritivos, problemática que se repete, de outro modo, sem a diferença de níveis de linguagem, no positivismo exclusivo contemporâneo. A hermenêutica, a partir da captura epistêmica que fiz com a CHD, pode ser o caminho para enfrentar tanto os discursos objetivistas, como os discursos subjetivistas, que acabam ideologizados. Nesse sentido, a dupla estrutura da linguagem é um importante componente para demonstrar que não interpretamos para compreender, mas, sim, compreendemos para interpretar. Portanto, com isso, a CHD se preocupa com o modo como se julga, e não apenas com o modo de justificação do que foi dito pelo juízo. A CHD aposta em um discurso de primeiro nível, e não em um discurso meramente apofântico. Por isso, não se pode admitir discursos subjetivistas, relativistas ou discricionaristas. Porque, se os admitíssemos, o próprio direito perderia a autonomia mínima para os discursos adjudicadores, como a moral, a política, etc. Para o direito ser direito, devemos preservar-lhe minimamente o seu caráter normativo e naquilo que ele mesmo diz no Estado democrático de Direito. A Constituição não é apenas uma mera ferramenta, um instrumento para ser manipulada. Ela é constituinte. Ora, sendo constituinte da própria realidade em uma democracia, se deixarmos discursos solipsistas valerem mais do que ela, assim como o restante da estrutura do direito, então a própria democracia fica fragilizada.

Pergunta 48

Um dos conceitos fundamentais da CHD é a ideia de "Dasein", termo que, inclusive, dá nome ao seu núcleo de estudos e pesquisa na UNISINOS. Fale um pouco sobre a ideia do "Dasein" e de como ela se diferencia da ideia do "sujeito solipsista", que você tanto combate. (B. A.)

Lenio Streck: Isso é fundamental, sua pergunta é fundamental, porque "Dasein", é o "ser-aí", não é um conceito antropológico. "Dasein" não é o homem, "Dasein" não é também, digamos assim, uma substituição estética de um paradigma do sujeito solipsista e que, agora, passa a ter o nome de "Dasein" e começa a dizer o mundo como ele quer. Claro que não! "Dasein" é um ente privilegiado que compreende o ser, "Dasein" é exatamente esse elemento que vai se colocar para compreensão da complexidade que é a ruptura de dois paradigmas, quais sejam, o paradigma objetivista e o paradigma subjetivista. Então, para o "Dasein", os sentidos se dão, digamos, nesse processo compreensivo. "Dasein" é esse ente privilegiado. Sabe-se que se sabe. Eis aí "Dasein", esse ente pelo qual se sabe que se sabe. Daí que alienação é não saber que não sabe. Esse é o problema do *homo juridicus* médio de Pindorama: ele nem sabe que não sabe.

Este, portanto, é um dos conceitos através do quais eu "seguro" a hermenêutica. E depois eu retrabalho isso, por exemplo, por meio do "círculo hermenêutico" e da "diferença ontológica", que são os dois polos, os dois teoremas que, como diz Ernildo Stein no seu *Diferença e Metafísica*, sustentam o processo de atribuição do sentido, superando os dualismos metafísicos. Desse modo, a diferença ontológica vai ser exatamente aquilo que depois eu retrabalho, mostrando como "o ser é sempre o ser de um ente" e "um ente só é no seu ser". Introduzi a diferença ontológica no direito, mostrando que a *applicatio* gadameriana tem a ver com o fato de que o sentido só se dá no ato aplicativo.

Logo, se o ser é sempre o "ser de um ente", então o ser não se dá de forma universal, não se dá em abstrato. Ele sempre "se dá" em uma dada aplicação, isto é, em um caso concreto. Eu não tenho conceitos flutuando no ar, eu também não tenho uma cisão entre "questão de fato" e "questão de direito". Eu supero a clássica cisão entre a "questão de fato" e a "questão de direito", até mesmo a questão da diferença entre texto e norma. Não faz muito, eu fazia uma discussão com Friedrich Müller por e-mail sobre a questão do conceito dele de texto e de norma, e a relação disso com a hermenêutica. Eu ainda não tenho a resposta dele, quer dizer, da tréplica que ele fará para mim. Quando receber, comunico a todos.

Sendo mais claro: Com a diferença ontológica que eu trouxe para dentro do direito, consigo mostrar que os sentidos do direito não estão em um texto que carrega consigo todos os sentidos, nem no sujeito que atribui esses sentidos ao texto como ele quer. O "Dasein", diferentemente do sujeito solipsista que se basta em si, está sempre lançado na facticidade, compreendendo a si no encontro com os demais. Ou seja, para o "Dasein" o conhecer é uma experiência intersubjetiva, para o sujeito solipsista, não. O sujeito solipsista limita as possibilidades do constrangimento vir à objetividade.

Pergunta 49

E esse sujeito que atribui sentido ao texto da maneira como quer, de acordo com sua própria consciência, é exatamente o sujeito solipsista. Fale-nos um pouco mais sobre ele. (B. A.)

Lenio Streck: Exatamente. É o sujeito solipsista. Em alemão, a palavra é *Selbstsüchtiger*, cuja tradução literal é "viciado em si mesmo". E solipsismo é *Selbstsucht*. Essa é a complexidade, mas, ao mesmo tempo, a riqueza e a beleza de se estudar hermenêutica, porque isso parece muito complexo para os olhos de um jurista médio, para usar o conceito que o jurista médio gosta de usar, ou seja, o conceito de "homem médio".

Vou explicar isso melhor e peço um pouco de paciência. O solipsismo pode ser entendido como a concepção filosófica de que o mundo e o conhecimento estão submetidos estritamente à consciência do sujeito. Ele "assujeita" o mundo conforme o seu ponto de vista interior. Epistemologicamente, o solipsismo representa o coroamento da radicalidade do individualismo moderno em seu sentido mais profundo.

Isso quer dizer que o solipsismo é, de certa forma, resultado da própria Modernidade. Sei que é bem complexo tentar explicar isso. O solipsismo encontra a sua morada a partir das *Meditationes de Prima Philosophia*, de Descartes, na subjetividade individual do sujeito.

A palavra "si mesmo" ou "egoísmo" em alemão se traduz por *Selbstsucht*, representando aquele que é viciado em si mesmo (*Selbstsüchtiger*). Solipsismo e subjetivismo estão intimamente ligados. Conforme a terminologia de Kant, um dos grandes representantes da metafísica moderna, o "eu penso" (*Ich denke*), a subjetividade, é o veículo de todos os conceitos do entendimento que possibilita o acesso ao mundo. De forma distinta, mas ainda dentro do paradigma moderno que enfatiza a noção de "sujeito", Schopenhauer sustenta o mundo como sua vontade e representação. Literalmente: *Die Welt als Wille und Vorstellung*. O mundo é resultado de uma divisão entre sujeitos e objetos que diferem entre si, mas que no final das contas são apenas produto de uma vontade individual. Vontade, aliás, que se manifesta na concepção niilista de Nietzsche como vontade de poder (*Wille zur Macht*), alcançando o solipsismo moderno ao nível de completo relativismo voluntarista.

Assim, solipsismo, subjetivismo, voluntarismo e relativismo são termos intercambiáveis. Pense em que como isso funciona no direito e influencia o modo de agir dos juízes. Há um livro de uma filósofa mexicana chamada Mariflor Rivero, sobre Gadamer, cujo título é *Diálogo y Alteridad*. Ela é radical, muito mais do que eu, na crítica ao solipsismo. Sou *light* perto dela. Ela tem uma pergunta genial, que me permito consultar e pegar o livro da biblioteca para pegar a citação exata: "cómo se puede dar cuenta de un significado si éste ha sido subjetivamente producido y está mediado por la subjetividad del intérprete?". Bingo. Ela mostra que o ponto crucial para a hermenêutica é o combate à subjetividade. A subjetividade é o fundamento autorreferente que condiciona as condições e os limites pelos quais um sentido vem para fora, para a objetividade. Pensem nisso numa relação com o direito e a questão do livre convencimento, o problema do protagonismo, do consequencialismo. É um prato cheio.

Mas não quero perder o fio da meada. É por isso que com Richard Palmer podemos perguntar: quando o subjetivismo se coloca na base da situação interpretativa, o que é interpretado senão uma objetificação? Ou seja, uma objetificação do mundo a partir de uma subjetividade transcendental ou de um voluntarismo relativista que sustenta o solipsismo do sujeito.

Um bom modo de compreender a problemática do solipsismo é ler Wittgenstein. Ele supera a tese central de sua primeira fase, a da obra *Tractatus logico-philosophicus*, sintetizada com o famoso enunciado "os limites de minha linguagem significam os limites de meu mundo". É a fase isomórfica de Wittgenstein. Ele a supera com a obra *Investigações Filosóficas*, com a qual ele introduz a pragmática da linguagem em sua filosofia, concluindo acertadamente que não é possível haver uma linguagem de um indivíduo solitário, mas que esta consiste em uma prática intersubjetiva, manifestando-se sempre em um ambiente socioprático.

Wittgenstein ajuda a fundar o solipsismo, mas também é definitivo para afundá-lo. Hoje os críticos do solipsismo argumentam que a própria atitude de comunicar ideias filosóficas seria totalmente inútil para um verdadeiro solipsista, pois, segundo eles, não haveria nenhuma outra mente para com quem comunicar suas convicções. Parece que só os juristas, principalmente os brasileiros, é que continuam a acreditar no solipsismo ou em uma vulgata deste.

O que quero afirmar é que, quando um juiz diz: decido conforme minha consciência, perigosamente ingressa nesse campo da linguagem privada onde mora o solipsismo. E quando um juiz ou doutrinador diz: embora o NCPC tenha retirado do texto a palavra "livre" no ato de apreciação da prova, o juiz continua tendo a mesma liberdade, esse juiz assume essa estranha e serôdia posição filosófica: o solipsismo. Coloca seus desejos pessoais acima da linguagem pública. Se ele fizesse isso no cotidiano, trocando o nome das coisas ou ignorando os sentidos consolidados por uma dada tradição, por certo teria sérias dificuldades em se mover no mundo. Poderia ser atropelado pela primeira bicicleta.

Acrescento ainda que podemos dizer que o solipsismo não deixa de ser uma forma de ceticismo, na medida em que ele próprio consiste em uma crença. E, sendo uma crença, é muito fácil ser "viciado em si mesmo". Afinal, que garantias tem o solipsista que, na verdade, não é o seu inconsciente que está falando em lugar da consciência de si? Como ele acredita que o mundo só é mundo a partir do que ele privadamente pensa, esse "pensar" se transforma em um fundamento metafísico. Não é por outra razão que Heidegger vai dizer e tentarei citar de cabeça: O equívoco fulcral do solipsismo é que, mergulhado no seu egoísmo, se esquece de levar a sério que esse "eu sozinho" já é, quanto um estar sozinho, essencialmente um ser-um-com-o-outro. Somente porque o eu já é com os outros, ele pode compreender um outro. Fantástica essa frase do Heidegger, não?

Pergunta 50

E a hermenêutica supera o solipsismo, certo? (B. A.)

Lenio Streck: Sem dúvida. Na contramão da metafísica moderna, a filosofia hermenêutica e a hermenêutica filosófica superam o problema do *solus ipse*. E como isso acontece? Colocando, como diz Ernildo Stein, uma cadeira entre o objetivismo e o subjetivismo, afastando-se do tanto do lado ontológico como do lado epistemológico do solipsismo. A partir da hermenêutica, não há mais espaço para qualquer tipo de raciocínios que levam à discricionariedade judicial, justamente pelo fato de ter superado o problema filosófico que aí se instaura, o solipsismo.

Ora, enquanto as múltiplas teorias que pretendem justificar o conhecimento buscam superar o sujeito solipsista, eliminando-o ou substituindo-o por estruturas comunicacionais, redes ou sistemas, e algumas, de forma mais radical, até mesmo por um realismo jurídico voluntarista (por todas, vale referir as teorias desconstrutivistas dos *critical legal studies*), a hermenêutica filosófica de Gadamer e a teoria integrativa de Dworkin, cada uma ao seu modo, procuram controlar esse voluntarismo e essa subjetividade solipsista a partir da força da tradição, do círculo hermenêutico e da incindibilidade entre interpretação e aplicação. Por isso, a postura marcadamente antirrelativista, ponto em comum nesses dois autores, é condição de possibilidade para superação do solipsismo e ponto a partir do qual se pode encontrar sempre decisões íntegras e coerentes em direito.

Dessa maneira, a criação do juiz Hércules feita por Dworkin deve ser entendida como uma metáfora que representa exatamente o contrário de um "juiz solipsista". Vejo muitas interpretações equivocadas sobre o Juiz Hércules. Ele, Hércules, não decide seus casos com base em sua consciência individual ou em seu sentimento de justiça pessoal, mas, pelo contrário, reconstrói a história institucional do direito por meio de princípios que lhe permitem encontrar a melhor resposta para o caso, em verdadeira ruptura com o positivismo discricionário de Hart.

E não se diga que não há discricionariedade em Hart. Tenho sido por vezes criticado por repetir aquilo que Habermas e Dworkin dizem sobre como Hart resolve os casos difíceis, isto é, pelo recurso à discricionariedade. Essa também é a tese de Waluchow. De todo modo, reafirmo que a tese da discricionariedade de Hart tem relação com o deslocamento da resolução do problema do positivismo dos âmbitos da sintaxe e da semântica em direção ao sujeito. Aliás, esse é salto que Wittgenstein faz, passando o polo de tensão da busca dos sentidos em direção à pragmática, terceiro nível da semiótica, quer dizer, os sentidos passam a se dar nova relação dos signos com seus usuários. É a filosofia da Linguagem Ordinária, que dá um salto para escapar das aporias do neopositivismo lógico. Mas, é claro, tem um curso: o sujeito dessa relação pragmática atribuirá sentidos no calor da vagueza e da ambiguidade da linguagem. É aqui que entra a tese da textura aberta de Herbert Hart.

Mas, alguém perguntará: como dizer que o discricionarismo tem relação com a filosofia da consciência, se Hart supera esse paradigma a partir do recurso à analítica da linguagem? Essa é uma questão relevante. O deslocamento para o nível da pragmática é, exatamente, um reforço da relação do sujeito com os signos que ele dá sentido. A pragmática não quer dizer intersubjetividade. Não se garante com a pragmática que os constrangimentos externos controlem o sujeito. Por isso, a analítica não está livre do problema do sujeito e seus particularismos.

Dito isto, a ideia de sujeito solipsista pensando a respeito das práticas judiciais também é uma aproximação, que tem como elo a questão da discricionariedade. Ora, o solipsista não concebe outra realidade senão aquela que ele mesmo projeta. Como bem diz Jean-François Mattéi – cito de cabeça – o caráter marcante do sujeito da modernidade – aquele que se qualifica sujeito de si, é a interiorização e a necessidade de tudo relacionar consigo mesmo. Por isso, para o juiz que não se livrou da tirania da modernidade ou da metafísica moderna, a lei e a Constituição são coisas exteriores, e isso a ele não importa. Schopenhauer dizia que o mundo era sua representação. Dentro desta perspectiva há uma compreensão isolacionista do mundo, centrada no sujeito. De algum modo, isto pode ser visto em concepções que pensam a decisão judicial como um ato solitário, e que o direito é aquilo que o juiz diz que ele é. Como resultado, temos um direito cada vez mais fragmentado que resulta de um amontoado de decisões particularistas.

A *Crítica Hermenêutica do Direito* se contrapõe a esta perspectiva, pois centra-se no paradigma da intersubjetividade, a necessidade do outro para compreender o mundo, impede-nos de nos bastarmos (exclusivamente) em nós mesmos. De mesmo modo, o direito deveria ser experienciado como um empreendimento coletivo. Alonguei-me um pouco na resposta, mas penso que era necessário.

Pergunta 51

O senso comum teórico teria alguma relação com o solipsismo? (B. A.)

Lenio Streck: Parece evidente que sim, embora o senso comum seja mais uma falácia realista. Digamos que o solipsismo sobrevive graças ao senso comum. Isto porque o senso comum tem dificuldades para abraçar, digamos assim, a questão da antecipação de sentido. Eu gosto muito de Ariano Suassuna, e ele tem uma brincadeira sobre Kant que eu gosto muito de citar. Ele dizia que Kant era um hipócrita, porque ficava brincando com essa questão da "coisa em si", que era incognoscível, mas ele não diria isso com relação a uma onça. Se ele se deparasse com uma onça, ele sairia correndo. Então, ele não vai perguntar primeiro se a onça é "em si" uma onça. Não! Ele sai correndo. E por que ele sai correndo? Então, aqui, complemento a brincadeira do Ariano Suassuna e digo que Kant, sem saber, já tinha o *"a priori"* compartilhado.

Pergunta 52

Aí está a ideia de pré-compreensão? (B. A.)

Lenio Streck: Correto. A pré-compreensão, que, advirta-se, não é igual à subjetividade. Esse erro é cometido por autores como Daniel Sarmento e que critico em meus *Hermenêutica Jurídica e(m) crise* e *Verdade e Consenso*. Veja-se: alguns críticos da hermenêutica – e cito, por todos, o referido jurista – acusam-na de ser irracionalista. Ele diz isso criticando o fato de eu apostar na pré-compreensão como limite ao decisionismo judicial. Para ele, pensar que a pré-compreensão é um limite para a atribuição de sentido, nos moldes que eu proclamo, é um equívoco, diante de uma sociedade pluralista. Ora, isso não é bem assim.

Vou explicar essa minha crítica à crítica de Sarmento. Antes de tudo, a hermenêutica filosófica e penso que é ela que o autor critica, não pode ser "regionalizada", como, por exemplo, "hermenêutica constitucional" ou "hermenêutica a ser feita em países com 'múltiplas visões de mundo disputando espaço'" (*sic*). Hermenêutica é filosofia; consequentemente, não há modos diferentes de interpretar, por exemplo, o direito penal, o direito civil, o direito constitucional, o cotidiano, a mídia, uma pedra na estrada, etc. Esse é o caráter de universalização da hermenêutica, e não de regionalização (se assim se quiser dizer).

No mais, ratifico, aqui, que minhas críticas ao decisionismo, ao discricionarismo, etc., não estão assentadas apenas na pré-compreensão como limite. Essa é uma das teses e conclusões de um livro de centenas de páginas. Criticar-me por isso é fazer pouco caso da hermenêutica. Minha aposta na pré-compreensão dá-se em face de esta ser a condição de possibilidade, porque é nela que reside o giro-ontológico-linguístico.

Minha cruzada contra discricionariedades e decisionismos se assenta no fato de existirem dois vetores de racionalidade (apofântico e hermenêutico), circunstância que o meu crítico não percebe e não entendeu. Isso se deve ao fato de que sua crítica provém do âmbito da teoria da argumentação, que (ainda) aposta em "descrições e prescrições", "subsunções e deduções", enfim, dos domínios do metafísico esquema sujeito-objeto. Mas, registre-se, críticas desse viés já haviam sido feitas à hermenêutica filosófica de há muito, epitetando-a de "relativista", ataque que Gadamer respondeu com veemência, conforme se pode ver em *Wahrheit und Methode*. Sarmento, além de equivocado, chegou tarde.

Em definitivo, Sarmento não se dá conta de que o fato de a hermenêutica que eu trabalho rechaçar o método, não implica ausência ou carência de racionalidade. Até porque o método que é destruído pela hermenêutica filosófica é o método acabado e definitivo que o subjetivismo epistemológico da modernidade construiu. E, exatamente porque o método (no sentido moderno da palavra) morreu é que, agora, se exige maior cuidado no controle da interpretação. Frise-se: o método morreu porque morreu a subjetividade que sustentava a filosofia da consciência. Ora, o método soçobra diante da superação do esquema sujeito-objeto. Método não é sinônimo de racionalidade. Longe disso! E nem é necessário lembrar que a obra *Verdade e Método* pode (ou deve) ser lida como Verdade contra o Método, o que significa admitir a possibilidade de verdades conteudísticas (não apodíticas, é claro). Portanto, esse assunto é mais complexo do que colocar valores em lugar do juiz-boca-da-lei, como costumam fazer os adeptos das teorias da argumentação no Brasil.

O que os críticos da hermenêutica não entendem é que a hermenêutica atua em um nível de racionalidade de primeiro nível, que é estruturante, um transcendental não clássico, como bem diz Ernildo Stein; já as teorias da argumentação – terreno no qual se move, por exemplo, Sarmento – atuam a partir de um vetor de racionalidade de segundo nível, ficando, portanto, no plano lógico, e não filosófico (é a contraposição entre o como apofântico [wie] e o como hermenêutico [als]). E, não esqueçamos, filosofia não é lógica. Por fim, reivindico a autoridade de Arthur Kaufmann para criticar o conceito de pré-compreensão usado por Sarmento: a pré-compreensão conforma o horizonte interpretativo em que se situa o jurista; não é um mero sentimento subjetivo que ele tenha sobre o mundo ou o direito. Pronto. Pode ser que, assim, o estimado Daniel Sarmento acredite no que estou dizendo e altere o que escreveu já em dois de seus livros.

Pergunta 53

Quer dizer, então, que pré-compreensão não é igual à crença ou a valores. Tem de separar também as idiossincrasias do indivíduo, é isso, Professor? (B. A.)

Lenio Streck: Claro, do contrário você acaba com a hermenêutica. É a mesma coisa que dizer, por intermédio da hermenêutica, que eu posso "libertar" o sujeito das amarras da metafísica clássica para ele dizer qualquer coisa sobre qualquer coisa. Que sentido teria isso? É a mesma coisa que dizer que o juiz Hércules, de Dworkin, é um subjetivista. Ora, que sentido teria para Dworkin fazer uma crítica à discricionariedade do juiz nos casos difíceis e colocar no lugar dele um sujeito superdiscricionário? Aliás, é isso, no fundo, que fazem os adeptos do neoconstitucionalismo, que "matam" o juiz "boca-da--lei", fazem uma *selfie* do esquife e o substituem por eles mesmos, isto é, pelo intérprete que acabou de "liquidar" com o modelo de juiz piramidal. A tese deles e de tantos outros "críticos" (não esqueçamos das aspas) é muito singela. Dividem o mundo em positivismo e não positivismo ou antipositivismo. A tese seria essa: na medida em que o positivismo expulsou a moral do direito, agora é a vez de trazer de volta essa moral, traduzida por valores. E, assim, constroem a tese equivocada de que princípios são valores.

Pergunta 54

Professor, entre os seus críticos, há uma questão persistente no seguinte sentido. O senhor diz que o juiz tem um "horizonte de compreensão", que ele está inserido dentro de um "círculo hermenêutico" que provém de uma tradição na qual ele está jogado e na qual, vamos dizer, ele está e permanecerá irremediavelmente. Uma tradição, inclusive, que não está à disposição dele. Ao contrário, ele está vinculado a ela. Entretanto, dizem alguns críticos, que as pessoas, inegavelmente, possuem "horizontes de compreensão" diversos, de modo que, sendo assim, como seria possível a "resposta correta"? Como seria possível acabar com o "decisionismo", com a "arbitrariedade" do juiz? Eu, particularmente, não concordo com essa crítica. Eu entendo que a ideia da "resposta correta" é uma metáfora para combater o "decisionismo" e que, portanto, o que você prega, na realidade, não é exatamente a existência de uma resposta correta, mas, sim, a necessidade de o juiz mudar de atitude. Em outras palavras, uma mudança de atitude por meio da qual ele compreenda que, ao interpretar, ele não pode trabalhar centrado em suas próprias ideias, nos seus próprios valores, mas compreender que as ideias, que os valores, estão além dele, já que ele está inserido em uma tradição cultural, de maneira que deve buscar compreender a sua tradição cultural e julgar a partir dela. (B. A.)

Lenio Streck: Eu tenho que acreditar que existem verdades, que existe tradição, pois quando alguém diz que não há verdades, ele está se autodenominando mentiroso. Claro que quando falo em verdade ou verdades, não estou falando de verdades apodíticas, autoevidentes. A tese nietzschiana de que não existem fatos, só interpretações, parece-me sem sentido nesta quadra da história. Para mim, só há interpretações porque existem fatos. Na hermenêutica não há problema em trabalhar com a verdade. Aliás, o livro de Gadamer é *Verdade e* (ou contra o) *Método*.

A hermenêutica não aceita o objetivismo e nem o subjetivismo filosóficos. Ataca as duas grandes metafísicas: a clássica e a moderna. Isso se dá graças ao giro ontológico-linguístico. Na hermenêutica é impossível imaginar um acesso não linguístico ou não interpretativo às coisas no mundo. A modernidade busca transformar a verdade correspondencial em certeza de si do pensamento pensante. Essa é a chave. A fenomenologia, que é o berço da *Crítica Hermenêutica do Direito*, sustenta que toda teoria se sustenta na experiência das coisas mesmas. É totalmente nocivo à noção de verdade pensar que o "dar--se" imediato de um objeto é a própria coisa. Heidegger gastou rios de tinta para superar o intuicionismo ingênuo.

Mostrar o sentido das coisas e deixar que a coisa mesma se mostre, enfim, que se manifeste, nada tem a ver com um olhar de boca aberta, esperando que os sentidos venham por si. As coisas não são em seu original. Para desvelarmos seu sentido, há sempre uma orientação prévia. Mas que não é o imediato, o evidente. A primeira antecipação advém da tradição, que nos traduz algo. Que nos entrega alguma coisa. Não nos entrega a própria coisa, a coisa em si. Mas nos entrega essa antecipação e mais as agregações de sentido, que advém da fusão de horizontes, da distância temporal e da consciência dos efeitos que a história tem sobre nós. Essa operação ocorre do todo para a parte e da parte para o todo. Esse é o círculo hermenêutico. Há um grau de objetividade necessário. Todo o preconceito, o pré-juizo, enfim, o sentido antecipado será frustrado quando em contraste com a coisa que é interpretada.

Gadamer nos diz que se quisermos falar de um texto, temos de deixar que o texto nos diga alguma coisa. Texto é evento. Texto é tradição. Texto é entrega. É como aquilo que existe no direito civil e que é condição para um "negócio": que ocorra a tradição. A entrega da coisa. Para Gadamer, a antecipação de sentido, que retira de Heidegger, é uma coisa positiva. Como dito, isso é tradição. Se a tradição é falsa, inadequada ou inautêntica, ela se renderá ao grau de objetividade da coisa. A antecipação de sentido não quer dizer a antecipação da coisa. Esses preconceitos serão testados. Sempre. E não é a projeção subjetiva que vai prevalecer na atribuição de sentido, a *Sinngebung*. *Sinn* é sentido; *gebung* é dar, atribuir. Eis a diferença: na metodologia tradicional, falava-se em *Auslegung*, quer dizer extrair algo que está assentando.

Ora, se no positivismo clássico o sentido estava no texto, a tarefa do intérprete se restringia à retirada de algo que já lá estava. A hermenêutica avança para além disso: da *Auslegung* para a *Sinngebung*.

Portanto, sim, a verdade existe. Há sempre pretensões de verdade. Isso que estou dizendo quer ser verdadeiro.

Pergunta 55

Seria o paradoxo do cretense? (B. A.)

Lenio Streck: Exato, é o paradoxo do cretense. É o sujeito que diz "tudo é relativo". Ele acaba consigo mesmo. Então, se eu digo que não há verdades, como posso querer que meus alunos acreditem em mim? Quer dizer, é tão fantástica essa contradição que ela morre no nascedouro, se você for avaliá-la em termos filosóficos. No caso específico da hermenêutica, assim que nós fazemos nossos acertos do cotidiano, fazemos talvez milhares de respostas corretas durante o dia, porque somos constrangidos pela tradição. Eu não denomino uma cadeira de ônibus, porque eu tenho um constrangimento, um constrangimento social. No direito, por sua vez, eu tenho o constrangimento epistêmico, que eu chamo de constrangimento epistemológico, isto é, se, no cotidiano, não posso trocar o nome das coisas, também no direito não posso dizer qualquer coisa sobre o sentido da lei e da prova dos autos. Eu tenho a consciência dos efeitos que a história tem sobre mim. Eu não posso falar mal de nordestinos, eu tenho a consciência da história sobre mim. Eu tenho de cumprir a Constituição. Tenho a consciência histórica de que sou um jurista. Assim como não posso ficar com o "juiz boca da lei" quando o paradigma mudou. Eu não estou no século XIX. Eu sei que não estou no século XIX, isso está comigo, e eu nem pergunto por que não estou no século XIX. Veja-se o sentido de Dasein. Sei que sei e nem me pergunto por que eu sei. Quem está no senso comum fica sem saber que não sabe.

Esse é o busílis. Eu avancei e sei o que é democracia. Tudo isso faz parte daqueles "pré-juízos" que, conforme o meu modo de ser no mundo, fazem com que, no momento em que eu decida, além de dar uma resposta, que está necessariamente constrangida pela autoridade da tradição, e em que há uma reconstrução da história institucional do fenômeno, tenho a responsabilidade política como juiz e promotor. O juiz não escolhe; ele decide. O advogado não tem responsabilidade política; ele faz um agir estratégico. Temos que deixar isso sempre bem claro. No Brasil, as pessoas pensam muito errado sobre isso. Essa tua pergunta, pois, é fundamental para poder deixar essas questões muito claras.

Pergunta 56

Professor, após anos desenvolvendo esta perspectiva teórica, como o senhor avalia o acolhimento da CHD por parte da Academia? (B. A.)

Lenio Streck: Tenho um grande número de orientandos que têm dado ainda mais visibilidade à CHD. E penso também que essa proposta já atinge os tribunais, pois há decisões trabalhando a tese de que as decisões devem guardar coerência e não devem ser dadas de acordo com a consciência individual. Há monografias e teses *lato sensu* desenvolvidas a partir do que escrevo. Há um *ranking* do CONPEDI – Conselho Nacional de Pesquisa e Pós-Graduação – que mostra, pelo menos foi assim há um ano atrás, Ingo Sarlet e Lenio Streck como os mais citados em trabalhos no Brasil. Praticamente hoje, quem vai trabalhar com hermenêutica mais sofisticada ou teoria da decisão terá que se reportar ao que venho escrevendo. A menos que o pesquisador não goste de mim e me exclua de forma não honesta, cientificamente falando. Aliás, no Brasil, têm sido comum pesquisas que ignoram a história institucional. Tem gente que acha que há um grau zero de pesquisa. Descobrem a pólvora. Por aqui, até piadas são cleptadas. Só quem cita fonte é garrafa de água mineral.

Pergunta 57

Professor, não obstante o que disse, tenho a impressão de que o senhor é malcompreendido. Eu não sei se é má vontade, eu não sei se as críticas partem daqueles que não leem os seus textos, ou se partem daqueles que leem, mas não conseguem compreendê-los. A verdade é que, na minha visão, o senhor é malcompreendido. Você concordaria com isso? (B. A.)

Lenio Streck: Sem dúvida alguma e isso é um drama para mim. Eu sofro muito com isso, porque sou chamado, de um lado, de positivista exegético do século XIX ou de um pandectista e, de outro lado, sou acusado de relativizar o direito ao ponto de ele poder ser decidido do modo como se queira, ou seja, justamente os dois paradigmas que eu critico. Um processualista chegou a escrever que eu seria um adepto do realismo norte-americano. Incrível, não? Nos últimos tempos, a acusação de ser positivista é a mais prevalente. É uma ignorância dos juristas. Tenho gastado rios de tinta para contestar isso. Por exemplo, a própria filosofia da linguagem é contra isso tudo. Esse é o paradoxo. Isso só demonstra o atraso da Teoria do Direito e da dogmática jurídica brasileiras.

Veja. A dogmática jurídica recebe uma surra cotidiana dos próprios tribunais. A dogmática jurídica abriu mão da sofisticação e da filosofia. E recebe o castigo merecido: nem os tribunais seguem a doutrina dogmática. O mensalão foi uma surra que a dogmática jurídica levou, com seu esquema tático atrasado, com sua falta de sofisticação, discutindo ainda a livre apreciação da prova, verdade real. E o que dizer da Operação Lava Jato? O juiz faz e fez o que quer e o que quis. Não há processo. Há o "direito do juiz". De novo: é o positivismo jurisprudencialista. Com a cara da doutrina brasileira. Agora, eu pergunto: se você é advogado, como é que você quer que a prova seja apreciada livremente? Como você quer isso e depois você se queixa do tipo de liberdade que o Ministro teve ao julgar?

Explicando melhor. Se você concorda que o juiz é livre para apreciar a prova e, casualmente, livremente ele apreciou a prova que não era a seu favor, por que você se queixa? Você não deveria ter se queixado antes? Você não deveria ter dito: olha, o problema é paradigmático, veja lá, não tem liberdade de conformação para examinar a prova? Então, vamos discutir isso antes. Vamos discutir o Código do Processo Civil, o Código de Processo Penal. O artigo 156 do CPP, por exemplo. Ele tem que ser lido de acordo com a Constituição e o paradigma que conforma a Constituição. A Constituição é intersubjetiva, então não admite o princípio da verdade real, que nem princípio é. Logo, se não há verdade real, porque é uma trampa filosófica, eu preciso saber o que eu coloco no lugar dela; eu tenho que colocar no lugar dela uma verdade construída em um *"a priori"* compartilhado. Aí se coloca a questão das partes; não estamos mais no sistema presidencialista de provas. Veja que uma coisa puxa a outra. Nós falávamos de um assunto e caímos em outro, porque a hermenêutica é essa riqueza multifacetada, como uma hidra que tem muitas cabeças. Hoje em *terrae brasilis* você sustentar que o juiz deve cumprir os limites hermenêuticos da lei é uma demonstração de positivismo. Escrevi um texto para demonstrar que isso é um equívoco. Não estamos mais no século XIX. Por isso escrevi o artigo indagando: Aplicar a letra da lei é uma atitude positivista? Veja: o artigo faz uma pergunta, e não uma afirmação.

Pergunta 58

Tenho que, aqui, atravessar uma pergunta que abrangerá um conjunto de temas que merecem uma pergunta mais alongada. Professor, ultimamente tenho visto o acirramento de críticas à sua teoria, sobretudo algumas advindas de uma (nova) geração de positivistas brasileiros. Vou tentar resumir algumas das principais alegações que fazem e gostaria de ouvi-lo a respeito e que foram feitas por Bruno Torrano, em recente livro já referido nesta entrevista. Por exemplo: 1) Mesmo a hermenêutica filosófica descrevendo adequadamente o processo compreensivo, disto não se seguiria que a partir dela se pudesse gerar uma nova e insuperável teoria jurídica; 2) Que a hermenêutica filosófica, per si, não teria a capacidade de estabelecer limites definitivos à decisão judicial; 3) Haveria um fundamentalismo dogmático na CHD, especificamente, no que diz respeito ao seu *background* filosófico, que seria apenas um artifício, uma blindagem à divergência; 4) Como resultado do ponto anterior, haveria um desprezo a todas e quaisquer teorias jurídicas concorrentes; 5) Existiria certa incoerência interna na CHD por rejeitar a correção moral do direito, e supostamente, aceitar uma correção filosófica a partir da matriz hermenêutica, (argumentam que parece ter a Constituição institucionalizado Heidegger, Gadamer, etc.). Como exemplo citam a sua crítica a LINDB, (isto é, de que essa lei seria um regramento positivista); 6) A ideia de que todos os positivismos se encaixam na filosofia da consciência seria uma leitura generalista e que não alcançaria as versões contemporâneas do positivismo; 7) Dizem também que o caráter não descritivo da CHD poderá tornar a "teoria" algo sujeito ao interesse pessoal/moral ou filosófico do teórico, e que, por isso, também, não seria uma teoria autônoma do direito; 8) Diz-se que o senhor sustentaria a tese de não estariam os magistrados sujeitos a uma *accountability* da moral comunitária, sendo que em muitos casos o judiciário deve-se posicionar desfavoravelmente com relação a esta moralidade, como deveria ter acontecido no Nazismo; 9) Sua posição em relação à impossibilidade da cisão direito-moral e a questão da teoria da decisão; 10) Que o senhor usa ou inventou o conceito de pampricipiologismo para mascarar preferências pessoais quanto ao reconhecimento de determinados princípios que seriam juridicamente aceitáveis como o da afetividade – enquanto dever de cuidado (amparo jurisprudencial e legal – art. 227 da CF); 11) Que a hermenêutica filosófica seria uma metodologia insuficiente para decisão judicial, exigindo, portanto, uma complementação da argumentação jurídica; 12) Que o senhor interpretaria equivocadamente a teoria de Kelsen e que não haveria nele uma abertura para a discricionariedade; isto resultaria de uma confusão quanto ao *animus* (meramente) descritivo do jurista; que seria um equívoco significativo relacionar Kelsen ao Círculo de Viena; 13) Que a hermenêutica construída pelo senhor não se atenta para o fato de que uma teoria do direito deve fazer mais do que simplesmente, acusar juízes de errarem no momento das interpretações e 14) Que, especificamente na teoria da decisão, ao negar a cisão entre casos fáceis e casos difíceis e ao ignorar a distinção entre valores morais e valores epistêmicos, o senhor desconsideraria a capacidade média, empiricamente aferíveis, dos magistrados e que, paradoxalmente, eu acabaria por lhes atribuir formidável poder para que decidam conforme as noções pessoais; 15) Finalmente, e não poderia de acrescentar essa indagação que decorre das anteriores: qual é, ao fim e ao cabo, a sua relação com o positivismo e os positivistas. (D. M.)

Lenio Streck: Será que você não se esqueceu de alguma crítica? (risos). Certamente eu tenho algo a dizer sobre cada uma delas, ainda que de modo sucinto, caso contrário precisaríamos de algumas horas. Você vai me lembrar dos itens e subitens na sequência, certo? Logo de início, é importante frisar que vejo com bons olhos o estabelecimento de debates acadêmicos, penso que isto é construtivo. Entretanto, isto deve ser feito com certo nível de urbanidade. Isto é, estamos discutindo ideias, e devemos nos limitar a este âmbito, porém, não raramente vejo e ouço críticas com um nítido tom de ataque pessoal, o que considero inadequado, para dizer o mínimo. Afinal, as novas gerações de juristas precisam, mesmo ao criticar, demonstrar o devido reconhecimento daqueles que já têm uma longa estrada anterior e que abriram outras possibilidades para os que chegaram depois. Este conflito intergeracional não se aplica somente a mim, mas é extensível para vários colegas que enfrentam as mesmas dificuldades, principalmente no Brasil, em que as biografias por vezes não recebem a devida valorização. Parcela das críticas que me são feitas são do tipo: "Lenio Streck faz uma leitura equivocada de fulano...". Ou "é um absurdo que Streck diga tal coisa sobre Kelsen ou Gadamer...". Mas, vamos em frente. Sou anterior à Constituição. Portanto, fui recepcionado (risos). Antes de muita gente por aí, atuei como um jurista garantista. Como Promotor e Procurador de Justiça por quase trinta anos, atuei como um magistrado. No Tribunal como Procurador, mais de 80% dos pareceres eram a favor dos réus. Não por gostar dos réus ou por ideologia, e, sim, porque atuei com a Constituição na mão. Como um garantista. Sempre fazendo filtragens hermenêutico-constitucionais.

Fiz a primeira arguição de inconstitucionalidade no controle difuso em outubro de 1988, junto ao juízo de primeiro grau. Antes da lei que obriga a presença de advogado no interrogatório, que deve ser de 2003, eu já pleiteava a nulidade de todos os interrogatórios feitos sem o defensor. Isso fez com que se acelerasse a própria instalação da defensoria pública. Tenho uma lista de teses inovadoras, todas filtrando o velho ordenamento de acordo com a Constituição. Escrevi sempre a favor da cidadania. Portanto, alto lá, quando jovens acadêmicos ou jovens juristas, que por vezes não sabem o endereço do fórum, arvoram-se de arautos da teoria do direito ou da democracia. Quando muitos deles ainda não tinham nascido, eu fazia palestras a favor da Constituinte.

Não apenas ajudei a introduzir Ferrajoli e seu garantismo no Brasil como com ele debati mais de uma vez, inclusive na Itália. Isso para dar um exemplo. Dito isto, vamos aos apontamentos. Você fez uma síntese interessante, acho que assim os meus contrapontos serão mais específicos.

Gosto do diálogo. O meu livro *Verdade e Consenso* surgiu como resposta a uma contundente crítica que me foi feita por Álvaro Souza Cruz. A ele agradeço. Sem ele, não teria publicado esse livro, que considero o mais complexo dos que já escrevi. Também publiquei uma coluna no Consultor Jurídico, intitulada *Hermenêutica e positivismo contra o estado de exceção interpretativo*, sendo um convite ao diálogo com os positivistas exclusivos aqui do Brasil. Parece que estamos no início e isso é alvissareiro. A resposta à coluna veio por intermédio de Bruno Torrano, publicado no mesmo *site*, com o título *A "aliança estratégica" entre positivismo jurídico e hermenêutica de Lenio Streck*. Bruno Torrano escreveu um livro com críticas duras a mim. É desse livro que você está falando, pois não? Muitas delas injustas e incorretas. Reconheço que algumas questões por ele levantadas são pertinentes e que me fizeram pensar e, por que não, alterar a minha visão sobre o positivismo exclusivo e normativo. Até recentemente eu não dava tanta ênfase aos positivismos que foram se construindo como críticas a Dworkin, que criticara seu professor Hart. Mas veja que Alexy também foi criticado por não analisar, em suas críticas ao positivismo, os positivismos que criticaram Dworkin. Muitos espanhóis quando falam sobre o positivismo também não se referem a Raz, Shaphiro, Marmor e até mesmo a Waldron. Mas já alguns anos venho dizendo da importância de Raz, por exemplo, o que se pode ver em edições mais recentes do *Hermenêutica e(m) Crise*. Reconheço o trabalho dos estudiosos desses positivismos no Brasil, como Torrano, André Coelho, Horacio Neiva, Jose Renato Cella, Thomas Bustamente, Dimitri Dimoulius (que também não dá ênfase aos positivismos descritivos), Wilson Engelmann faz apenas uma referência e do mesmo modo Luiz Fernando Barzotto, todos fazendo, entretanto, belos trabalhos sobre o positivismo, que, como está-se vendo, é um tema que envolve diversas teses e interpretações. Também envolve classificações das mais variadas. Basta ver o modo como se enquadra MacCormick. E os positivistas espanhóis, como se enquadram, se muitos deles ainda fazem uma discussão acerca da confrontação "positivismo-jusnaturalismo", alguns deles dizendo que Dworkin é jusnaturalista? Todos devem ter suas razões epistêmicas. E as respeito.

De minha parte, já expliquei várias vezes as minhas razões, decorrentes de paradigmas filosóficos. Mas, se isso foi um equívoco, vamos corrigi-lo. De todo modo, eis o mérito dos assecias (uso o termo do mesmo modo que Torrano usou a meu respeito – considero que ele deva tê-lo usado em muito bom sentido e por isso o repito aqui) do positivismo no Brasil: eles provocarem essa discussão. Quantas perguntas deste livro dizem respeito ao positivismo? Dezenas. Ganhamos todos, pois.

Mas, de novo: tudo isso deve ser feito de forma respeitosa. Sem análises apressadas. Por exemplo, chamar-me pós-positivista idealista – o que seria isso, difícil de dizer – ou algo assim, parece-me que "saiu da moldura", para brincar com a tese kelseniana. Mas, sou bem mais velho e entendo esse tipo de contundência. Vamos avançando. E basta ver o modo respeitoso como trato todos os autores aqui mencionados. Nestas respostas que se seguem já aproveito para tecer algumas considerações.

Meus críticos e a estratégia do espantalho. Sobre os dois primeiros pontos – que mesmo a hermenêutica filosófica descrevendo adequadamente o processo compreensivo, disto não se seguiria que a partir dela se pudesse gerar uma nova e insuperável teoria jurídica e, segundo, que a hermenêutica filosófica, *per si*, não teria a capacidade de estabelecer limites definitivos à decisão judicial – percebo o que chamo de estratégia do espantalho nestas duas críticas. Explicarei isso. Não se estuda seriamente uma teoria e se procura refutá-la com uma reconstrução que diz o que ela não afirma, ou então apenas parcialmente. A *Crítica Hermenêutica do Direito* é uma teoria jurídica desenvolvida a partir da tradição hermenêutica continental (Heidegger-Gadamer), com a agregação da teoria integracionista ou interpretativa de Dworkin. Fiz uma antropofagia desses autores, para construir algo adequado ao Brasil. Para resolver problemas concretos. Sim, sempre trabalhei com a perspectiva de qualquer teoria jurídica deve servir para resolver problemas. Veja, por exemplo, as perguntas necessárias que devem ser feitas em qualquer decisão judicial e os cinco princípios da interpretação que constam em vários livros meus, inclusive na Introdução do livro *Comentários a Constituição do Brasil*, que escrevi com J. J. Gomes Canotilho, Gilmar Mendes e Ingo Sarlet. Aliás, recebemos o segundo lugar no Prêmio Jabuti em 2014, ano em que coloquei dois livros nos dez primeiros lugares do Jabuti (o sexto lugar foi o *Compreender Direito II – Desvendando as Obviedades do Discurso Jurídico*). Digo isso não para fazer um autoelogio, mas para mostrar que no Brasil estamos fazendo muita coisa boa. Não sofro da síndrome de Caramuru, como alguns colegas, que pensam que citar autores brasileiros desnatura o seu texto. Desculpe-me o parêntese, mas tem gente que vai para o exterior pago pela viúva e faz tese sem falar nada do país que lhe financiou e nem do povo que paga os impostos que financiam os estudos dos bolsistas, muitas vezes pessoas com altos salários e, mesmo assim, abocanham uma boa bolsa.

Mas, sigo. De fato, entendo ser esta a leitura filosófica mais adequada para pensar o ser humano e o modo como este (auto)compreende, para dizer de forma muito resumida. Porém, nunca afirmei que a partir desta leitura seria gerado uma teoria jurídica insuperável. É indevida essa acusação. Na realidade eu diria até que isto é anti-hermenêutico, diante de nossa finitude e de estarmos lançados na faticidade em que algo sempre nos escapa. Como pensar num projeto teórico insuperável? A CHD se apresenta como uma matriz teórica alternativa, ao lado dela se apresentam outras que também são dignas de nota. Incluo nessas algumas contribuições relevantes à do positivismo exclusivo, como a noção de preempção de Joseph Raz. No mesmo sentido, é também anti-hermenêutico dizer que a hermenêutica filosófica estabelece limites definitivos à decisão, não sei quem afirma isso. Muito ao contrário, alguns chegam até a dizer, e eu discordo deste ponto de vista também, que a hermenêutica filosófica seria relativista e por isso não serviria ao direito. Neste caso, a coisa fica ainda mais grave. Explico: Gadamer não escreveu *Verdade e Método* pensando nas idiossincrasias do direito; contudo, suas asserções são muito pertinentes ao contexto jurídico, sobretudo, naquilo que antecede qualquer metodologização da hermenêutica, se é que isso é possível. Com isto não se estabelecem balizas de certeza definitivas, tampouco, um estado de incerteza, mas, sim, um dar-se conta do modo como dizemos algo sobre o mundo.

Ainda para fechar estes dois pontos iniciais, há aqui também uma confusão muito comum. A *Crítica Hermenêutica do Direito*, fundada por mim, é uma teoria jurídica; a hermenêutica filosófica de Gadamer é um empreendimento filosófico, isto é, não são a mesma coisa, e nem a instrumentalizamos. Tanto Heidegger quanto Gadamer servem como vetores/*standards* de racionalidade, como diria Ernildo Stein – este ícone da filosofia no Brasil – com os quais podemos desenvolver uma teoria do direito que nos permita ler a realidade jurídica com outros olhos. Não sou heideggeriano. Tampouco gadameriano ou dworkiniano. Não me responsabilizo pelos problemas políticos de Heidegger. E com os de Norberto Bobbio. Se Dworkin adota, mais nos últimos textos, teses que o aproximam de um realismo moral, isso não é um problema meu.

Não posso ser cobrado pelas posições políticas ou morais dos autores que compõem o rosário de minha construção teórica. É preciso ter cuidado para não fazer esta confusão. Espero ter sido claro. Veja que estou respondendo suas primeiras indagações. Não quero me perder no entremeio dessas variadas questões que você colocou. Vou continuar a pontuar em pequenos subtítulos.

A Crítica Hermenêutica e as "blindagens filosóficas". Na sequência, você me diz que alguns críticos falam sobre um fundamentalismo dogmático de minha parte, pelo qual as bases filosóficas seriam usadas apenas para blindar críticas. Se entendi bem a sua pergunta, afirmo categoricamente que quem diz isso comete um grave equívoco. Aquele que se dedica minimante ao estudo da CHD sabe que a sua abordagem se desenvolveu em consonância com a matriz Hermenêutica. Este é um modo de ler a realidade. Não é o único. Eu nunca afirmei isso. Só afirmo que é aquele que entendo ser o mais adequado diante das reflexões que nos propomos a fazer, e por isso o adotamos.

A necessidade de, por vezes, voltarmos a Heidegger e Gadamer, não é uma blindagem, mas, sim, um exercício constante de repisar o nosso lugar de fala. Em certo aspecto, alguns críticos deveriam perceber a necessidade de problematizar este nível epistêmico, em lugar de se limitarem às discussões superficiais que pouco dizem. Ademais, não é culpa minha – e desculpem-me a ironia – que o giro ontológico-linguístico tenha acontecido na história da humanidade. Não é culpa minha que a filosofia seja condição de possibilidade de estarmos no mundo. Ou a filosofia é lógica? Para que ela serve? Parece que para, para os meus críticos brasileiros – e isso vale para alguns estrangeiros – a filosofia é apenas ornamento. Alguns, inclusive, querem resolver o problema do positivismo a partir da dicotomia cognitivismo-não cognitivismo ético.

A Crítica Hermenêutica e as teorias "concorrentes". Como quarto item da pergunta, digo: não desprezo teorias concorrentes. Cobro delas coerência e que não sejam um resultado de um *mix* teórico, por exemplo. Há autores que aproveitam um pouco de cada teoria, só as partes boas, juntam tudo e dizem: pronto, eis a solução. Mas a teoria do direito não pode ser assim. Não dá para ser habermasiano e, no final, dizer que a ponderação alexiana resolve. E assim por diante.

Portanto, é óbvio que reconheço os méritos e as sofisticações de outros projetos teóricos, se assim não fosse, não perderíamos anos estudando-os para demonstrar as suas possíveis insuficiências. Nesse sentido, vejam meus interlocutores. Falo especialmente de teóricos com os quais nem sempre concordo, como Marcelo Cattoni, Álvaro

Souza Cruz, Marcelo Neves, João Mauricio Adeodato, Dierle Nunes, os positivistas brasileiros, alguns positivistas espanhóis, teóricos portugueses como Aroso Linhares, Pinto Bronze, Castanheira Neves; constitucionalistas com os quais discuto seguidamente, como Canotilho, Gilmar Mendes, Jorge Miranda, Ingo Sarlet. Sendo mais claro ainda, você não precisa concordar comigo. Mas quero que sua crítica ou a teoria à qual está filiado não ignore os paradigmas filosóficos. Fazer teoria ou crítica no direito sem os paradigmas? Então o direito está blindado em relação aos paradigmas? Quer dizer que alguém ainda pode fazer uma crítica ao processo civil sem lançar mão da crítica ao subjetivismo do esquema sujeito-objeto? O despótico e arrogante sujeito da modernidade, tão criticado por Gadamer, Heidegger, Adorno, Horkheimer, para falar apenas desses, não é levado em conta para analisar o comportamento decisionista de juízes e tribunais? Alguém acha que pode sustentar o positivismo jurídico exclusivo ou inclusivo sem discutir o modo como o homem compreende o mundo e os objetos do mundo? Alguém ainda pode continuar defendendo o livre convencimento ou a livre apreciação da prova sem relacionar esses pontos aos paradigmas filosóficos? Esse é o busílis acerca do que falo. Portanto, não desprezo outras correntes. Apenas tenho dificuldades em entender como algumas correntes ou autores pensam que podem trabalhar o direito longe da filosofia.

Correção filosófica do direito? O que é isto? Quinto ponto. Algumas "críticas" eu até demoro um pouco a entender, isto é, ao menos consigo enxergar um aspecto criativo nas formulações. Dizer que eu não aceito a correção moral do direito, mas que aceito uma correção filosófica, é mais do que equivocado. Nunca disse algo semelhante. Lembro de uma crítica que encarna simbolicamente esse fator Target que usam contra mim (como sofro de LEER – Lesão por Esforço Epistêmico Repetitivo –, posso dizer de novo o que é o tal fator: primeiro atiram a flecha e depois pintam o alvo! – risos). Foi dito que eu critico a LINDB (Lei de Introdução às Normas do Direito Brasileiro) e que eu a tacho de positivista. E isso seria um equívoco meu. Consequentemente, para mim, a LINDB deveria ser expurgada do ordenamento. É surpreendente saber que esse raciocínio às vezes é visto em juristas mais analíticos. Em relação a isto eu poderia apenas dizer que da primeira consideração *non sequitur* a conclusão posterior.

Vou tentar explicar novamente o que já fiz em tantas oportunidades e escritos. Em síntese, o problema da LINDB não é ela ser positivista. O problema é ela não estar de acordo com o paradigma constitucional pós-88. Já expliquei várias vezes isso. Uma lei pensada como introdução ao direito privado e para um direito dos Códigos não pode servir com introito e balizamento das normas do direito brasileiro – incluindo o ramo público – e para um direito pós-exegético, no sentido de não limitado aos Códigos.

Insisto que o problema da LINDB é a sua inadequação ao novo direito que surgiu com a Constituição e, por isso, defendo que ela é incompatível. No mínimo a LINDB desrespeita uma longa tradição acerca da diferença entre texto jurídico e norma jurídica. Digamos que é uma lei ousada demais, pois não? Basta ler alguns dispositivos, como o que trata da analogia, dos costumes, etc. Alguns dispositivos são patéticos. É como se estivéssemos no século XIX. E ela se chama Lei de Introdução às Normas. Isso não quer dizer nada?

Pergunto: A Constituição deve ser interpretada segundo os critérios da LINDB? Simples assim? Lei de Introdução às Normas do Direito Brasileiro. Logo, se a Constituição é um texto jurídico (e que texto, não?), a referida lei já atribui a ela "normas". É por essas razões que critico a tal lei "com nome de chocolate". Pobre de um sistema jurídico ou do ordenamento jurídico que necessita de uma lei desse tipo, reproduzindo conceitos vigorantes no positivismo clássico do século XIX. É disso que se trata. Se não for por isso, pelo menos para elevar a nossa autoestima epistêmica.

Portanto, aponto, sim, como argumento secundário, mas não menos importante, que a LINDB (a antiga LICC) representa ou repristina algumas características positivistas, sobretudo, a versão exegética. A questão não é ser ou não positivista. O problema é que determinadas disposições não mais se alinham com o marco institucional hodierno. O mesmo se daria com outros regramentos com inspiração em perspectivas anacrônicas sobre o direito. Aqui, especificamente, no positivismo exegético.

Só para lembrar: se os princípios gerais do direito eram axiomas produzidos no século XIX, como ainda falar deles em plena era do Constitucionalismo Contemporâneo? Isso meus críticos não explicam. Basta uma leitura da LINDB e qualquer jurista ficará estupefato. Digo de novo: como é possível continuarmos a sustentar os velhos princípios gerais do direito? Afinal, houve uma continuidade dos velhos princípios gerais para com os princípios que tem abrigo no direito do Estado Constitucional? Então o principio (*sic*) de que não há nulidade sem prejuízo ainda pode ser aplicado? O que é isto, uma nulidade relativa? Para dar um exemplo: recentemente o Supremo Tribunal Federal deixou assentado, no Habeas Corpus 103.525, que um dispositivo do Código de Processo Penal, aprovado também recentemente – falo do artigo 212, que trata do rito de inquirição de testemunhas – soçobrou diante do principio de que não há nulidade sem prejuízo. Pois é. O juiz desrespeitou flagrantemente o texto legal e condenou o réu a oito anos e meio de prisão. E o Supremo Tribunal disse que ele não havia provado o prejuízo. Logo, a nulidade seria apenas relativa. Eis o papel dos princípios gerais. E poderia elencar dezenas ou centenas, quiçá, milhares de casos em que os tais princípios fizeram com que o direito democraticamente construído foi trucidado pelos tais "princípios". Isso sem considerar os pamprincípios.

A Crítica Hermenêutica do Direito e as diversas versões do positivismo. Em resposta ao sexto ponto, a respeito da minha leitura sobre o positivismo e de que esta supostamente não contempla as versões mais contemporâneas, acredito que já respondi anteriormente. Houve várias perguntas sobre isso que já respondi. Mas reforço. Não buscamos, eu e meu grupo de pesquisadores, descrever todas as versões positivistas em suas singularidades, e, sim, destacar os traços filosóficos comuns que as perpassam. Estou escrevendo um Dicionário de *Crítica Hermenêutica do Direito* e ali estarão contempladas quase todas as posturas positivistas e não positivistas. Reconheço que os empreendimentos positivistas atuais tornaram-se mais sofisticados, contudo, é notório que ainda continuam de algum modo sustentando teses antigas que remontam a Kelsen ou a Hart, por exemplo. Penso que o positivismo de Raz guarda fortes traços do positivismo kelseniano, com a diferença de que em Kelsen há dois níveis de análise claramente definidos.

Tanto o positivismo (na sua versão exegética e, depois, kelseniana) como o realismo jurídico assumem uma postura não cognitivista ética (no sentido da metaética), e, por essa razão, acabam apostando ou na plenipotenciaridade da regra construída pelos legisladores, professores ou precedentes, no caso do positivismo exegético ou no protagonismo da consciência do juiz, fenômeno que se dá de vários modos.

Não esqueçamos que o positivismo kelseniano, no nível da aplicação do direito realizada pelos órgãos jurídicos, admite decisões voluntaristas-empiristas, que em nada diferem do realismo jurídico. Nestas posturas não é possível determinar um grau de objetividade de uma moralidade pública (princípios). Na medida em que posturas mais moderadas de positivismo passam a aceitar algum conteúdo moral não convencionalista, já passam a ter dificuldade em se autodeclararem como "positivistas". Este é o busílis da questão: quanto mais se aceita um grau de objetividade moral, mais uma teoria se afasta do positivismo.

Vou explicar isso melhor. A distinção entre cognitivismo e não cognitivismo ético/moral apenas mostra o primeiro elemento caracterizador do positivismo em relação às demais teorias. O cognitivismo (sempre lembrando que estou falando no plano da metaética) não resolve, por si só, o problema da discricionariedade judicial, pois também pode estabelecer uma conexão entre direito e moral de forma que a segunda seja predatória em relação às normas jurídicas, transformando-a em uma tese não cognitivista.

Retomando o fôlego: Essa relação pode ocorrer porque (1) a moral ingressa no direito sem respeitar uma dimensão pública/política, exteriorizando-se como uma moral pessoal/privada, tese da qual são exemplos típicos Luis Roberto Barroso e Daniel Sarmento, que introduzem juízos morais, pragmáticos, valores, etc., de qualquer modo no direito; essa posição, aliás, é dominante hoje no Brasil; aqui entram os adeptos da ponderação, os neoconstitucionalistas *lato sensu*; (2) a moral passa por um filtro discursivo-racional de justificação em que apenas se sustenta no direito após um procedimento argumentativo, ainda que inevitavelmente em certos casos surjam espaços de discricionariedade, o que se pode notar nas teorias da argumentação jurídica, como seu maior expoente, Robert Alexy (claro que falo do próprio Alexy, e não de suas vulgatas brasileiras); (3) o direito pós-bélico já nasce sob uma dimensão moral e é insculpido em Constituições rígidas e normativas, cabendo ao juiz preservar essa conexão e autonomia de discursos de conveniência e oportunidade (ideológicos, econômicos, morais em sentido pessoais, etc.); aqui se encaixam Dworkin e a minha *Crítica Hermenêutica do Direito*.

A posição número um se aproxima das posturas realistas, estando mais próximas do não cognitivismo ético. De novo: não estou sozinho a dizer que o realismo jurídico é positivista e que corresponde a uma postura não cognitivista. Estou acompanhado de Arthur Ferreira Neto e Cláudio Michelon, para falar apenas desses. Luiz Fernando Barzotto também coloca o realismo como uma postura positivista. Entretanto, há que referir que, em um discurso de primeira ordem, Luis Roberto Barroso se assemelha a um cognitivismo ético na medida em que inclui juízos de moralidade (princípios) ao sistema jurídico. Só que, prestemos muita atenção, em um discurso de segunda ordem, quer dizer, na hora de justificar esses juízos, ele não consegue encontrar nenhuma objetividade para fundamentar sua posição, pois acaba resvalando em um relativismo. Barroso – e ele aqui representa todas as teses voluntaristas – não consegue fundamentar para além de sua convicção pessoal aquilo que está dizendo em seu discurso de primeira ordem, o que na prática judiciária acaba se aproximando das posturas não cognitivistas, como é o caso dos realistas jurídicos. Empiristas são não cognitivistas, na classificação da metaética.

Um indício forte do acerto deste diagnóstico é que reiteradamente o Ministro Barroso tem dito que não existem respostas corretas, além de acentuar um grau de idealismo filosófico, quando repete seguidamente o poeta Campoamor: "En este mundo traidor / nada es verdad ni mentira / todo es según el color / del cristal con que se mira". Decorei o poema. É bonito. Só que é totalmente solipsista. E relativista. Algo como "fatos não há; só há interpretações". Barroso e Sarmento, por exemplo, não discrepam do que pensa, regra geral, a dogmática jurídica *lato sensu* no Brasil. Eles representam a dogmática jurídica "média" predominante no Brasil.

Vou tentar explicar isso com um exemplo. Não encontrei comentários da doutrina brasileira ao caso "Elmer gaúcho", em que, ainda na vigência do Código Civil de 1916 (o caso é do ano 2000), o genro mata o sogro e pretendeu ficar com a sua meação. É um caso próximo ao *Riggs versus Palmer*. Em primeira instância, o juiz da comarca de Alegrete deu ganho de causa ao genro, porque o Código falava apenas em indignidade do herdeiro. Como genro não é herdeiro, a ele não se aplicava o empecilho para receber a meação. No segundo grau, o relator deu ganho de causa ao genro, sendo que foi derrotado pelos dois outros componentes da Câmara. A dogmática jurídica não comentou esse caso, mas provavelmente seus adeptos – e isso se viu nos dois votos vencedores – diriam que uma leitura literal do artigo não é possível porque viola o princípio da boa-fé ou da eticidade que permeia todo o ordenamento jurídico, ou algo do tipo. Um não cognitivista não aceitaria esse tipo de argumento, pois para ele não há nenhum padrão normativo que tenha objetividade (ou reivindique autoridade) para afastar o fato de que o Código não prevê essa hipótese como um caso de indignidade. O não cognitivista teria duas saídas: ou aplicar a lei, porque ela reivindica autoridade ou porque ele está "preso ao Código" ou ele diria que ele – enquanto autoridade para criar norma jurídica individual – pode interpretar aquele conforme o seu ato de vontade, por sua perspectiva moral e, por isso, pode julgar até mesmo "fora da moldura semântica" do texto e assim proibir o assassino de receber a herança. Volta-se, sempre, à crítica que Dworkin faz ao ceticismo interno. Embora no Brasil a dogmática jurídica adote uma postura que poderia ser enquadrada como ceticista externa, irracional e consequencialista.

Sigo. Para dizer que a segunda modalidade pode ser considerada cognitivista, embora aceite de antemão a impossibilidade de superação do problema da discricionariedade. Trata-se de um cognitivismo fraco, porque não acredita na possibilidade de que haja respostas verdadeiras em questões morais e isso é assim porque, se acreditassem, não aceitariam a fatalidade da discricionariedade.

Já a terceira é cognitivista no seu sentido mais legítimo, acreditando na possibilidade de respostas corretas. Mas veja. Resposta correta não quer dizer, por exemplo, aquilo que Guastini critica em Dworkin, isto é, de que ele seria uma espécie de exegetista por propugnar a resposta correta. Neste caso, confunde-se o sentido da própria palavra "cognitivismo". Guastini a tem como equivalente a ato de conhecimento. O que é um equívoco.

Resta apenas falar dos positivismos, ao menos dos que guardam um cuidado epistêmico na sua formulação. As posturas que se enquadram no positivismo inclusivo e que respeitam rigidamente a questão da incorporação das fontes sociais, podem ser enquadradas como cognitivistas ou cognitivistas fracas. Entretanto, as críticas que têm sido formuladas aos diversos positivismos inclusivos as aproximam dos voluntarismos pela falta de racionalidade para a incorporação de critérios da razão prática ou razões morais *stricto sensu*. Em respostas anteriores fiz várias críticas aos inclusivistas, exatamente por essa perspectiva subjetivista. O positivismo seria, então, um quase--jusnaturalismo. São precárias as explicações dos inclusivistas acerca de como a moral é incorporada ao direito. A incorporação acaba perigosamente ficando refém do subjetivismo dos juízes. Somente seria cognitivista no sentido forte uma teoria positivista inclusiva se se mantivesse em um nível semidescritivo, como de Waluchow. Ao menos não encontro em Waluchow uma normatividade que vejo em Dworkin, por exemplo.

Já uma teoria exclusivista como a de Raz estaria colocada, como já falei, em níveis de cognitividade distintos. Como objeto da teoria, obviamente haverá um cognitivismo por parte desse positivismo; há, obviamente, critérios para um ordenamento ser considerado "direito". Neste nível, há um cognitivismo. Entretanto, em um segundo momento, no plano cientifico da descrição, parece-me que Raz não escapa do não cognitivismo, porque não pode haver moral corretiva ou argumentos de razão prática que se oponham ao direito. Claro: isso na função do analista. Não do juiz. Ou seja, em outro nível, entretanto, na medida em que os juízes não estão obrigados a aplicar o direito, a não ser quando incorporem internamente essa obrigatoriedade como uma obrigação jurídica, está-se, mais uma vez, em um nível não cognitivista, porque dependente apenas do juiz, que pode aplicar ou não uma lei.

A Crítica Hermenêutica e seu caráter (não) descritivo. Este é o sétimo ponto da crítica. Vamos a ele. A respeito do caráter não descritivo da CHD, começo ressaltando que esta é uma diferença que temos com relação ao positivismo que parte das cisões estruturais entre ser/dever ser, juízos de fato/juízos de valor; prescrição e descrição. Se pegarmos o modelo kelseniano de descrição e prescrição, a CHD não adota nenhuma das duas. Todavia, mesmo refutando estas distinções, não significa que com isto a CHD se torna uma teoria que permita ao teórico usá-la como lhe convém.

Mesmo pensando o direito como um conceito interpretativo, os juízos que fazemos sobre ele somente são possíveis a partir da sua expressão fenomênica. Disso não abro mão. Ou seja, não inventamos o direito e seus sentidos. Ambos são encontrados num *a priori*, compartilhado, intersubjetivo, e por isso há um controle. A CHD está para além do objetivismo e luta todos os dias contra a tirania do sujeito moderno, enfim, desse *subjetivism turn*.

Retomo. Como dizia Bachelard – problemática que é desenvolvida com concordância por Mattéi na obra que já citei em outra resposta, a principal função da atividade do sujeito é enganar-se. Se o homem não quiser se isolar, enfim, não quiser construir um muro em torno de si, enclausurando-se em seu subjetivismo, entregue à crença de uma razão que permanecesse pessoal sem ousar perturbar a paz "construída" pelo pensamento solipsista, para fugir disso ele necessita encontrar ressonâncias no mundo. E me permito complementar: entre observar o direito estruturalmente e limitar-se a supostas descrições de sua "natureza" e teorizá-lo de modo personalista, existem possibilidades intermediárias, nas quais nos inserimos. Por isso edifiquei a *Crítica Hermenêutica do Direito*. Para fugir da mera descrição não cognitivista e para superar a tiraria do *subjetivism turn*.

Veja-se: ser analítico na descrição, como é o caso do positivismo excludente, não significa que, no plano da aplicação do direito, o juiz não seja subjetivista, atuando no plano da filosofia da consciência. Isso porque, na medida em que o positivismo exclusivo admite que o juiz lance mão de raciocínios práticos, porque ele não é um teórico e, sim, uma raciocinador prático, pode-se dizer que, sim, a consequência do positivismo é (também) a filosofia da consciência. Por mais estranho que isso possa parecer.

De todo modo, esse é um ponto muito interessante. Bruno Torrano sugere que minha CHD não lutaria contra a "filosofia da consciência", mas contra as "consciências pessoais dos magistrados concretos". Permito-me contestar isso. E dizer que essa assertiva é autocontraditória, tendo em vista que a consciência individual dos juízes enquanto instância criadora de direito é um reflexo da filosofia da consciência. Necessariamente. A "consciência individual dos juízes" é sustentada por esse paradigma, que, no plano filosófico, relega ao sujeito a autoridade última para constituir/interpretar a realidade.

Veja-se, nesse sentido, o modo como o sujeito da modernidade se mantém na contemporaneidade. Como bem diz Lorenz Puntel, se o sujeito (a subjetividade) for entendido/a de modo particularista, o conhecimento por ele/a produzido ou sustentado será igualmente particularista. Essa circunstância levanta pelo menos *dois* graves problemas: o primeiro consiste em que a posição particularista descrita parece ser, em um sentido inequívoco e enfático, fundamentalmente relativista.

O segundo problema identificado por Puntel desemboca na conhecida autocontradição relativista de que ela não pode apreender e articular a si mesma: dizer que saber ou conhecer resultam sempre somente a partir do ângulo de visão de um sujeito que não se entende como universalista leva a que esse estado de coisas, caso ele seja de fato assim, justamente não poderia ser expresso pelo sujeito que afirma essa tese. Para ser mais simples, ainda com Puntel, posso afirmar que o melhor modo de caracterizar o sujeito que se entende e age de modo particularista, em contrapartida, é descrevê-lo como o sujeito que não se orienta de modo algum por critérios objetivos ou faz isso de modo insuficiente.

Assim, podemos identificar esse reflexo da filosofia da consciência no positivismo jurídico pelas consequências na prática judiciária. Ou seja, a manutenção da discricionariedade legal/judicial em todas as diversas teorias juspositivistas demonstra a existência de um sujeito que, em determinada situação, normalmente denominada de *hard case*, pode escolher "a partir de si mesmo" – isto é, sem qualquer vinculação intersubjetiva, uma resposta ao caso. Afinal, para o positivismo, o juiz é um raciocinador prático.

Sei que isso pode surpreender a comunidade jurídica. Mas o que quero dizer é que, por mais que os adeptos do positivismo jurídico tentem se desvincular da filosofia da consciência, argumentando que estão mais próximos da filosofia analítica, as consequências práticas daquilo que defendem, no momento da decisão judicial, acabam se aproximando do paradigma do qual querem se afastar: a própria filosofia da consciência. Ora, reconhecemos que a filosofia analítica tem como preocupação justamente tentar superar os problemas deixados pela razão solipsista da modernidade, mas o positivismo jurídico, ainda que respaldado por aquela corrente, acaba, na prática, aceitando/reconhecendo justamente posturas nas quais se assemelham à filosofia da consciência e até mesmo de sua vulgata, pois admitem a discricionariedade judicial de um modo ou de outro. A propósito, nessa mesma linha de raciocínio, jusfilósofos como Manuel Atienza e Juan Ruiz Manero, que se denominam analíticos, referem que, em Raz, o próprio direito autoriza os seus órgãos de aplicação (juízes, tribunais, etc.) a se afastarem do seu conteúdo sempre que haja razões morais importantes para assim o fazer. Bingo.

Vejamos, ademais, o que diz Raz no seu principal livro quanto aos raciocínios morais e jurídicos. Diz que tem rejeitado a tese forte da autonomia do raciocínio jurídico. Mas diz que doutrinas jurídicas só se justificam se forem moralmente justificadas e devem ser seguidas somente se é moralmente correto para segui-las. Ou seja, o destinatário deve introjetar o dever jurídico. E ele segue: No raciocínio de acordo com o direito, os tribunais devem seguir princípios morais, embora possam ser princípios morais equivocados. Assim, o raciocínio jurídico é um exemplo de raciocínio moral, apesar de, por vezes, ser moralmente incorreto, ou ser baseado em princípios jurídicos moralmente deficientes.

E o que significa esse afastamento do direito e a possibilidade de convocar a moral? Parece-me claro. Há uma autorização para que juiz lance mão da moral. E o que é a moral? Como ela será posta no direito? Como ela servirá de suporte para que o juiz decida? Eis a questão. Por isso é que ousei dizer que há uma relação dos positivismos pós-exegéticos com a filosofia da consciência, enfim, com posturas que apostem na subjetividade de alguma maneira. Um positivista exclusivo será analítico na descrição do direito, em um plano. Nesse plano descritivo, sim, o positivismo estará no patamar analítico. Já na aplicação, que já não tem relação de obediência com o direito descrito, ocorre o apelo à subjetividade. E isso é filosofia da consciência. Se entendermos que o positivismo descritivo é algo separado daquilo que os juízes acabam utilizando como material para decidir, então, sim, o positivismo não tem relação com a filosofia da consciência. Se é isso que meus críticos querem dizer, dou a mão à palmatória epistêmica.

Apenas fica a pergunta: é possível simplesmente lidar com a parte descritiva da teoria? O produto da descrição não se dirige aos aplicadores? Estes não fazem parte do positivismo? Como disse, se esse nível aplicativo não faz parte da teoria, aí sim o positivismo é analítico. De todo modo, resta saber como fica isso nos positivismos inclusivos e no próprio positivismo normativo.

Valho-me da premissa de que mesmo os positivistas normativos admitem que o juiz resolva casos a partir de uma vasta gama de argumentos morais. E com isso há uma concessão do positivismo à filosofia da consciência. Aqui, a propósito, ainda sobre a filosofia da consciência, é preciso deixar claro que o livro referido como protótipo sobre o tema – Filósofos da Consciência, de Eugene Web – nada mais é do que uma espécie de compilação de textos de autores que fazem algo mais do que a filosofia da consciência *stricto sensu*, a começar por Paul Ricoeur, autor que, como se sabe, não se pode listar como sendo das fileiras desse paradigma. Mas, assim como outros autores, consta do livro. Sei que não constou porque foi listado como um filósofo da consciência e, sim, como alguém que trabalhou a temática. Mas, veja-se que, na apresentação dessa obra, feita pelo português Mendo Castro Henriques, há uma pergunta muito interessante: "– Por que não chamar à ordem o que conhecemos e remetê-lo para a objetividade segura?". Pronto. O apresentador se pergunta por aquilo que a filosofia da consciência não conseguiu fazer. Penso que é bem elucidativa essa angústia do professor português. E em todo o livro de Web aparece essa tentativa de salvar o paradigma ou dizer algo que talvez o paradigma poderia ou deveria ter dito, mas não o fez. Talvez porque filosofia da consciência seja mesmo apenas filosofia da consciência. Foi o segundo grande paradigma que instaurou e proporcionou a modernidade. Se antes os sentidos estavam nas coisas, porque estas tinham uma essência (objetivismo), agora os sentidos passaram a estar na mente-consciência. O sujeito moderno se adona dos sentidos. No âmbito do direito, trata-se do Privilégio Cognitivo do Juiz. Talvez estejamos, meus críticos e eu, também aqui falando de coisas diferentes. A filosofia da consciência "reivindicada" pode não ser bem a filosofia da consciência própria da metafísica moderna.

Ainda quero acrescentar um detalhe. Sem dúvida, Bruno Torrano me fez pensar muito. Lendo um livro intitulado *Hermenêutica e Filosofia Primeira*, deparei-me com um texto de Eduardo Luft, intitulado *Duas Questões Pendentes no Idealismo Alemão*, tratando do tema da filosofia da consciência. De fato, hoje, ao falarmos de "filosofia da consciência", não o fazemos porque esta seria um "fantasma do passado", mas, sim, porque ela está constantemente às nossas voltas. Nesse sentido, Luft é contundente para denunciar as aporias de uma pretensa facilidade de se transpor da filosofia da consciência para a intersubjetividade, como se pudesse conciliar "o melhor dos dois mundos". E isso se vê claramente naquilo que na doutrina jurídica se chama "livre convencimento motivado" ou "incorporacionismos da moral": são posturas que no seu discurso querem ser intersubjetivas, mas, na prática, apenas apresentam um adorno para tentar camuflar a arbitrariedade anterior que verdadeiramente decidiu o caso. Que é o subjetivismo. Que é filosofia da consciência. Chamemos de vulgata ou de qualquer outra coisa. Os subjetivimos particularistas andam por aí. Não são fantasmas.

Direito e moral. Veja que coisa interessante este ponto. Dizem – e esse é o oitavo ponto – que eu sustentaria a tese de que não estariam os magistrados sujeitos a uma *accountability* da moral comunitária, sendo que em muitos casos o judiciário deve-se posicionar desfavoravelmente com relação a esta moralidade, como deveria ter acontecido no Nazismo. Ora, essa é fácil. Autores antitéticos como Joseph Raz e Ronald Dworkin têm uma coisa em comum: não admitem que a moral corrija o direito. O primeiro não aceita a moral como fazendo parte do direito; o segundo, incorporando a moral. Só para deixar mais claro: Dworkin concorda com Joseph Raz no sentido de que o direito é uma prática social normativa. Para Raz, essa normatividade do direito exige uma legitimidade moral, sendo que a natureza institucional do direito exige que seja visto como fenômeno social que demanda autoridade. Dworkin discorda de Raz com relação às fontes sociais e sua autoridade. Ele acha inadequada a tese de Raz de que essa base nas fontes exsurja independentemente de qualquer razão moral. Essa é a tese central do positivismo exclusivo: a separabilidade entre direito e moral. O que isso quer dizer? Simples. Quer dizer que a definição daquilo que é direito independe de juízos morais.

Neste ponto, a par de que, assumidamente, faço uma antropofagia da teoria interpretativa de Dworkin, louvo esse ponto do positivismo exclusivo: a não admissão da correção moral. Mas não concordo com essa não vinculação dos juízes com o direito posto. Parece-me paradoxal dizer que o direito reivindica autoridade e que há razões de primeira e segunda ordens para alguém obedecer ao direito e, depois, admitir que o juiz possa "se rebelar" e não aplicou uma lei que julgue moralmente inaplicável.

Aqui, mais uma vez, vejo a superioridade da responsabilidade política dos juízes de Dworkin daquilo que Raz chama de responsabilidade política dos juízes. Acerca de uma inexistência de *accountability* dos magistrados com relação à moral comunitária, é importante frisar o que eu tenho dito, repetidas vezes: o direito não é moral. O fenômeno jurídico alcançou um grau de autonomia em relação à moralidade. No século XIX, isso não era assim. Na democracia, o processo de formação do direito pressupõe uma presunção de que o direito feito na esfera pública é um "bom direito". Portanto, não é "ruim" aplicar o direito posto. Antidemocrático é permitir que o juiz invoque argumentos morais, por intermédio de raciocínios práticos e não aplicá-lo. Aqui entram as seis hipóteses da *Crítica Hermenêutica do Direito* que criei. Fora dessas hipóteses, é melhor o juiz se candidatar ao parlamento para fazer leis.

Mais. A decisão judicial está (sempre) limitada às possibilidades dos sentidos jurídicos expressos na prática/história institucional. Dito isto, afirmo que existe uma *accountability*, uma responsabilidade política dos magistrados de decidir conforme o direito, que já possui um conteúdo de moralidade política que lhe é cooriginário. Mas não uma vinculação a uma moralidade endógena. Isso seria admitir a existência de linguagens privadas nestes tempos de intersubjetividade.

Com relação à impossibilidade da cisão direito-moral e a questão da teoria da decisão. Neste nono ponto, parece indubitável a impossibilidade, na contemporaneidade, de se desconectar o direito da moral. Talvez o grande problema seja encontrar o elo de ligação e, acima de tudo, impedir que a moral corrija o direito. Ou seja, não é a moral que deve filtrar o direito ou dizer o modo pelo qual o direito deve ser aplicado, e, sim, o direito é que deve filtrar a moral. Essa inter-relação entre direito e moral deve-se dar em um momento anterior ao da aplicação do direito. Se for deixada para o momento da aplicação, inexoravelmente, o direito ficará refém das posições morais do intérprete, problemática que no positivismo exclusivo duro (exclusivo) é conhecido como "raciocínio prático". Veja-se que, para Raz, a atividade de interpretação, ao menos quando ela for compreendida no sentido de criação do direito pela via judicial, remete a argumentos morais que são tidos como necessários para a correta aplicação em casos controvertidos. Isso ocorre a qualquer momento enquanto a decisão está sendo tomada, pois toda tentativa de restringir o raciocínio jurídico à tecnicidade erra ao desconsiderar a influência exercida pela moral sobre ele, mesmo diante de sua independência em relação ao raciocínio moral.

Por isso é que o positivismo parece incapaz de dar conta dessa circunstância. Filosoficamente, é impossível desconectar/separar conceitualmente direito e moral. Fosse possível, teríamos que admitir que o direito possa ser descrito como fato bruto. Só que isso implicaria não fazer juízo qualquer de valor sobre o conteúdo do direito. Isto quer dizer que mesmo quem diz que faz apenas descrição do direito, justamente baseado na cisão direito e moral, é porque, mesmo sem admitir, já está inserido no próprio problema, representado pelo fato de que, ao assim se posicionar, assumiu uma posição moral. E qual é essa posição? Simples: a posição pela qual admite que o direito pode ser desconectado da moral.

Sigo, sempre buscando mais clareza. Para dizer que, mesmo que os positivistas digam que assumem uma posição metateórica pela qual sua posição está dirigida não ao estudo do direito, e, sim, a coerência ou a incoerência das proposições de uma teoria jurídica, ainda assim – ou exatamente por isso – há nisso uma posição moral, pela qual a realidade do direito é deixada de lado.

Aqui é necessário retornar ao problema enfrentado pelas correntes neopositivistas, também conhecidas sob o epíteto de Empirismo Contemporâneo. Só conseguiram resolver o seu problema a partir da construção de uma linguagem técnica, uma metalinguagem em que se faria o discurso científico (descritivo) sobre o objeto. Portanto, quando digo que é impossível cindir direito e moral, quero dizer que isso deve ser visto a partir da diferença ontológica. Por ela, não há coisas (eventos, textos, discursos) sem que, no seu sentido, já não estejam presentem os compartilhamentos subjetivos do intérprete. Quando falo "subjetivo", quero dizer "apreciação moral", inclusive. Ou fundamentalmente.

Para ser mais simples: quando descrevo, já, de algum modo, prescrevo. Se uma teoria do direito deseja apenas descrever o direito, cindindo qualquer apreciação moral, ela não parte de um grau zero. Esse grau zero não existe. E quando alguém pretende apenas descrever, inexoravelmente estará criando um problema: se somente descreve e sendo o direito algo que estabelece como as pessoas devem se comportar e como devem ser as relações sociais, estará deixando de lado o modo como esse direito será aplicado pelo juiz. Se a moral fica fora em um primeiro momento em que a teoria do direito – no caso, o positivismo – identifica o que é direito – em um segundo momento o juiz, se entender que o direito (no caso, uma regra jurídica) não estiver de acordo com aquilo que o juiz pensa, moralmente, então esse juiz estará livre para até mesmo julgar contra o direito.

A pergunta que fica é: para que serve uma teoria que não se preocupa com o modo como o juiz decide? Por outro lado, se o positivista responder que a própria teoria positivista é normativa, ele terá que enfrentar uma aporia: o positivismo consegue o melhor dos dois mundos? Ou seja: é possível cindir direito e moral, em um primeiro momento, e, em um segundo momento, prescrever o melhor modo como esse direito deve ser aplicado? Isso poderia dar certo se se entendesse por teoria da decisão positivista aquilo que Horácio Neiva, em sua dissertação de mestrado, conceitua como uma "teoria positivista da decisão", isto é, uma teoria que se dedique "a uma aplicação estrita de 'normas positivadas' por intermédio de alguma forma de interpretação textual (seja a partir do significado histórico, seja por meio do significado literal)". Como já afirmei alhures, concordo com Horácio. Acho difícil uma teoria da decisão positivista que não esteja dentro destes marcos. Volta-se sempre ao problema semântico.

Mas não estou satisfeito. Aprofundando mais, confesso que tenho minhas dúvidas sobre a real possibilidade de o positivismo jurídico conter uma teoria da decisão. Explico a minha inquietação: partindo, por exemplo, de Campbell, ser positivista ético ou normativo quer dizer que devem ser criadas leis boas, claras e precisas e estas leis devem ser aplicadas pelos tribunais. Mas, devem ser aplicadas de que modo? Com apego, se necessário, a argumentos morais, diriam os positivistas normativos. Entretanto, se é moralmente bom que os juízes apliquem o direito que foi feito para ser "bom" e escrito de forma clara e precisa, por qual razão um juiz pode(ria) incluir seus próprios argumentos morais? Se um positivista normativo ou ético é/seria contrário a atitudes ativistas, qual seria o diferencial do positivismo ético/normativo em relação ao positivismo ideológico classificado por Bobbio? Partindo da premissa de que possa haver um bom direito e que seja moralmente bom que ele seja aplicado, não é vantajoso impedir que juízes lancem mão de argumentos morais na decisão? Ou seja, o positivismo, para continuar a ser positivista, qualquer deles, necessita continuar a separar direito e moral. Portanto, tem de haver, necessariamente, um elemento fortemente descritivo para preservar essa separação. Separação e descrição estão umbilicalmente ligados. São irmãos gêmeos. Se já não há separação, então já não há positivismo.

A mesma situação ocorre, por exemplo, com o positivismo exclusivo de Scott Shapiro. Como sabemos, ele diz que as normas são planos. Se um plano ficou estabelecido, decidindo determinadas questões morais, a lógica do planejamento simplesmente impede que esta mesma questão seja "ressuscitada" novamente em um momento posterior. Isto quer dizer algo? Claro. Isto quer dizer que, se aceitarmos a tese de que Shapiro é um positivista normativo, teremos uma impossibilidade de que moralismos pessoais dos julgadores venham a servir de fundamento para o não cumprimento de um plano (norma), uma vez que o plano visa a acabar com qualquer espécie de deliberação de cunho moral. Isso até seria muito bom. Contudo – e aqui está o *buslis* – fica difícil aceitar tal posição quando Shapiro afirma, por exemplo, que as autoridades jurídicas também são "planificadoras sociais", na medida em que "exercem seu poder formulando, adotando, rechaçando, afetando e aplicando planos". Ou seja, Shapiro admite que eventualmente os juízes podem simplesmente não aplicar um plano existente e tal insurgência parte de argumentos morais e discricionários do próprio julgador.

Então, qual é o problema em se admitir que o positivismo de Shapiro é normativo? A resposta, para mim, é: há um problema que decorre do cerne do próprio positivismo, enfim, daquilo que o sustenta epistemicamente. Isto porque, assim como Campbell, a teoria de Shapiro precisa ser descritiva para se sustentar. Pois, afinal, é no plano descritivo que reside a separação entre direito e moral. Se, em sentido contrário, a teoria for normativa, passa a admitir o uso da moral no momento da decisão e já não mais separa o direito da moral. Portanto, já não é mais positivista. O positivismo normativo cai assim em um paradoxo. Fica difícil que um positivista normativo formule uma teoria da decisão e continue sendo um positivista. Ele tem de fazer escolhas. Não é possível ficar com o melhor de dois mundos.

Essa questão me interessa sobremodo. Por isso, aprofundando ainda mais, e aproveitando que o tópico trata sobre a teoria da decisão, afirmo que não é um *deficit* exclusivo (com o perdão do trocadilho) do positivismo normativo a ausência de uma teoria da decisão. Isso é extensivo aos positivismos descritivos também. Peguemos o mesmo exemplo de Shapiro, agora partindo de uma cisão linguagem-objeto/metalinguagem: ora, há pouca diferença com aquilo que Kelsen já sustentava. Qual é a diferença em substituir a interpretação como ato de vontade da norma jurídica kelseniana e a superação dos planos em Shapiro por intermédio do uso de argumentos morais do julgador? A diferença reside no fato de que, sob a perspectiva de Shapiro, é possível apenas apontar quando uma decisão não respeitou um plano sem que, contudo, se possa dizer como o juiz deveria ter julgado, na medida em que a descrição está inserida no plano analítico, que é moralmente desengajado. Por tais razões, pode-se afirmar que, seja sob uma perspectiva descritiva ou normativa, a teoria de Shapiro acaba inevitavelmente refém da discricionariedade judicial ou, se se quiser, dos argumentos morais que o juiz pode utilizar. Teremos que, desse modo, confiar nos bons juízes mais do que no direito? Eis a questão.

Com isso quero dizer que, quando se aposta na discricionariedade judicial (ou em um "lançar mão de argumentos morais"), não se tem como distinguir se uma decisão é melhor que a outra. Ao fim e ao cabo, tudo depende da escolha que o juiz faz e, portanto, é impossível que se segregue uma decisão juridicamente adequada à Constituição de uma decisão incorreta, proferida a partir de critérios morais, políticos, enfim, frutos de um poder discricionário. Significa dizer que, com a discricionariedade judicial, estabelece-se um marco comum entre as teorias positivistas pós-kelsenianas: as decisões jurídicas acabam carecendo de critérios de verificação de correção, na medida em que estão blindadas pelo poder discricionário do julgador ou, em palavras mais simples, não existe uma teoria da decisão. Claro que os positivistas descritivos vão afirmar que nem pretendem fazer uma teoria da decisão. Mas o que quero deixar claro aqui é que a ausência de uma teoria da decisão é um marco comum dos positivismos pós-kelsenianos. De novo insisto nas palavras de Calsamiglia, que diz que quando mais necessitamos de orientação, o positivismo emudece.

Mas, tenho de dizer mais uma coisa. Essa constatação de aposta em discricionariedade e ausência de uma teoria da decisão é muito curiosa. Tendo isso como pano de fundo, posso aprofundar ainda mais a questão do positivismo e demonstrar que positivismo exclusivo e positivismo inclusivo se ligam de maneira inusitada. Ora, se o positivismo exclusivo e o inclusivo admitem a discricionariedade judicial no momento da decisão, qual seria sua diferença prática? Observe-se o que Scott Shapiro – e o cito de cabeça – afirma sobre a questão: "tanto o positivista exclusivo como o inclusivo concordam que os juízes têm a obrigação de aplicar normas morais quando se esgotam as normas com pedigree. Eles apenas discordam como descrever o que eles estão fazendo: para o positivista inclusivo, os juízes estão aplicando normas jurídicas; para o positivista exclusivo, eles estão criando normas jurídicas".

Veja que o próprio Shapiro diz que a divergência entre positivismo exclusivo e inclusivo se limita na descrição do que o julgador está fazendo. Para os inclusivos, o juiz estará aplicando critérios morais que foram alvo de convenção prévia; para os exclusivos, o juiz estará aplicando critérios morais pessoais. Contudo, é comum que tais critérios sejam aplicados de forma discricionária e, por isso, o resultado em ambas as teorias é, rigorosamente, o mesmo. O que as difere é a mera conceituação do que o juiz estará fazendo. Isso só serve para comprovar que, excetuado o plano descritivo, não há qualquer diferença entre posturas exclusivas e inclusivas, na medida em que acabam bebendo na mesma fonte no momento da decisão judicial. E qual é essa fonte: Simples. A discricionariedade judicial decorrente da ausência de uma teoria da decisão. Esse é o motivo pelo qual precisam continuar sendo descritivas para serem positivistas. Voltando ao começo da minha inquietação, coloca-se em xeque a própria postura normativa de um positivista. Complexo, não?

Com relação às críticas à minha tese sobre o pamprincipiologismo. Estamos chegando ao décimo ponto. A respeito da afirmação de que eu usaria o conceito de pamprincipiologismo como um álibi para esconder preferências pessoais quanto ao reconhecimento de certos princípios como a afetividade, etc., digo que isto está equivocado. Cunhei o termo *pamprincipiologismo* para tentar representar o contexto pátrio de proliferação desenfreada de princípios que serviam/servem como meros artifícios retóricos. Tenho a convicção de que os princípios são deontológicos, que precisam possuir um notório DNA institucional-constitucional, bem com apoio nas práticas jurídicas.

Princípios são padrões. Quando pensamos no princípio da igualdade, já há uma antecipação de sentido que direciona o olhar, mas quando falamos no princípio da felicidade, por exemplo, fico a procurar sua imperatividade. Dizer que o princípio da afetividade nos obrigado a ter cuidado com o outro me parece tão somente uma opinião sobre o direito. Uma opinião moral. E só. Mas moral não é direito. Onde estaria o dever do "princípio da afetividade"? Dizer que, na medida em que alguns Tribunais o aplicam, lhe dão "normatividade" é admitir, quando muito, uma incorporação típica do positivismo inclusivo. Também não impressiona dizer-se que há literatura doutrinária defendendo o princípio. Há um estudo mais aprofundado sobre a afetividade feito por Ricardo Calderón, chamado *O princípio da Afetividade no Direito de Família*. Respeito Calderón, porque ele acredita na tese e faz pesquisas sobre isso na Universidade. Mas há muita tese, dissertação e obras fazendo uma mera apreciação subjetivista-moral-ideológica sobre o tema. Há textos e livros dizendo que aplicar a afetividade é uma coisa justa. O que é uma "coisa justa"? De todo modo, dizer que esse *standard* é um princípio é construir direito. É delegar para os juízes moralizarem o direito. Confessadamente. Dizer, como fazem diversos juízes e tribunais, que uma criança pode ter cinco avós ou seis pais me parece um exagero, para dizer pouco. É fazer pouco caso do direito. O que mais os juízes não podem fazer? Estranho é um positivista exclusivo e/ou normativo admitir que algo como a afetividade possa ser alçado a um princípio normativo.

Importa dizer é que o assim denominado "princípio da afetividade" não passa de um *standard* tautológico ao expressar o dever de cuidado do direito de família presente em nossa legislação. O pior é que não está sendo usado apenas para reforçar este comando legal, mas ampliando direitos e deveres para além dos marcos institucionais, o que reforça a ideia de ser mais um pamprincípio. Como é possível que um *standard* moral como a afetividade possa derrogar dispositivos do Código Civil? Parece-me espantoso isso. Como conceder a metade da herança para a amante concubina adulterina com base no princípio da afetividade (*sic*), como fez um tribunal de um estado da federação, se o Código Civil não permite isso? Devo ser muito conservador para não aceitar o tal princípio da afetividade. Na verdade, continuo a dizer que a afetividade é algo fofo, dúctil, gasoso, sem consistência normativa.

A hermenêutica e sua (in)suficiência para uma teoria da decisão. Prosseguindo, contesto veementemente a tese de que a hermenêutica filosófica seria uma metodologia insuficiente para decisão judicial, exigindo, portanto, uma complementação da argumentação jurídica. Poderia começar dizendo que a hermenêutica, no meu caso, a CHD, pelo menos tem uma teoria da decisão. Aliás, peço que já não me critiquem pelo uso da hermenêutica filosófica. Já avancei com relação a ela, uma vez que construí a *Crítica Hermenêutica do Direito*. Em termos de decisão, estabeleci uma criteriologia. O positivismo, não. De todo modo, essa crítica não pode ser dirigida a mim. Mas defenderei aqui a hermenêutica *lato sensu*.

De modo muito sucinto, vou dizer de novo: a hermenêutica filosófica não é um método. O livro *Verdade e Método* pode ser interpretado como verdade contra o método, ou como verdade que transcende o método. Então esta caracterização metodologizante é um erro. Dia desses fui criticado por um professor que, ao tratar da Hermenêutica Filosófica, dizia que seria inapropriado usar a expressão *círculo hermenêutico*, sendo o mais correto "espiral hermenêutica".

Já escrevi muito sobre isso. Poderia sugerir que essa crítica fosse feita a Gadamer, se estivesse vivo, para que mudasse a terminologia *Hermeneutische Zirkel* (Círculo Hermenêutico), mas, como presumo que filósofo definiu sua ideia nestes termos por motivos razoáveis, penso que seria deselegante "incomodá-lo" com isto. Voltando, imaginando que ao falar da Hermenêutica filosófica meus críticos querem se referir à CHD, diria que não tratamos a argumentação como algo desprezível. Nunca fiz isso. Jamais desprezei a teoria da argumentação. Diferentemente, já disse várias vezes que hermenêutica e argumentação se complementam a partir da dobra da linguagem, como bem diz Ernildo Stein. Eu já escrevi sobre isso. Basta lerem o livro que organizei junto com Ernildo Stein, em homenagem aos cinquenta anos de *Verdade e Método*. O livro se chama *Hermenêutica e epistemologia: 50 anos de Verdade e Método*, editado pela Livraria do Advogado e que já está indo para a terceira edição. Existe um "como hermenêutico" e um "como apofântico". São realidades interdependentes, isto é, não excludentes. O problema é que muitas teorias discursivas no/do direito acreditam que a decisão judicial se resolverá num conjunto de regras que possam dirigir o processo argumentativo. Ficam no plano da analítica. Entendo que esta tendência esquece o que se esconde por detrás na tentativa de formalizar/racionalizar o discurso.

Penso que os argumentativistas ou os analíticos, neste aspecto, contentam-se com o menos. Perguntaria, por exemplo, para um positivista exclusivo ou normativo, de que modo a teoria lida com juízes que "não cumprem o direito"? Já que o direito não obriga ao juiz, de que modo posso estabelecer critérios para ele decidir? Diria que são as teorias positivistas que não se preocupam e não possuem uma teoria da decisão. A *Crítica Hermenêutica do Direito* tem. Há um conjunto de critérios para reduzir a "liberdade" decisória do juiz. Há um conjunto de elementos objetivos que visam a impedir que o juiz coloque sua moral pessoal acima da lei vigente e válida. Ele pode até invalidá-la, no controle difuso. Há outros mecanismos para ele não aplicar a lei. Mas subjetividades e argumentos morais é que estão vedados. Claro que é difícil fazer isso. Daí também exsurge a necessidade de a doutrina doutrinar. Criar aquilo que denominei de "constrangimentos epistemológicos". A doutrina, sustentada teoricamente, deve, nos casos em que o judiciário moraliza o direito, dizer que o judiciário errou. De que adianta eu racionalizar o discurso a partir de um *standard* de racionalidade de segundo nível, meramente explicitativo? É como imaginar que o jurista deve contentar-se em cobrar do juiz a fundamentação do que disse, sem se preocupar com o que o juiz pensa. O que quero dizer é que pensar que o nível argumentativo é suficiente é concordar com a tese de que o juiz primeiro decide e depois busca o fundamento. Ora, para confrontar isso inventei o dilema, ou o paradoxo, da ponte ou da travessia da ponte. Quer dizer, é impossível eu atravessar o abismo que me separa das coisas, chegar do outro lado e depois voltar para pavimentar a ponte pela qual eu já passei.

A tese da travessia aporética da ponte dá uma boa discussão no plano da dogmática jurídica para a prova ilícita. Uso uma informação ilícita e depois a "esquento". Puro consequencialismo. Por isso, volto a insistir: a decisão deve ser sempre por princípio, e não por políticas. É difícil pensar assim? É. Muito. Mas se alguém achar que é válido que o juiz primeiro decida e depois arrume o fundamento, então pode deixar a aplicação do direito para a política, para a ideologia, para a subjetividade. Aliás, para que escrever, estudar, pesquisar, se o direito se resume às decisões judiciais?

Kelsen, a discricionariedade e o neopositivismo lógico. De fato, alguns críticos dizem que não há em Kelsen uma abertura para a discricionariedade e que isto viria de uma confusão quanto ao objetivo meramente descritivo do jurista. Ora, um dos maiores estudiosos de Kelsen, Stanley Paulson, que escreveu o livro *Normativity and Norms: Critical Perspectives on Kelsenian Themes*, diz que Kelsen teve três fases na sua trajetória. A terceira é a cética, dos anos 60 do século XX em diante. Já flertara com Hume, mas seus autores de cabeceira são Kant e Nietzsche. De Kant vem a norma como sentido objetivo de um ato de vontade; de Nietzsche, seu voluntarismo e amoralismo no tocante à aplicação da lei pelo juiz, um ato de vontade, que eu acrescentaria "de poder" (aqui é nítida a influência de Nietzsche). Veja-se o que ele diz: "não é possível decidir racionalmente entre dois valores fundamentados em concepções contrárias umas às outras". É a nossa vontade (de poder, digo eu), e não a nossa razão que decidirá o conflito. Veja-se o grau de pessimismo presente nessa afirmação kelseniana. Um estudioso de metaética no Brasil, Arthur Maria Ferreira Neto, fez um excelente trabalho sobre Kelsen, intitulado *O Cognitivismo e Não Cognitivismo Moral e sua Influência na Formação do Pensamento Jurídico* (tese defendida na PUC-RS, sob a orientação do grande professor Draiton Gonzaga de Souza), dizendo que se, de um lado, a teorização de Kelsen se mostra kantiana do ponto de vista epistemológico, já do ponto de vista de sua compreensão da moral e do conteúdo de qualquer teoria de direito natural como fundante da experiência jurídica tem o DNA de Nietzsche. Aliás, de forma brilhante, Ferreira Neto mostra que em Kelsen é possível ver tanto um não cognitivismo como um cognitivismo (que aqui chamo de epistêmico). São os dois níveis em Kelsen que remontam ao neopositivismo lógico.

Aqui faço um gancho que responde àqueles que dizem ser um equívoco – de minha parte e da escola waratiana – relacionar Kelsen ao Círculo de Viena. Bruno Torrano também aqui me bate fortemente em seu livro. Vou responder por partes. Entendo que Kelsen fez uma opção epistêmica, e por isso, não se ocupou do direito na sua lida prática. O oitavo capítulo da *Teoria Pura do Direito* mostra bem a pouca importância que ele deu a aplicação do direito pelos juízes. Esta parte não seria redutível à cientificidade que buscava. Portanto, juízes não fazem ciência do direito. Juízes fazem política jurídica. Isso está absolutamente claro em Kelsen. Quando falo da maldição do capítulo oitavo da *Teoria Pura do Direito*, não quero afirmar que o jurista endossaria que os juízes pudessem "dizer qualquer coisa sobre qualquer coisa" (o pessoal gosta deste trocadilho... Risos), mas apenas quero dizer que, teoricamente, nada poderia dizer sobre qual seria a decisão correta a ser tomada. Logo, está-se no terreno não cognitivista no plano da metaética. Kelsen diz: não há qualquer método que possa auxiliar para dizer que uma reposta é melhor que outra. Mais: mesmo que o juiz julgue fora da tal moldura e se ninguém recorrer, a decisão vale. E juiz faz norma. Por isso seu positivismo é normativista.

Não tenho qualquer dúvida de que a discricionariedade se torna, para Kelsen, em uma inexorabilidade teórica. Ele somente se preocupou com a ciência jurídica. Para ele uma metalinguagem feita sobre o direito, a linguagem objeto. Pela milionésima vez vou dizer: Kelsen não separa direito e moral; Kelsen separa a ciência do direito da moral. Logo, ele está se lixando para o que os juízes fazem. Ele faz sua teoria pura a partir do paradoxo do cretense. Por isso faz um salto epistemológico. Era impossível fazer ciência do direito a partir do mundo do direito, das normas, sem se contaminar por valores, subjetividade, política. Por isso ele vai para "o andar de cima". E ali estabelece a sua ciência, essa, sim, descritiva.

Repito: a ciência do direito em Kelsen é descritiva. Mas Kelsen tem duas dimensões. O andar de baixo é composto pelas decisões. Por isso ele diz: o cientista faz um ato de conhecimento, o cientista faz cognição. Já o juiz faz um ato de vontade. Juiz faz política jurídica. Logo, é daí que vem a acusação de decisionismo a Kelsen. Autores como Michel Tropper chegam a dizer que Kelsen era um realista, porque, no plano da decisão, o que vale mesmo é o que juiz decide, mesmo fora da moldura. O que mais posso dizer para convencer meus críticos? Diga-me.

Portanto, insisto na tese de que Kelsen tem relação com o neopositivismo lógico, também conhecido como empirismo contemporâneo. Fui aluno de Warat, e este estudou com Vernengo, que, por fim, introduziu Kelsen na América Latina. Foi por intermédio do Warat que pude aprofundar meus estudos sobre Kelsen. Com ele aprendi que juntamente com as influências kantistas e neokantistas poderíamos também relacionar o jurista austríaco ao Círculo de Viena, sobretudo, em seu manifesto desprezo à metafísica. O desprezo pela metafísica é que fez Kelsen desenvolver esses dois níveis. E esses dois níveis foram inventados pelo neopositivismo lógico. Além disso, existem registros históricos que Kelsen manteve algum contato com esta corrente de pensamento. Não há elementos que desmintam que as raízes de Kelsen para compor a sua *Teoria Pura do Direito* não estejam no neopositivismo lógico. Kelsen fez a mesma coisa que os neopositivistas fizeram. Também fundaram uma linguagem de segundo nível para sair do paradoxo do cretense. Portanto, mantenho minha leitura no sentido de que a distinção da ciência do direito como metalinguagem da linguagem objeto, o direito, o aproxima do Círculo de Viena que via a necessidade de uma linguagem (artificial) rigorosa para expurgar as ambiguidades e os conceitos vazios de sentidos encontrados na linguagem comum. Permito-me pegar na minha estande dois livros de Warat: *O Direito e Sua Linguagem* e a *Pureza do Poder*. Warat, nas páginas 24 e 25 no início de seu a *Pureza do Poder*, tese de titularidade na UFSC, diz que "trabalhará Kelsen a partir do princípio da pureza metódica e que seus pressupostos estarão sustentados no neopositivismo logico". Bingo.

Com isto, não estou dizendo – nunca disse – que Kelsen endossava todas as ideias do movimento, ou ao menos as principais, mas, sim, que este exerceu alguma influência sobre sua construção teórica. Kelsen não era filósofo. Era jurista. As preocupações do nepositivismo lógico eram de outra monta. Mas tanto eles como Kelsen sabiam que no nível da linguagem objeto era impossível fazer ciência. Os neopositivistas criaram a linguagem lógica. A metalinguagem. Kelsen criou a pureza metodológica. Esta é a minha longa resposta a sua longa pergunta.

Mais uma coisa. Intrigado com essas críticas que me são dirigidas acerca da minha interpretação da *Teoria Pura do Direito* e do neopositivismo de Kelsen, perguntei ao Professor Leonel Severo Rocha, intelectual da cepa e que produziu com Warat muitos textos sobre o assunto, inclusive o livro *O Direito e sua Linguagem*. Ele e Gizele Cittadino colaboraram com Warat na pesquisa do livro. Leonel disse-me o seguinte e permito-me consultar minhas anotações: "Dizer que Kelsen se abeberou enormemente do neopositivismo é a melhor interpretação e é a dominante acerca da obra *Teoria Pura do Direito*. Embora ele não tenha participado diretamente do Círculo de Viena – afinal, ele era jurista – ele tirou vantagem do neokantismo dominante no Círculo. Todas as características do neopositivismo estão presentes na TPD. Se preocupa com definições, conceitos, sistema fechado. Tanto é que o manifesto da filosofia analítica italiana Bobbio vai dizer que a TPD é o grande livro do neopositivismo. Kelsen é o grande modelo do neopositivismo. Se ele disse que não participara do Círculo isso não tira a influência do neopositivismo sobre a sua principal obra. Principalmente em face dos dois níveis – linguagem objeto e metalinguagem. A ciência se diferencia do objeto que é o direito. A ciência do direito vai purificar os conceitos. Isso é bem neopositivista. O positivismo usa a lei como fonte imediata. Já Kelsen descreve de maneira científica o direito. Não há, pois, dúvida que Kelsen foi um neopositivista". Permito-me mais uma vez dizer "bingo". Não colocaria essa palavra em um texto escrito. Mas em uma entrevista, penso ser permitido.

Ainda uma observação sobre Kelsen: para justificar a construção de sua teoria – que produzia seu próprio objeto de conhecimento – Kelsen teve que sacrificar o mundo do ser, a aplicação do direito feito por juízes e por tribunais. A impossibilidade do andar de baixo era a possibilidade do andar de cima da teoria – a TPD. Uma escolha de sofia no mundo epistêmico-jurídico. E, finalmente, permito-me dizer: *and I rest my case* sobre Kelsen e o neopositivismo.

Quanto à acusação de que a hermenêutica construída por mim – a CHD – não se atenta para o fato de que uma teoria do direito deve fazer mais do que simplesmente, acusar juízes de errarem no momento das interpretações. Bem, vamos lá para o ponto treze. Neste caso, meu crítico ou meus críticos devem estar se referindo a outra pessoa e a outras teses pelas quais não tenho responsabilidade. Aqui mais uma vez cabe o Efeito ou Fator Target. Atiraram a flecha e depois procuraram o lugar em que a flecha foi cravada para pintar o alvo. Em primeiro lugar, quero dizer que desde o advento da Constituição venho criticando o modo como os juízes decidem. Isto porque eu já fazia antes de 1988.

Muita gente nem sabe como era o direito antes de 1988. Não sabem quem foi Warat e outros críticos de então. A dogmática jurídica de antanho não mudou muito. E Warat sempre criticou. Suas críticas são atemporais. E eu acompanhei isso. Desde meus primeiros textos. Basta ver minha atuação como Promotor e Procurador de Justiça.

Se critico o modo de agir de juízes e promotores, é porque tenho cacife para isso. E autoridade moral. Mas não somente crítica. O primeiro grande crítico do ativismo e profeta do que iria acontecer nos dias atuais fui eu. Mostrei os males do protagonismo judicial. Deixei claro que o instrumentalismo processual levaria o processo aos pincaros do subjetivismo e do decidir conforme se quer.

Muita estranha a crítica que me fazem nesse sentido. Poderiam ao menos reconhecer meu papel histórico. Mostrem-me outra teoria da decisão no Brasil. Mostrem-me teses ou teorias que exijam, do modo como fiz e faço, a *accountability* judicial. Mostrem alguém que tenha mais demonstrado o solipsismo judicial de Pindorama. Será que meus críticos sabem quem colocou os artigos 926 – coerência e integridade – e quem tirou a palavra "livre" do artigo 371 do CPC? E quem auxiliou na construção e manutenção da redação do artigo 489 do CPC, que contém um conjunto de critérios que podem diminuir o grau de incerteza na aplicação do direito?

Estranha e bizarra a crítica, exatamente dirigida a quem, como eu, por vezes sou acusado de ser uma espécie de originalista brasileiro. Quem mais do que eu defende a aplicação da "letra da lei" (no sentido hermenêutico dessa expressão)? Quem, como eu, iniciou a luta contra o livre convencimento no Brasil? Aliás, não vi o positivismo excludente ou normativo criticar esse tipo de dispositivo. Claro. Provavelmente porque os juízes fazem raciocínios práticos. Logo, em que momento esses juízes são contidos, indago novamente? Se eles, fazendo raciocínios práticos, podem, como afirmam os positivistas, permear sua argumentação por uma complexa gama de princípios morais, qual seria o limite destes raciocínios práticos? Qual teoria da decisão do positivismo segura e contém os juízes? Portanto, rechaço, com ênfase, a crítica que está no título deste item.

Que, especificamente na teoria da decisão, ao negar a cisão entre casos fáceis e casos difíceis e ao ignorar a distinção entre valores morais e valores epistêmicos, eu desconsideraria a capacidade média, empiricamente aferíveis, dos magistrados e que, paradoxalmente, eu acabaria por lhes atribuir formidável poder para que decidam conforme as noções pessoais. Essa questão exige desdobramentos. Trata-se do décimo quarto ponto. É muito extensa. Começo pela cisão entre casos fáceis e casos difíceis. De fato, nego essa cisão. E faço-o com pesadas razões filosóficas. A cisão é uma confissão de que arraigamento ao esquema sujeito-objeto (S-O). Como venho dizendo, já é um caso difícil fazer a cisão entre casos fáceis e difíceis. Um caso não é difícil em si. E nem fácil em si. Um caso depende de sua compreensão. É ingenuidade filosófica pensar que um caso seja difícil porque é difícil. Um "caso difícil" é como um texto difícil de ser lido. Depois da décima leitura fica fácil. Logo, não era o texto que era difícil. Era o leitor que não tinha capacidade de compreensão. Isso me parece acaciano em termos filosóficos. Castanheira Neves passou anos lutando contra a cisão entre questão de fato e questão do direito. Também, para ele, não há cisão entre casos fáceis e casos difíceis. Tampouco para a hermenêutica, é claro. É graças ao giro linguístico, à dobra da linguagem, que essa cisão é tida como um dualismo metafísico. Palavras e coisas, ser e ente, casos fáceis-casos difíceis: são dualismos metafísicos. Apenas demonstram que não foi superado o esquema sujeito-objeto. Ou, se foi, só se deu no plano do neopositivismo, que pode ser considerado o primeiro giro. Tudo o que estou falando está no âmbito do giro mais completo: o *ontological turn*. Digamos, então, que responder a essa crítica foi um caso fácil, permitindo-me uma ironia. Fina.

Seguindo, então, chego ao segundo ponto. Eu estaria negando a distinção entre valores morais e valores epistêmicos. Primeiro, eu perguntaria ao interlocutor: O que é isto – um "valor epistêmico"? No tocante ao fato de que eu estaria negando a capacidade dos juízes de construir normas ou algo assim e, paradoxalmente, estar-lhes-ia dando um poder excessivo ou algo assim, a uma contradição da própria crítica a mim dirigida.

Com efeito, primeiro, diz-se que critico demais os juízes. Depois, diz-se que lhes nego a capacidade de fazerem raciocínios morais e, ainda, que eu lhes daria poder demais. Melhor é definir qual é mesmo a crítica. Vejamos. Por vezes, sou acusado de proporcionar ativismo (logo eu, o mais ferrenho antiativista). Mas também sou acusado de, ao negar a "capacidade média dos magistrados", amarrar-lhes as condutas, só que, com isso, estar-lhes-ia abrindo a possibilidade de praticarem ativismos.

Embora a confusa crítica, respondo: nem uma coisa, nem outra. Sou um hermeneuta, e não um positivista. Respeito o positivismo que pode ser útil para combater o estado de natureza interpretativo. Claro, desde que o positivismo seja normativo-prescritivo e que não permita aquilo que o positivismo descritivo-excludente tem como pressuposto: que existam dois níveis ou duas funções, isto é, que o teórico faz raciocínios jurídicos, e o juiz, raciocínios práticos. E, é claro, que o juiz não se utilize de argumentos morais. É possível que o positivismo seja prescritivo? Bom, isso não é um problema meu.

Mas, aqui, temos um problema. Torrano, por exemplo, assumindo o positivismo normativo, admite que o juiz, na decisão, lance mão de argumentos morais. Ao que entendo, seria assim: no plano da legislação posta, há uma exclusão da moral, para ele, assim como para o positivismo exclusivo. Mas os juízes podem usar a moral pessoal ou outros argumentos. Vamos repetir a citação dele: "O positivismo jurídico, mesmo nas suas versões seguidoras da tese da fonte social – como a ora sustentada [o positivismo normativo] não nega que a argumentação do magistrado muitas vezes é permeada por uma complexa gama de princípios morais, tampouco que a atividade do magistrado, cuja função não se confunde com o teórico incumbido de descrever o direito, pode ser uma atividade moralmente valorativa".

Quero dizer que para o "pós-positivismo hermenêutico" (eu até prefiro que me chamassem de um não positivista hermenêutico), isso não é possível. Não admito que o juiz lance mão de uma complexa gama de argumentos morais. Por uma simples questão: que ou qual moral? Quais princípios morais? A moral é contingente. A menos que estivéssemos falando de princípios no sentido de que fala Dworkin. Mas aí não dá, porque o positivismo critica asperamente a noção de princípio dworkiniana. Daí a pergunta: de quais argumentos morais estariam falando os positivistas normativos? Por isso, a hermenêutica que defendo é provavelmente muito mais ortodoxa que o positivismo. Ela é muito mais segura. Ela não permite que a moral corrija o direito. Sim, porque se o juiz pode lançar mão de uma complexa gama de argumentos morais (vejam: a afirmação não é minha, é de Torrano), ele pode desobedecer a lei. Ou ele só pode usar essa argumentação para cumprir a lei? Se é para cumprir à lei, não precisa da moral.

E em países como o Brasil, bem se sabe o tipo de argumentação moral que se usa.

Portanto, tenho dito durante todos esses anos: juiz não é alface. Dentro do seu peito bate um coração. Ele está eivado de subjetividades. Mas quando vai julgar, tem de suspender esses pré-juízos. Se ele pensa que pode dizer mais que o legislador, torna-se o dono da lei. Logo, o caráter exclusivo do direito, que está no nível do teórico do direito, se esfumaça. Afinal, de que adianta ser um positivista que separa a moral do direito se, na aplicação desse direito, o juiz pode lançar mão dessa moral que antes foi excluída?

Daí a minha tese acerca do direito que, aliás, paradoxalmente ou não, é muito próxima à professada por Torrano: "a fórmula democrática pressupõe o respeito ao texto da lei mesmo quando as consequências práticas de sua aplicação se mostram indesejáveis para o intérprete". Alterações e discordâncias devem ter lugar *de lege ferenda*. Bingo. Perfeito. Só que esse mesmo conceito – com o qual concordo, questão que está em todos os meus textos e livros tão duramente criticados – entra em colisão com a perspectiva – defendida por Torrano – de o juiz poder lançar mão de uma vasta gama de princípios morais na aplicação do direito e com a concordância com a tese de Prieto Sanchis de que o juiz constrói e não constrói direito.

De minha parte, sou peremptório: judiciário não constrói direito. Nem para a frente, nem para trás. Por isso minha luta contra a tese dos Tribunais de Vértice ou Cortes de Precedentes, tese com a qual penso que Torrano e os demais positivistas brasileiros como André Coelho, Dimitri Dimoulius, Luiz Fernando Barzotto e Jose Cella haverão de concordar comigo. Claro: falo dos positivistas analíticos exclusivos e normativos. Mas os positivistas fáticos, como os realistas, devem ser afastados desta discussão. Afinal, as teses dos defensores dos tribunais de precedentes estão baseadas no realismo, seja qual for a modalidade ou espécie. E para eles os tribunais fazem ato de vontade na hora de construir os "precedentes".

Quanto à minha relação com o positivismo e os positivistas. De tudo o que já respondi – e estamos no décimo quinto ponto –, parece claro que minhas críticas ao positivismo ou aos positivismos resultam mais como uma legítima defesa diante das críticas que me foram endereçadas. Como já falei, dei as respostas de forma polida. Mais polida ou bem mais *light* do que as críticas que me foram endereçadas. E reconheço as virtudes dos meus críticos. Minhas críticas não invalidam as alianças que já propus. Tudo o que os *hard* positivistas puderem fazer para o enfrentamento do estado de exceção interpretativo vem a calhar. Estaremos juntos. Nestes momentos de crise da aplicação do direito, em que o judiciário ignora os mínimos limites textuais das leis e da Constituição, precisamos prestigiar e fazer lembrar a autoridade do direito, a necessidade do cumprimento dos planos jurídicos, a necessidade de se julgar por princípio, e não por política. Digamos que temos que ser como uma família. Discutir e discordar entre nós; mas da porta para fora, nossos adversários estão bem delimitados. Com certeza a CHD não é inimiga do positivismo; e nem o positivismo é o inimigo da hermenêutica ou da CHD. Talvez o ponto de estofo possa estar na proximidade, futura – ela ainda não foi feita, a meu sentir – do positivismo normativo com a CHD. Mas há alguns detalhes a discutir nesse *agreement* (risos).

Pergunta 59

Professor, o senhor tem referido em suas obras haver uma vinculação do positivismo jurídico com os paradigmas filosóficos que sustentaram duas grandes formas de metafísica: clássica e moderna, mudando o polo de tensão do objeto para o sujeito, mas mantém essa relação binária em ambas as posições. A partir dessa constatação, o senhor vem enfatizado a diferença entre o positivismo legalista para a teoria de Kelsen, especialmente no que concerne à questão da aplicação do direito. Mas nas últimas décadas, o positivismo jurídico tem se renovado, aprimorando várias de suas teses e se apresentando com roupagens diferentes. Diante desse novo cenário, qual é a sua visão atual e em que medida se estabelece essa relação do positivismo jurídico com as posturas metafísicas (no sentido que Ernildo Stein em seu último livro denomina "ontoteológica"), diante das diversas vertentes mais recentes e mais elaboradas do positivismo jurídico contemporâneo? (R. D.)

Lenio Streck: Acho que positivismo e metafísica clássica não têm relação direta, digamos assim, ontológica no sentido hermenêutico da palavra. Isto porque são paradigmas diferentes. O positivismo é herdeiro do nominalismo, cuja tese é de que não há universais. A metafísica clássica é a tese dos universais por excelência. Embora o juspositivismo clássico prenda o juiz à lei, pandecta e precedente, esses atos normativos não são essências, mas produto da razão moderna, e, além disso, não há possibilidade de conhecer, no juspositivismo clássico, a objetividade de conceitos morais como a metafísica clássica fazia.

Mas, vejamos. O positivismo cientifico, que está na raiz, é claro, do positivismo jurídico – e não tenho dúvida que isso é assim – , tem exatamente o seu cerne na questão de que somente há fatos.

O positivismo não-jurídico ou o positivismo científico nasce da necessidade de, a partir da aproximação das ciências naturais, descrever os fatos. Essa descrição não deixa de ter um parentesco com o realismo ingênuo, no sentido de que a realidade está dada e posso alcançá-la independente de fatores internos. Trata-se da *adeaquatio intelectum et rei*.

No direito, o positivismo nasce a partir da tese de que são os fatos sociais que institucionalizam o direito. Alguém põe o direito. Aliás, positivismo vem de *ponere*. Eu ponho um fato independentemente de qualquer ligação ontoteológica. Sendo mais claro, contra qualquer manifestação metafísica (ontoteológica), a mão humana põe e dispõe (d)o direito.

Sigo. Essa tese segue o positivismo e segue com o positivismo, com variações acerca de quem e como se põe o direito. Eis que o positivismo, nesse sentido, tanto o positivismo pré-Hart como o pós-Hart, sustenta-se nos dois paradigmas, com adaptações, além de uma pitada de filosofia da linguagem, no caso de Hart e a vertente analítica que sustenta, até hoje, o positivismo exclusivo.

Que alguém põe o direito e esse é um fato social que se transforma em tese das fontes sociais formais, parece não haver dúvida de que o que está por detrás é o sujeito moderno. Claro que há variações, como a Constituição do *Constitucionalismo Contemporâneo*, que explicito em *Verdade e Consenso* como fonte social, que, contemporaneamente, é produto de uma esfera pública que refoge ao "eu ponho" do positivismo originário.

Porem, a descrição dessa fonte social e sua identificação deita raízes em uma espécie de realismo filosófico, que pode ser chamada de adequacionismo, presente em várias teses, como se pode ver das observações que Brian Leiter e Pierluigi Chiassoni, que tratam o positivismo como essencialismo. Parecem corretas tais observações, uma vez que qualquer tentativa de descrição externa de um fenômeno, seja ele uma lei ou uma decisão judicial, sem prescrever, não escapa às teses que remontam à metafísica clássica. Aqui, metafísica clássica e positivismo andam juntos.

Observe-se também que o positivismo clássico, herdeiro do nominalismo, está presente até mesmo no realismo jurídico, quando este entende que nada há antes da decisão e que uma lei é apenas uma entidade metafísica. Nesse sentido, o meu Dicionário deixa isso bem claro.

Quero dizer, ao fim e ao cabo, que, a todo momento, os paradigmas aparecem no entremeio das teses positivistas, até mesmo – ou principalmente – na cisão entre a descrição e a prescrição.

Uma vez que o positivismo pretende ser uma teoria descritiva, não dá conta do ato de decidir. Como é impossível ter o melhor dos dois mundos, para manter-se como positivista, tem de abrir mão do controle da prescrição. Resultado: uma forte dose de filosofia da consciência.

Pergunta 60

Nessa linha, o senhor poderia nos indicar suas obras de modo progressivo para que o acadêmico possa assimilar melhor o conteúdo exposto nelas? (D. M.)

Lenio Streck: Se alguém quiser se aprofundar no estudo da hermenêutica e da jurisdição constitucional no modo como eu venho trabalhando, sugiro começar com *Hermenêutica Jurídica e(m) Crise*, que deve ser lido de cabo a rabo, como um romance. Ali o pesquisador terá a evolução da linguagem desde o Crátilo até o giro hermenêutico do século XX, além da explicitação do que entendo por hermenêutica jurídica. Depois recomendo o *Verdade e Consenso*, que é mais sofisticado. A edição de 2017 está mais rica. Se for aluno de graduação, pode pular o *Verdade e Consenso* e ler *O Que é Isto – Decido conforme Minha Consciência?*; depois *Lições de Crítica Hermenêutica do Direito* e *Jurisdição Constitucional e Decisão Jurídica*. E ler as colunas do Conjur. E o livro que resultará destas entrevistas. Mais ainda, ler com atenção o Dicionário de Hermenêutica.

Parte III
Sobre a decisão judicial e a realidade brasileira

Pergunta 61

O senhor entende que, em certo sentido, o protagonismo judicial de que fala em suas obras é anterior a 88? (B. A.)

Lenio Streck: Sim, é anterior. Como disse, o Estado era autoritário, o direito era ruim, e a sociedade complexa demandava que esse direito fosse, digamos assim, reaproveitado. As pessoas têm que entender que são questões históricas. Nós precisávamos do realismo jurídico. Estudávamos o realismo escandinavo e norte-americano. É o que podemos chamar também de empirismo jurídico. Alf Ross era leitura obrigatória. Qual o problema, então? O problema está na continuidade do protagonismo judicial numa configuração democrática. Insisto que ativismo e democracia não se coadunam. Ativismo está relacionado ao despotismo do sujeito moderno, para fazer uma alusão aos paradigmas filosóficos.

Pergunta 62

Isso está me lembrando de que no Rio Grande do Sul vocês tinham o direito alternativo. (B. A.)

Lenio Streck: Sim, foi muito importante o direito alternativo. Trata-se de um movimento, e não uma teoria sobre ou do direito. Na especificidade, foi um movimento político, surgido na Itália, nos anos 1970. Mas note-se: na Itália havia por parte dos assim chamados "juízes alternativos", um ferrenho compromisso com a Constituição, com o que usavam o direito alternativo como uma "instância normativa" contra o direito infraconstitucional e, para isso, usavam a Constituição como um instrumento de correção e filtragem.

Já no Brasil, no contexto em que surge o alternativismo, não tínhamos – propriamente – uma Constituição (lembro que vivíamos sob a égide de um regime de exceção, ditatorial). O movimento do direito alternativo se colocava, então, como uma alternativa contra o *status quo*. Era a sociedade contra o Estado. Por isso, em termos teóricos, era uma mistura de marxistas, positivistas fáticos, jusnaturalistas de combate, todos comungando de uma luta em comum: mesmo que o direito fosse autoritário, ainda assim se lutava contra a ditadura buscando "brechas da lei", buscando atuar naquilo que se chamam de "lacunas" para conquistar uma espécie de "legitimidade fática".

Achávamos – e nisso me incluo – que o direito era um instrumento de dominação e da reprodução dos privilégios das camadas dominantes. Buscávamos, assim, tirar "leite de pedra". Até 1988, aqueles que militavam em alguma corrente crítica do direito apostavam numa espécie de "democracia judicial" pela qual se buscavam fortalecer as posturas acionalistas acerca do direito.

Em termos simples: na ausência de uma democracia "de direito", apostávamos na vivacidade dos fatos, na infraestrutura que determinasse a superestrutura. E, portanto, queríamos que os juízes não fossem a "boca da lei". Tenho defendido que com a vitória da democracia, não é necessário mais fazer esse tipo de aposta. Aliás, se eu fosse fazer uma escolha, no atual momento, melhor mesmo é que os juízes sejam a "boca que pronuncia a Constituição".

Pergunta 63

Sobre o papel do juiz pós-Constituição, o senhor quer dizer que precisávamos de um controle do juiz, mas também precisávamos de um juiz que fosse capaz de efetivar essa mesma Constituição? (B. A.)

Lenio Streck: Sim, de um juiz progressista, de um juiz que compreendesse isso, e que olhasse a Constituição com os olhos do paradigma do Estado Democrático de Direito, isto é, que visse a Constituição como norma. E que entendesse os princípios como deontológicos, e não como uma axiologia. Ou seja, aquilo que já se fazia na Europa há muito tempo e que apenas tardiamente chegou no Brasil. Enfim, era preciso que esse juiz olhasse a Constituição como norma.

Pergunta 64

Retomando a questão do solipsismo, concordo que ele é inimigo da democracia. Para seguir: Tenho ouvido e lido acerca de suas ideias sobre os princípios, sobre os embargos declaratórios, sobre o sujeito solipsista, o "decisionismo", enfim, e tenho visto que o professor, na verdade, não aponta para uma solução mágica nem irrealizável, mas apenas conclama a todos para uma mudança de atitude, no seguinte sentido: atenção, você é juiz, você é um agente político, um agente de Estado e, portanto, você não está decidindo algo para você. Não! Você tem que ter a consciência de que está inserido no mundo, em um sistema jurídico e político, o qual é maior que você e suas ideias particulares. (B. A.)

Lenio Streck: Eu diria ao juiz: você não está sozinho, os sentidos dos textos não são privados, de maneira que tudo que você diz são sentidos que se dão a partir de uma intersubjetividade e, portanto, não são seus.

Diria ainda ao juiz que ele chega tarde ao mundo, o mundo já está aí, e que ele vai lidar com isso. Então, veja, caro magistrado: assim como você não pode inventar os sentidos no seu cotidiano, ou seja, você não pode chamar xícara de ônibus, você não o faz porque você não é esquizofrênico. Então, por que é que, no direito, você se acha uma *"persona una"*? Este é um problema ontoteológico e isso dá outra discussão. Garapon chama a isso de clericalismo judicial.

Eu estou escrevendo um texto sobre esse tema, sobre o papel da ontoteologia na formação do imaginário do juiz que se acha uma *"persona una"* (e não *gemina*) e é pré-moderno neste sentido. Há um texto que escrevi para um livro em homenagem aos 80 anos do professor Ernildo Stein. O texto se chama *De como o positivismo tomou o caminho da ontoteologia,* e o livro tem o título de *Festschrift (Um tributo a Ernildo Stein) – Viveu às voltas com a metafísica e a fenomenologia.* Mostro, ali, que nós ainda não fizemos totalmente a secularização da modernidade.

Digo mais. O juiz ainda não se deu conta de que tem dois corpos. E que o "corpo juiz" é uma representação. Ele não é juiz vinte e quatro horas por dia. Não pergunto a ele, quando vou a juízo, o que ele, pessoalmente, pensa sobre o direito ou sobre minha causa. Do mesmo modo, quando o juiz vai ao Banco do Brasil e não se agrada do atendimento do gerente, não pode dar carteiraço ou prender o funcionário em flagrante, como ocorreu em um município do Rio Grande do Sul.

Pergunta 65

É isso. E tem juiz que acha que possui uma espécie de missão, algo que inclui uma ideia sobrenatural de escolha ou de unção. (B. A.)

Lenio Streck: Exato. Eu vi outro dia um menino de 25 anos, que foi primeiro lugar no concurso promovido por um dos TRFs. Ele assumiu em Brasília, e ele dizia assim: "eu agora estou angustiado, sem dormir à noite, pois como eu lidarei com esse ato, com esse ato isolado solitário da decisão?". Pergunto: que ato solitário da decisão? Quem ele pensa que é nesse sentido? Falo isso no bom sentido, ou seja, quem ele pensa que ele é no mundo da intersubjetividade. Nós tivemos duas guerras mundiais, nós lutamos, nós temos direitos de terceira e de quarta dimensão. Os sentidos são compartilhados, e alguém ainda acha que os sentidos são privados?

Caríssimo, Wittgenstein deve ser lido e relido. Com ele, aprendemos que não há linguagem privada. A segunda fase de Wittgenstein é uma blindagem antissolipsista. No fundo, trata-se de uma visão que não aproveitou nem mesmo a tese dos dois corpos do rei, tão bem trabalhada por Ernst Kantorovich. Desde 1495 que já se sabe que o rei tem dois corpos. O juiz também, ora. Mas se ele pensa que é dois em um, ele sequer secularizou. Trabalha ainda no interior de uma perspectiva teológica, como bem alerta Hans Albert. Incrível como nesse imaginário do solipsismo judicial estão presentes, ao mesmo tempo, a ontoteologia da metafísica clássica e o sujeito da certeza de si da modernidade. O que falta é a viragem ontológico-linguística.

Pergunta 66

Deveria haver, portanto, uma mudança de atitude, porque, quando o juiz vai decidir acerca de uma demanda que lhe foi apresentada, ele não pode, por exemplo, colocar ali as suas crenças. Vamos dizer que você seja religioso, no caso do julgamento do feto anencéfalo, se o juiz ou o Ministério Público se posta como um cristão fervoroso e diz "só Deus dá a vida e, portanto, só Deus tira a vida", então esse juiz ou esse procurador vai ser contrário ao aborto, vai se manifestar pela improcedência da demanda apresentada. O problema é que ele fará isso a partir de suas próprias crenças e valores, e não por meio do direito. (B. A.)

Lenio Streck: E a pergunta que eu faço, e faço para todo Brasil e para o mundo, é a seguinte: e será que a ação judicial busca saber a resposta do atual ocupante do cargo de Ministro ou do cargo de Procurador-Geral? Quando alguém ajuíza uma ação, não quer saber a opinião pessoal do atual ocupante do cargo. O que se demanda é uma resposta do "direito", da "estrutura".

Vou tentar ser mais simples ainda. Nós buscamos uma resposta de fora do juiz, e não de dentro dele. É importante dizer isso, para ser bem claro e delimitar o problema representado pelo autoritarismo do sujeito da modernidade. A pergunta, então, é dirigida para um direito que se estabelece a partir de uma cooriginariedade, de um ideal de "vida boa", da *eudaimonia* e não de "boa vida". Por exemplo, nós construímos textos sobre seres históricos, construímos a Constituição, nós temos responsabilidades com a Constituição. Então, se eu tenho a responsabilidade com a Constituição, mas, na hora H, eu aplico a minha concepção pessoal, aí entra o problema do solipsismo ou de suas vulgatas. O solipsismo é um inimigo da democracia. Faz sentido, pois não?

Pergunta 67

Tem uma decisão no Rio de Janeiro que aplica sua teoria da decisão, em um caso que parece um dilema moral, mas acabou sendo resolvido pelo direito. Fale sobre essa decisão (D. R.)

Lenio Streck: Essa decisão é importante. Falei dela em um seminário em Lisboa. Muita gente se surpreendeu. Vamos lá. Como venho dizendo, há uma pergunta fundamental que deve ser feita e que pode dar um indicador se a decisão é ativista ou não: a decisão, nos moldes em que foi/será proferida, pode ser repetida em situações similares? Sendo a resposta um "não", há fortes indícios de que estejamos a ingressar no perigoso terreno do ativismo.

Nesse sentido, conto o que ocorreu no Rio de Janeiro, em que o voto condutor do desembargador Alexandre Freitas Câmara mostra a tese da universalidade dos direitos fundamentais como pressuposto para a compreensão do caso. O juízo de primeiro grau havia concedido uma medida liminar, de acordo com o pedido apresentado pelo Ministério Público, com a finalidade de obrigar a administração pública, do município de Campos dos Goytacazes, a incluir a família de uma criança em programa de auxílio à moradia em função de esta ter sido vítima de abusos sexuais.

De acordo com a decisão, a administração pública deveria garantir acesso a moradia da menor, que atualmente vive em condições precárias e de risco, tendo em vista que já foi vítima de abuso sexual, e seu abusador reside próximo à sua casa. Apesar dos indicativos apresentados pelo MP de precariedade econômica e social em que a jovem se encontrava e, além disso, tendo supostamente sido vítima de estupro, as questões jurídicas que se colocavam eram as seguintes: haveria um direito fundamental à moradia para vítimas de estupro? Existiria universalidade nesse caso?

No agravo de instrumento apresentado pelo município, o voto do desembargador Alexandre Freitas Câmara primeiramente demonstrou que não haveria as condições para a concessão da liminar (*periculum in mora* e *fumus boni iuris*), para logo depois evidenciar que, diante da falta de universalidade, não haveria um direito fundamental à moradia para vítimas de abusos sexuais. De acordo com ele, "há direito fundamental – este, sim, universalizável – ao ressarcimento do dano; há direito fundamental ao afastamento do agressor. Nada disso, porém, foi pedido pelo Ministério Público. Não há, todavia, direito fundamental a uma nova moradia para vítima de violência".

O interessante é que, de acordo com o acórdão, o MP não chegou a se manifestar a respeito do crime de estupro de vulnerável por meio de ação penal contra o agressor, abrindo mão de perseguir o suposto autor do crime para preservar a vítima de novos casos de abuso. Ou seja, diante da ausência de universalidade de um suposto direito fundamental a moradia para vítimas de estupro, é possível afirmar que a posição do MP e do magistrado prolator da decisão agravada não se sustenta juridicamente, e que o voto do desembargador foi constitucionalmente correto.

Pergunta 68

Quais seriam os obstáculos para a consolidação de um pensamento constitucional na sociedade brasileira? (D. R.)

Lenio Streck: Há vários modos de identificar estes obstáculos. Poderíamos fazer referência a questões históricas, pelo fato de o Brasil ser uma democracia muito recente. Mas gosto de falar dos predadores externos [argumentos morais, de política e de economia] e internos [mercadologização do ensino, estandardização das decisões, discursos de eficiência no lugar de efetividades qualitativas]. Penso que eles são os responsáveis pela grande dificuldade que têm os juristas/juízes de levar o direito a sério, isto é, de cumprir a Constituição. Mas também isso é assim porque o Brasil fez importações teóricas equivocadas, como demonstro em *Verdade e Consenso*. Importamos mal a jurisprudência dos valores, a teoria da argumentação alexiana, o ativismo norte-americano, a metodologia savigniana e o neoconstitucionalismo. Este último, aliado com a jurisprudência dos valores e a ponderação alexiana, foram os responsáveis por essa praga contemporânea chamada pamprincipiologismo, essa fábrica de princípios que fragiliza o direito e que ainda vai se transformar em uma bomba de efeito retardado. Uma espécie de subprime do direito. Alguns setores exageraram. Por exemplo, o direito de família. Em nome da afetividade, tudo é possível. O Código Civil diante de um pamprincípio vira pó.

Pergunta 69

O senhor entende que exista algum instituto ou dispositivo "anacrônico" em nossa Constituição? (D. R.)

Lenio Streck: A Ação Popular. Em face de tantos outros mecanismos, é mais ou menos como achar que chá de erva resolve gastrite.

Pergunta 70

No geral, o senhor considera que as decisões do STF fazem muitas "mixagens teóricas e algaravias conceituais"? (D. R.)

Lenio Streck: Temos um problema muito sério que diz respeito à ideia de ponderação, para falar em uma das algaravias. Penso que o pior problema de mixagem teórica no STF diz respeito a este tema, que leva ao ativismo judicial. Um orientando meu, Fausto de Morais, fez uma tese de doutorado na Unisinos, em que demonstra que, em quase duas centenas de julgamentos do Supremo Tribunal Federal, é precário o uso do conceito de proporcionalidade, que acaba sendo sempre relacionado à ponderação. Só que não tem nada ou muito pouco a ver com Alexy. Há casos em que a decisão usa a ponderação. Aplicada corretamente a tese alexiana, a decisão deveria ser em sentido contrário. Um exemplo disso é o voto do Min. Barroso no HC nº 126.292. Nele, Barroso refere haver uma ponderação entre princípios da presunção de inocência com a (sic) "exigência de efetividade do sistema penal", e, sem levar em consideração o procedimento argumentativo que Alexy impõe ao intérprete, acaba concluindo que o primeiro tem uma força inferior ao segundo.

O que quero dizer é que, ao se utilizar da ponderação, o Min. Barroso decidiu que a execução provisória da pena aplicada a réu já condenado em segundo grau de jurisdição aguardando julgamento de recurso aos Tribunais Superiores não viola a presunção de inocência. Na prática, o que acabou ocorrendo foi um desrespeito explícito ao art. 5º, inc. LVII, da Constituição. Ali onde a Constituição diz "LVII – ninguém será considerado culpado até o trânsito em julgado de sentença penal condenatória;", o STF interpretou que "ninguém será considerado culpado até o julgamento do 2º grau de jurisdição". E o fez por meio da tão famosa ponderação, ainda que de forma simplificada.

Quero agregar mais uma coisa sobre a ponderação: o procedimento da máxima da proporcionalidade – que tem sua última etapa a famosa lei da ponderação – não é um problema em si, mas o modo como ela se desenvolve numa teoria procedimental. A ponderação apenas tem uma função explicitativa das possibilidades jurídicas nas quais o intérprete pode-se valer para resolver um caso de "colisão entre princípios", mas não fornece uma carga prescritiva para apontar qual posição seria mais adequada. A atribuição de peso aos princípios em colisão (que é o ponto central) é dado por uma teoria da argumentação de cunho procedimental, e não substancial. E é justamente nesse aspecto que Alexy se afasta de posturas substancialistas como a *Crítica Hermenêutica do Direito* e a teoria integrativa de Dworkin. Essa a razão pela qual, ao final da sua teoria da argumentação, ele admite haver espaços do "possível discursivamente", ainda que dentro desse terreno haja respostas antagônicas, ambas sob a tutela da "racionalidade procedimental".

Pergunta 71

Quais os perigos que julgamentos que violam a Constituição por parte do STF causam à democracia? (D. R.)

Lenio Streck: Todos. Vivemos sob um Estado Constitucional, fundado em pressupostos democráticos. Alguém aqui acredita que a Constituição brasileira seja ruim? Pode pecar pelo excesso, mas ela é riquíssima na garantia de direitos. A democracia é assegurada quando a Constituição é cumprida, caso contrário teremos um regime de exceção, que, por exemplo, pode ser formado pela postura do Judiciário em julgamentos nos quais assume um protagonismo indevido.

Um dos exemplos recentes é a tese do "estado de coisas inconstitucional". Essa tese parece mais uma pedra filosofal da interpretação, uma espécie de santo graal da hermenêutica. Por ela, tudo pode ser inconstitucional. Daí a pergunta: em um país como o Brasil, o que não é inconstitucional? O que dizer do salário mínimo, da segurança pública precária, do sistema de saúde e tudo o que você desejar colocar nesse rol. Vamos ingressar com uma ação invocando o ECI (estado de coisas inconstitucional) e determinar que o Poder Executivo cumpra? No fundo, até o nome soa estranho. Os juristas adoram retomar conceitos da metafísica clássica. Primeiro transformam o conceito em coisa, para depois dela tirar uma espécie de "essência". Por isso dizem que interpretar é retirar da lei tudo o que ela contém, como se fosse possível fazer aquilo que se chama, em alemão, de *Auslegung*, isto é, retirar de dentro – da lei – aquilo que está assentado, colado. Talvez por isso o nome da tese seja "estado de coisas". Reifica-se a noção de inconstitucionalidade.

Teses como o ECI, para mim, apenas vitaminam atitudes ativistas. Além desse caso, ainda podemos referir a recente decisão do

Supremo Tribunal Federal que, ao utilizar a famosa técnica da "ponderação", violou frontalmente o art. 5º, inc. LVII, da CF e decidiu pela possibilidade do início do cumprimento da pena de condenado em 2º grau de jurisdição, ainda que sem trânsito em julgado. A garantia da presunção de inocência foi transformada em pó depois dessa decisão. Soma-se a isso o caso do afastamento do Deputado Federal Eduardo Cunha, cuja liminar foi apreciada 05 meses após a sua interposição e fundamentada com argumentos de "excepcionalidade", suspendendo a autoridade da lei e da própria Constituição.

Pergunta 72

Por que há no imaginário jurídico uma subserviência epistêmica em relação ao que o STF decidiu? (D. R.)

Lenio Streck: Porque se acredita que o STF tem a última palavra. Vou esclarecer isso. Ele tem e não tem. Por exemplo, em matéria infraconstitucional, a última palavra – e acreditem em mim – é do Superior Tribunal de Justiça. Claro que, em matéria constitucional, ele decide por último e, por isso podemos dizer que ele possui a última palavra. Formalmente. Mas o papel da doutrina é fazer constrangimentos epistemológicos, justamente para questionar decisões equivocadas. O que falta nessa subserviência é reflexão crítica. Temos de utilizar aqui o Fator Julia Roberts, que, no filme Dossiê Pelicano, contesta o seu professor e diz: "a Suprema Corte errou nesse caso!".

Pergunta 73

O senhor considera a escolha de ministros por iniciativa exclusiva do Presidente adequada? Qual o melhor modelo? (D. R.)

Lenio Streck: No sistema presidencialista, pouco há a fazer. O presidente tem legitimidade de mais da metade dos votos. Por isso, indica os Ministros. Mas é claro que poderíamos melhorar isso ou minorar os solavancos do sistema, introduzindo critérios para as nomeações. Hoje uma vaga de Ministro do Supremo – e falo apenas do STF – é quase um estado de natureza. Quem não tiver apoios políticos é trucidado já na arrancada.

Pergunta 74

O Brasil corre o risco de se transformar numa juristocracia? (D. R.)

Lenio Streck: O contexto brasileiro é pródigo para isso, infelizmente. Como venho falando, temos dois fenômenos que demonstram bem esse risco: a judicialização da política e o ativismo judicial. Quando judicializamos em vez de fazer políticas, temos o Judiciário com as rédeas do governo. Quando o juiz decide por meio de argumentos pessoais, temos o Judiciário legislando. A situação é complicada e merece críticas. Não estou negando a importância histórica do Judiciário no Brasil; mas afirmando que vivemos sob uma democracia, não juristocracia ou judiciariocracia. A tese do estado de coisas inconstitucional é um sério sintoma de juristocracia.

O que vivemos, na verdade, é um positivismo jurisprudencialista, decorrente da aplicação de um empirismo jurídico, resquício de um realismo tardio. Em termos de metaética, vivemos sob o império de decisões proferidas a partir de um não cognitivismo moral.

Pergunta 75

Haveria um modo de refrear o ativismo judicial? (D. R.)

Lenio Streck: Penso que o constrangimento epistemológico exercido pela doutrina é fundamental. O julgador deve-se constranger ao tomar uma decisão fora dos parâmetros jurídicos (que é isso que constitui o ativismo). A doutrina deve voltar a doutrinar. Urgentemente. Inventei a expressão "constrangimento epistemológico" para e no direito. Hoje muita gente já começa a usá-la. Digo isso, de novo, agora, para registrar a patente (risos). No Brasil, só quem cita a fonte mesmo é a garrafa de água mineral.

Pergunta 76

Professor, se nós colocarmos o problema prático, nos termos da realidade no Brasil, como o senhor sabe, tendo em vista que além de professor, escritor e pesquisador, foi também Procurador de Justiça, então, nós temos juízes e promotores na casa dos milhares. Na Justiça Federal, por exemplo, nós somos cerca de dois mil magistrados. Assim, evidentemente, se nós colocássemos um mesmo processo bastante complexo para que os dois mil juízes o julgassem separadamente, sem que cada um soubesse da posição dos demais, é claro que teríamos duas mil sentenças diferentes e, dentre elas, nós teríamos uma quantidade grande de resultados diferentes em algum aspecto. Então, evidentemente, você não prega, nem acredita, creio eu, que exista alguma fórmula a ser seguida que faça com que seja possível que tenhamos duas mil sentenças iguais, dois mil resultados iguais. O que você clama é por uma mudança de atitude, no sentido de que o juiz pense: tenho que decidir isso aqui levando em consideração a tradição, tenho que decidir a partir de uma noção de integridade do direito, de coerência do que se fala, no sentido proposto pelo professor Ronald Dworkin. Isso sem falar na sua cruzada pelo respeito à Constituição. (B. A.)

Lenio Streck: Eu escrevi um livro agora, cujo título é *Lições de Crítica Hermenêutica do Direito*, que tem uma introdução de que eu gosto muito e que trata da questão do método hermenêutico, que é a reconstrução, é o revolvimento do jogo linguístico sobre o qual está assentada a tradição, para reconstrução da história institucional do fenômeno.

O que quero dizer com isso? Que se dois mil juízes forem decidir uma causa, os dois mil não vão dar a mesma decisão. Elementar isso. Resposta correta não quer dizer verdade apodítica, mas significa que, se dois mil juízes virem um barco, eles estão vendo um barco, não um ônibus, não uma onça, não uma bicicleta. Então, não é um conto. É um romance em cadeia. Se nós tivermos 5, 10 autores, os capítulos vão mudar, mas o personagem é o mesmo, de modo que, se ele foi morto no capítulo anterior, o próximo autor que escrever vai escrever com esta responsabilidade. Então, nós não fazemos contos, nem rapsódias, nós fazemos um romance em cadeia.

Eu fui à Itália, e uma professora bem solipsista e bem ceticista, porque o ceticismo nada mais é que uma hermenêutica negativa, uma ontologia negativa, dizia: "ah professor, nós dois estamos vendo um barco, mas cada um vê um barco diferente". E eu disse "aleluia, estamos vendo um barco, a senhora disse tudo, não é um tanque de guerra, não é um avião". Agora, falei para ela, vamos discutir sobre a cor do barco. Qual é o seu conceito de cor? E sobre tamanho? O que a senhora considera um barco grande? Quantos metros ele precisa ter para a senhora considerá-lo grande? Vamos começar a discutir e de repente nós podemos chamar um terceiro para olhar esse barco, um quarto, um quinto, e todos nós estaríamos examinando um barco. Que maravilha, aleluia, nós estávamos perto da resposta adequada à Constituição.

Pergunta 77

O senhor usa a expressão "resposta adequada à Constituição", enquanto Dworkin usa a expressão "uma resposta correta", traduzida por alguns como a "única resposta correta". Enfim, o senhor diz que a Crítica Hermenêutica do Direito já é uma teoria da decisão. Então, gostaria de saber em que sentido ela é uma teoria da decisão? (B. A.)

Lenio Streck: Na verdade, é assim: eu discuti esse assunto, mas eu avancei em relação a isso. Hoje estamos trabalhando, minha equipe e eu, já com uma espécie de antropofagia, ou seja, pegamos Gadamer, Heidegger e Dworkin e colocamos a questão assim: para nós, não há dúvida alguma, ou seja, para mim não há dúvida alguma, e também para os meus alunos que trabalham isso expondo e pesquisando. Estou convicto de que Dworkin é absolutamente caudatário de Gadamer. É falso achar que Dworkin não tem nada a ver com Gadamer. Toda noção que Dworkin tem sobre coerência e integridade está baseada nas questões de Gadamer. A sua tese interpretativa nada mais é do que essa terceira cadeira que se coloca entre dois grandes paradigmas.

Veja que até mesmo quando Dworkin vai falar sobre objetivismo moral, em seu livro *Justiça para Ouriços*, eu posso mostrar, hermeneuticamente, que esse objetivismo moral dele não é o da metafísica clássica, da ontologia. Eu posso demonstrar isso. Um aluno meu, Francisco Borges Motta, escreveu agora uma tese, uma belíssima tese sobre Dworkin, ele tinha essa dúvida e me mandou um *e-mail*. Respondi a ele, nas vésperas da defesa, e ele inseriu na tese. Então, com essa compreensão, eu digo que o objetivismo moral de Dworkin não tira dele a importância, a coerência e a integridade da sua própria obra. Se ele é interpretativista, se ele acabou exatamente de tentar superar esses paradigmas, ele não poderia falar em objetivismo no mesmo sentido da metafísica clássica. Veja a sutileza disso. Para ser mais simples: quando Dworkin se diz um objetivista moral, não é o mesmo que Atienza dizer que é um objetivista moral. Eles falam de lugares diferentes.

A hermenêutica é uma das coisas mais sutis que existem, porque ela é cheia de detalhes, porque, nas mínimas coisas, estão os giros, estão as circunstâncias que fazem com que a compreensão tome um caminho ou a compreensão tome outro caminho. Então, na teoria da decisão que você perguntava, eu acho que Dworkin tem uma teoria da decisão. Gadamer teria, se eu for a fundo. Eu teria que ter um auditório gadameriano só para falar sobre isso, porque eu teria que ter, digamos, uma espécie de auditório ideal para poder compreendermos que, quando Gadamer fala na autoridade da tradição e na possibilidade de verdade, ali tem a decisão. O seu antirrelativismo é a decisão, isto é, os meus pré-juízos que me constrangem são a condição de possibilidade da resposta correta ou adequada, porque ele fala várias vezes, e eu descobri isso. Se você pegar uns textos meus, você vai ver as partes que descobri quando ele fala em resposta certa. Eu cito em alemão e, depois, traduzo para o português onde ele diz quando a resposta é certa. E ele diz o seguinte: a resposta é certa quando eu já não me pergunto sobre ela. Isso é genial, porque é uma espécie assim, digamos, de uma cotidianização das perguntas e das respostas. Então, nesse sentido, seria uma teoria da decisão judicial. Mas aí para avançarmos, então, o que eu faço? Eu pego Heidegger, Gadamer, Dworkin, juntos os três e construo aquilo que chamo de *Crítica Hermenêutica do Direito – CHD*.

Pergunta 78

Eu queria falar agora um pouco do papel do valor e da moral na sua obra, gostaria de abordar a questão da cooriginariedade. Porém, antes, eu queria fazer só mais uma ponderação, no seguinte sentido: a filosofia hermenêutica e a hermenêutica filosófica a que você se dedica, assim me parece, elas não prescindiriam de uma teoria da argumentação. Você tem frisado muito isso em seus escritos, qual seja, que hermenêutica (filosófica) e teoria da argumentação não se confundem. Todavia, o hermeneuta, após interpretar, e outro ponto que você enfatiza muito é o fato de que o hermeneuta somente interpreta, porque, antes, ele já compreendeu. Enfim, após interpretar, o hermeneuta, vamos dizer, o juiz, ele vai ter que se expressar, ele vai ter que exteriorizar aquilo que interpretou, tudo aquilo que ele concluiu. Então, nesse sentido, parece que ele não pode prescindir da semiótica jurídica, da teoria da argumentação, da lógica jurídica, ou seja, ele terá que trabalhar com parâmetros que guiem a sua forma de se expressar, pois, do contrário, ele será um sujeito incompreendido, ele não conseguirá se expressar e falará mal sobre aquilo que pensou, e, assim, terá posto toda a hermenêutica abaixo. (B. A.)

Lenio Streck: Sim. Seria isso. A hermenêutica é o discurso de primeiro nível, estruturante, e a gente vai chamar isso de "o como hermenêutico" o "algo como algo" (*"etwas als etwas"*), e a teoria da argumentação é um discurso, digamos assim, de segundo nível, apenas explicitativo daquilo que você compreendeu. É "o outro como" (*"wie"*), é o apofântico (*"apophantische"*). Mas, qual é o problema? Eu posso dizer que não há incompatibilidade, mas que tem limites nessa discussão, porque o grande problema para mim e para os hermeneutas é que os juristas em geral se contentam com discursos de segundo nível. Se eu me contento com discursos meramente argumentativos, estou simplesmente colocando uma capa de sentido em um conjunto de enunciados que eu enuncio como eu quero. O grande problema é que eu tenho que controlar esse sujeito antes, porque esse sujeito da relação sujeito-objeto não morreu, eu não o substituo por uma estrutura, como fez Habermas ou como fez Luhmann. Essa é uma discussão que eu respeito, eu acho Habermas o democrata do século XX, mas não quer dizer que eu concorde com essa questão de que se possa substituir a razão prática e o solipsismo por uma razão comunicativa. A partir daí eu tenho que fazer discurso contrafático, etc. Não! Eu diria apenas que eu não tenho problema nenhum de ter que dizer que eu preciso de um elemento retórico, explicitativo para comunicar isso que eu disse. Tanto é assim que eu tenho um texto, não sei se você conhece, em um livro que eu e Stein organizamos e que se chama *Hermenêutica e epistemologia: 50 anos de Verdade e Método*, do qual já falei em outra resposta.

Nesse livro, meu tema gira em torno de se saber por que não há uma incompatibilidade entre epistemologia e hermenêutica, pois é possível fazer epistemologia na hermenêutica, na medida em que eu explicito aquilo que eu compreendo, e eu preciso explicitar. O grande problema do direito – e vou dar um exemplo concreto disso – é o seguinte: se eu me contento com um discurso de segundo nível, eu caio na armadilha, por exemplo, dos códigos de processo, os quais, ao apostarem no livre convencimento, dizem que ele é motivado. Não adianta, eu posso ser o melhor "motivador", eu posso ser o melhor "justificador", mas se o discurso foi montado livremente, não adiantará, pois eu não recupero o *deficit* democrático que se deu no primeiro nível. Esse é o ponto só. Só esse é o ponto.

Pergunta 79

Professor, voltando a falar um pouco mais da cotidianidade das práticas jurídicas, afirmo que em certo sentido, os juízes decidem sozinhos. Não, necessariamente, naquele sentido do sujeito solipsista, que decide somente a partir do seu próprio mundo. Ele decide sozinho, porque ele, sozinho, tem que compreender o caso e ele tem que se situar no tempo e no espaço, ele tem que conhecer a tradição em que ele vive, ele tem que conhecer a realidade social, a realidade política, a realidade econômica, etc., e ele tem que contextualizar as normas, a Constituição, e isso é uma tarefa realmente hercúlea e o juiz brasileiro já começa em total desvantagem. As nossas faculdades não ensinam, por exemplo, nada sobre o constitucionalismo latino-americano. Eu nunca vi uma que fizesse isso na graduação. Nós não estudamos nem a nossa história. Os alunos da graduação, na média, não sabem nem a história do Brasil, muitos não conseguem se situar nem no contexto em que vivem. Os juízes, evidentemente, têm um nível bem melhor, assim como os professores e os advogados. Todos, contudo, são originários dessa mesma realidade educacional deficitária, "manualesca", da cultura do resumo, do caderno, do ensino rasteiro e malconduzido, como o senhor vem denunciando. Então, parece muito distante do jurista médio operar a partir do marco teórico de que estamos tratando. Como poderíamos transformar esta realidade? (B. A.)

Lenio Streck: Conforme já afirmei anteriormente, essa questão do ensino jurídico é um escândalo. Se nós fossemos médicos, ainda não teríamos inventado a penicilina. E essa é uma questão muito velha, não é? Nós estamos atrasados efetivamente, eu não tenho dúvidas disso. Eu até escrevi duas colunas no Conjur, a respeito de como seria o aluno ideal e qual seria o professor ideal. Isso também está no volume III da coleção *Compreender Direito – Nas Brechas da Lei*.

Mas voltando à questão dos juízes, penso que é possível fazer um conjunto de perguntas, as quais os juízes têm que responder a cada decisão. Tenho feito isso, de algum modo, no meu *Jurisdição Constitucional e Decisão Jurídica*. Há um capítulo sobre isso e a minha tese é a seguinte: os juízes devem-se dar conta de que eles não escolhem, mas que eles decidem, bem como que eles não devem resolver dilemas morais, de que isso não importa. Eu tenho trabalhado isso por meio da ideia dos "dois corpos do rei", exatamente para mostrar que há o "corpo representação", a coisa-juiz, que se apresenta em público, que profere decisões, e há o juiz em sua vida privada, em suas concepções pessoais.

Li, dia desses, na Revista Eletrônica Consultor Jurídico, um ex-Desembargador Federal dizendo que juiz é juiz 24 horas do dia. Ora, essa é a confissão de que estamos ainda na pré-modernidade. Quer dizer que o juiz, na sala de aula em que leciona, é juiz? Pode ser desacatado por um aluno? E no açougue, quem discutir com ele também o desacata? O Brasil está atrasado mesmo. Em Henrique VII já sabia da necessidade de separar os dois corpos do rei. Juiz tem responsabilidade política. Ele decide. Não escolhe segundo suas convicções. Deve dizer o que a linguagem pública lhe diz. E não deve importar o que ele, particularmente, pensa sobre o direito. Moral é uma coisa contingente. Valores todos têm. Moral, enfim, o valor não corrige o direito.

Em suma, na vida privada, o juiz pode pensar o que quiser, na vida pública, não, ele tem o segundo corpo, ali ele não faz dilemas morais, ele não opera a partir de sua visão pessoal. Ora, quem faz dilemas morais sou eu, o cidadão. O juiz também, mas ele faz dilemas morais com sua esposa, com seus amigos no bar, ele faz isso com o Michael Sandel (risos), ou seja, ele decide se mata ou não mata o gordinho como escolha moral. Todavia, quando ele vai decidir no exercício da sua atividade jurisdicional, o direito vai lhe dar critérios, ou seja, ele sempre vai ter um modo de se inserir no direito sem as suas escolhas pessoais morais, porque escolhas não são questões democráticas, e os critérios postos pelo direito não estão à disposição dele, de nenhum juiz.

Pergunta 80

Esse ponto é muito relevante, é fulcral, como o senhor diz. Enfim, o juiz, como agente político, tem a função constitucional de decidir as demandas que lhe são apresentadas, e ele deve exercer suas funções, evidentemente, a partir da Constituição e das demais normas jurídicas. Todavia, é inegável que o juiz também tem seus sentimentos e suas intuições, e uma delas é a intuição da justiça, o sentimento de justiça, digamos assim. O juiz, por exemplo, tem o sentimento de que ele deve atuar com justiça, ou seja, ele sabe que, no exercício da jurisdição, seu papel é tentar compreender e interpretar normas e fatos, porém ele quer fazer isso com justiça e aí, talvez, seja inevitável que surja um toque pessoal dele nas decisões que toma. A grande maioria dos juízes brasileiros pensa assim. Dessa maneira, como a justiça é uma ideia moral/ética, como é que o juiz vai evitar transpor para a decisão seus próprios dilemas morais, como é que ele vai se abster de tomar posição perante os dilemas morais que ele enxerga nas causas que decide? (B. A.)

Lenio Streck: De modo simples e direto: O que eu acho é que temos que entender que a moral não corrige o direito. Aliás, se a moral corrige o direito, quem corrige a moral? Eis o dilema. Por isso, é melhor acreditar no elevado grau de autonomia do direito. Ou mudar de profissão (risos).

Claro que o juiz deve decidir com justiça. Mas, o que é isto – a justiça? Com certeza, dez juízes darão diferentes conteúdos à palavra justiça. É por isso que juiz não deve corrigir o direito pela moral. À pergunta de como o juiz vai evitar a transposição de seu sentimento pessoal para a decisão, a resposta é simples: ele deve responder conforme o direito, isto é, conforme a Constituição, as leis, a jurisprudência e o constrangimento feito pela doutrina acreditada. Veja: por qual razão é que o positivismo exclusivo ainda é a teoria dominante no mundo? Por causa do risco da correção do direito pela moral. Os positivistas exclusivos aqui do Brasil mostram bem isso. Por isso é que, para frear esse estado de exceção interpretativo, cheguei a propor uma aliança entre a CHD e o positivismo exclusivo. Tudo porque ambas as teses não admitem que a moral corrija o direito. Não estou dizendo com isso que o juiz deve seguir cegamente a lei. Como já expliquei inúmeras vezes, isso é coisa do século XIX. Há vários modos de enfrentar o problema da inadequação das leis à Constituição. Há dezenas de textos meus que explicam isso. O juiz deve examinar as seis hipóteses pelas quais ele pode deixar de aplicar uma lei, se for o caso, fazer as três perguntas fundamentais e examinar tudo isso à luz dos cinco princípios/padrões interpretativos que fiz constar em *Jurisdição Constitucional e Decisão Jurídica* e em *Comentários à Constituição do Brasil*, na Introdução.

Pergunta 81

Exatamente. A questão do equívoco da "fórmula Radbruch" a que o senhor se refere em seus textos. Enfim, a pergunta, então, poderia ser formulada nos seguintes termos: qual é o papel da justiça para a hermenêutica? (B. A.)

Lenio Streck: A questão da moral é uma invenção da modernidade. A hermenêutica não está preocupada diretamente com essas questões, porque essas questões se dão todas em um "*a priori*" compartilhado, no-modo-próprio-de-ser-no-mundo, em que o homem se localiza. A partir disso, ele vive bem ou ele vive mal. Agora, o que a hermenêutica não vai querer discutir, e Habermas também não, são os valores. Valores são questões contingenciais, e os valores são perniciosos. Enfim, é uma interpretação errada essa. São ideias neokantianas. Para registrar: a fórmula Radbruch é o sintoma maior da tentativa de corrigir o direito pela moral. Uma lei extremamente injusta não é lei. Ou a lei é justa ou lei não é. Algo que já estava em Leibniz: é um pleonasmo dizer que a lei é justa. Essa tentação de corrigir moralmente o direito. Radbruch foi um homem de seu tempo. Hoje, em tempos de Constitucionalismo Contemporâneo, em que as Constituições garantem direitos fundamentais e sociais, as tentativas de correção externa das normas jurídicas são uma forma de praticar ativismos judiciais. Na medida em que entre direito e moral existe uma cooriginariedade, não faz qualquer sentido haver uma preponderância da moral quando a norma jurídica ordena justamente o contrário.

Pergunta 82

Eu trago o seguinte exemplo à discussão. Recentemente, interpretando a Lei nº 8.742/93, a Lei Orgânica da Assistência Social, o STF julgou *contra legem*. Ficou dito que, para fins de aferição da miserabilidade, o critério legal da renda mensal familiar *per capita* de ¼ do salário mínimo estaria defasado. E o STF chegou a tal conclusão levando em conta outros programas assistenciais que o Governo Federal mantém. Então, o STF, alterando o critério legal, fixou o critério em meio salário mínimo. Eu, atualmente, estou exercendo minhas funções de juiz federal perante a Turma Recursal da SJPB e lá nós julgamos rotineiramente demandas envolvendo esse tipo de questão. Gostaria, então, de saber de você o seguinte: esse julgamento *contra legem*, o qual o STF levou a termo, certamente, em nome da justiça, seja lá a que justiça esteja se referindo, se justiça social ou algum outro tipo, isso não é uma forma de hermenêutica, ou seria um problema mais relacionado à, vamos dizer assim, forma de se entender o direito, à função do direito, algo que a gente não conversou aqui, mas aí eu aproveito e também já pergunto, qual é a função do direito? Qual é a função do processo, qual é a função da decisão judicial? A decisão judicial tem alguma função pacificadora? Ela tem algum compromisso com a verdade? É possível se falar em algum tipo de verdade no plano processual, no plano do exercício da jurisdição e da decisão judicial? Mas voltando à primeira pergunta: a questão da justiça é um problema hermenêutico? (B. A.)

Lenio Streck: Vamos por partes. Primeiro, sim, claro que foi equivocada a decisão. Parece-me que, no caso, foi feita uma interpretação conforme. Eu não lembro bem. Esse dispositivo seria constitucional se entendido no sentido de que o valor tem que estar dentro de uma reconstrução da história institucional daquilo que seja o mínimo existencial para os destinatários deste benefício assistencial. O problema é que essa história institucional não foi devidamente submetida aos efeitos da história sobre o Tribunal, aquilo que Gadamer chama de *Wirkungsgechichtlis Bewusstsein*. E a tradição não fez uma boa entrega, no caso. O STF deveria investir em um melhor entregador, se me entendem, fazendo aqui uma ironia com o conceito de tradição como entrega, um *delivery* epistêmico.

Seguindo, você pergunta acerca da função do direito. A Constituição é um lugar para encontrarmos a função do direito. Por exemplo, ali consta que o Brasil é uma República que tem o objetivo de fazer justiça social, diminuir a pobreza, etc. O papel, então, é de emancipação.

Também indaga sobre a função do processo e qual seria a função da decisão judicial. O processo é tudo, menos instrumento, como querem algumas correntes do processualismo. Processo é condição de possibilidade. Ele não pode estar à disposição do juiz. E nem das partes. Se o processo é um instrumento, cai-se em uma contradição ou em um paradoxo: ele se torna desnecessário, porque se sei da resposta antes da pergunta (o caso jurídico a ser decidido), então o processo é apenas um enfeite para justificar decisões teleológicas e/ou consequencialistas. A decisão judicial é produto do processo, e não este um instrumento para a decisão.

Ainda quer saber se a decisão judicial tem alguma função pacificadora, e eu respondo que não creio que a decisão tenha essa pretensão de pacificar a sociedade. Isso seria uma apreciação moral acerca da função da decisão. Contingencialmente, pode até a decisão pacificar.

Por fim, você quer saber se a decisão tem algum compromisso com a verdade e se é possível se falar em algum tipo de verdade no plano processual, no plano do exercício da jurisdição e da decisão judicial. Como venho dizendo de há muito, sempre há uma pretensão de verdade no processo de compreender. Grondin, um dos melhores intérpretes de Gadamer, diz que uma teoria hermenêutica que não tenha a pretensão de verdade não tem o mínimo sentido. As partes fazem agir estratégico e delas não se deve esperar argumentos verdadeiros no sentido epistêmico da palavra. Entretanto, o juiz tem responsabilidade política e deve procurar decidir a partir do direito visto na sua melhor luz. Decidir por princípio é meio caminho para uma decisão correta, enfim, para alcançar uma resposta adequada à Constituição. O solipsismo e suas variações do esquema sujeito-objeto são incompatíveis com a verdade. Esta só é possível a partir de uma linguagem pública e de um *a priori* compartilhado. Portanto, a linguagem, vista a partir da intersubjetividade, é a condição para alcançar esse patamar de discurso verdadeiro.

Pergunta 83

Ainda sobre a questão anterior sobre a interpretação conforme que o STF fez sobre o benefício mínimo, indago: a Constituição não trata desse tema com essa especificidade? (B. A.)

Lenio Streck: O Supremo Tribunal fez uma construção. E como teve dificuldades na reconstrução da história institucional do objeto em pauta, o resultado acabou causando essa estranheza. De fato, não é fácil construir respostas quando os parâmetros são dúcteis ou até, por vezes, inexistentes. A hermenêutica não tem esse problema. Se houver uma lei que diz que todo brasileiro tem direito a um monte de trigo, a hermenêutica não vai ter problema. A grande questão é que a dogmática jurídica vai ideologizar isso, vai ter alguém conservador que vai diminuir o número de grãos e vai ter alguém progressista, que vai querer dar o número máximo de grãos. Como é que se constrói uma metáfora? Eu vou construir essa questão a partir daquilo que eu necessito de calorias por dia e dos grãos necessários para fazer aquele número de calorias que uma pessoa necessita, na medida em que ela foi enquadrada como necessitada para receber um monte de trigo. Então, a Constituição, com relação ao LOAS, não diz o valor, mas existe uma história institucional a ser reconstruída, a partir de desleituras que se vai fazer sobre o modo que se faz, que não apresenta nenhuma dificuldade maior.

Pergunta 84

Mas isso não vai, fatalmente, desembocar no "decisionismo", na discricionariedade? (B. A.)

Lenio Streck: Não. Não é discricionariedade, porque existem parâmetros sobre assistência social, aliás existem muitos parâmetros de assistência social, o bolsa-família, por exemplo, entre outros. Tudo isso que mostra que, no mínimo, seria inconstitucional a previsão de um quarto de salário-mínimo, porque se você comparar, no plano da isonomia ou da igualdade, com a bolsa-família, você, por exemplo, veria que é inconstitucional. Por isso, o STF disse que não dá para declarar inconstitucional, porque fica um vazio. E o que eu faria? Eu faria uma *Appellentscheidung*, ou seja, um apelo ao legislador. O que isto quer dizer? É uma declaração de inconstitucionalidade sem pronúncia de nulidade, apelando ao legislador para que o legislador fizesse aquilo que agora cai no vazio. Se ele não fizesse, aí sim, se faria como na Alemanha. Só que, na Alemanha, sempre o legislador acaba fazendo.

Por exemplo, qual é o critério, na Alemanha, para o mínimo existencial, que é um conceito que eles têm e que nós não temos, porque nós temos direitos fundamentais elencados. Outro dia disseram na Alemanha que era inconstitucional a lei que tratava do mínimo existencial, porque faltava a internet. Qual é o critério da internet? O critério de certa tradição que se forma. O que é a democracia? Nós sabemos o que é o Estado Democrático de Direito. Embora eu não possa matematizar o que é o Estado Democrático de Direito, eu sei o que ele é. Aliás, eu nem me pergunto sobre ele, porque ele já está comigo. Se nós pegarmos o sentido de que um quarto de salário-mínimo é pouco, não há aí nenhum "decisionismo", tampouco há ativismo. O que há é uma judicialização da política, em que os critérios para se resolver a questão da miserabilidade estão no sistema. Toda essa discussão que estamos tendo aqui é muito boa para mostrar que a hermenêutica (e a *Crítica Hermenêutica do Direito*) se distancia totalmente das questões sintático-semânticas do século XIX, embora ela, em determinadas circunstâncias, tenha como foco a força normativa da constituição, exatamente como um *"break"* contra aquilo que é a perda de direitos. Então, os limites hermenêuticos são absolutamente relevantes para a construção, digamos, daquilo que é o mínimo de um texto para preservar garantias, porque a Constituição é vista como garantia do cidadão.

Pergunta 85

Eu acho essa discussão também muito oportuna para deixar claro que você não prega a diminuição dos poderes dos juízes ou a diminuição do papel da jurisdição. Acho que muitos não estão compreendendo essa sua postura. É claro que o juiz, por exemplo, quando julga, é chamado a dizer o que é a dignidade, o que é a igualdade, o que é moralidade administrativa, e vai ter que responder isso, porque são questões, muitas vezes, cuja resposta é necessária para a decisão judicial. Mas, voltando ao começo da nossa conversa. O que você prega, enfim, é uma mudança de postura, ou seja, no sentido de que o juiz deve trabalhar dentro de um contexto, levando em conta a história, a tradição, a partir de uma perspectiva de integridade e de coerência do direito e do discurso. (B. A.)

Lenio Streck: Sou da "base aliada" dos juízes. Tudo o que escrevo é a favor da jurisdição e, especialmente, da jurisdição constitucional. Apenas critico o modo de decidir, quando enverada por caminhos subjetivistas, deixando de lado a lei e a Constituição ou as duas coisas juntas.

Quando Gadamer diz "se queres dizer algo sobre um texto, deixa que o texto te diga algo", ele não está, efetivamente, somente se referindo ao texto em sua acepção comum. Você pode pegar essa frase dele e entender da seguinte forma: se você está vendo aquela árvore, que é um texto, ela está te dizendo alguma coisa, deixe que ela te diga algo, porque você não pode dizer que ela é um caminhão. Bingo! Você é chamado, interpelado pela coisa-árvore, há uma interpelação para uma apropriação de sentidos.

Você é provocado para que se aproprie dos sentidos, e é por isso que Heidegger vai dizer que a interpretação é um roubo, *das Raub* em alemão. Você tem que ficar com essa *res furtiva*. Agora, você não pode, ao ser interpelado, adonar-se da coisa, ou seja, não pode se apossar dela e a nominar como você quer. Esse é o erro.

Pergunta 86

Eu gostaria de compartilhar mais um dos muitos dramas que os magistrados vivem na prática e para isso vou citar um caso criminal. Já estou na magistratura federal há dez anos e, nesse tempo, pude exercer todas as competências desse ramo do Poder Judiciário. Pois bem, certa feita, eu estava fazendo uma audiência criminal, o caso tratava de crime contra a ordem tributária. Estávamos no interrogatório da ré, ela era proprietária de uma escola, um estabelecimento de ensino médio. Estava sendo acusada pelo MPF com base no artigo 1º da Lei nº 8.137/90. O interrogatório dela foi dramático, chorou muito, passou mal. Foram necessárias umas duas interrupções para que ela fosse atendida. Ela, no entanto, se recuperou e disse que queria prosseguir. Respondeu a todas as perguntas com muita convicção. Ela alegou que não houvera praticado crime algum, e que o problema fiscal havia ocorrido em razão da inadimplência dos pais dos alunos. (B. A.)

Lenio Streck: E ser réu é ruim! As misérias do processo, para o bem ou para o mal, sempre estão presentes em qualquer réu. É um sofrimento ser réu. Carnelutti tinha razão nisso.

Pergunta 87

Enfim, ela disse, na ocasião, que não pagou o tributo porque não tinha caixa para isso. E a audiência foi longa. O MPF entrou em todos aqueles detalhes próprios de situações como esta, ou seja, perguntou pelo patrimônio pessoal da acusada, indagou a respeito de eventuais laranjas, perguntou pelo padrão de vida da ré, se ela havia tentado equacionar a questão fiscal, a partir do corte de gastos pessoal ou da pessoa jurídica, se havia tentado parcelar, etc. No final, não conseguiu extrair dela nada que a comprometesse. Mas havia o processo administrativo fiscal, e ele pesava contra a acusada. Quando a audiência acabou, eu saí com a sensação de que estava diante de um caso de "inexigibilidade de conduta diversa". Seria, portanto, um caso de absolvição. No momento de proferir a sentença, todavia, constatei que a defesa havia sido um desastre. Não juntou nenhuma prova e não conseguiu apresentar qualquer argumento no sentido da inexigibilidade de conduta diversa. A defesa foi péssima e não apresentou nada que pudesse desconstruir a tese da acusação e os documentos da Receita Federal. A acusação havia construído uma realidade, havia prova e, portanto, não se tratava de um caso em que houvesse dúvida sobre a desincumbência do polo ativo quanto ao seu ônus probatório. Mas, em suma, a defesa não conseguiu, minimamente, recriar no processo aquela realidade narrada, em seu interrogatório, pela ré. Em casos assim, não tem como o juiz deixar de condenar. Aquela intuição que o juiz teve, ele não conseguiu ver materializada no processo. Outro ponto que é dramático para qualquer juiz é aquele relacionado com a aplicação da pena, porque o Código Penal não traz parâmetros suficientes, especialmente no que diz respeito às circunstâncias judiciais. É tudo muito vago e aberto. Enfim, professor Lenio, eu estou lembrando disso tudo para dizer que, na prática, também em questões penais, não é fácil para o juiz "não ser solipsista", não é fácil o julgamento. (B. A.)

Lenio Streck: Essa questão da aplicação da pena é assim, porque nós não construímos doutrinas para isso. A gente constrói doutrinas para saber o que é carnaval, o que são quesitos para o carnaval. Nós sabemos muito mais sobre carnaval. Temos quase uma teoria ou uma epistemologia sobre o carnaval. Quando desfila uma escola de samba, nós temos uma doutrina sobre escola de samba, mas não temos doutrina sobre insignificância, não temos doutrina sobre a pena, doutrina sobre *habeas corpus*. Nós já devíamos há muito tempo ter uma tradição jurídica para esses temas. Tradição jurídica, obviamente, entendida a partir de Gadamer. O que é que me constrange para eu dizer que isso aqui é uma garrafa? A tradição. Por que eu não digo que a garrafa é um ônibus? Mas por que é que não temos uma tradição para saber sobre o artigo 59 do CP? Por que esse dispositivo continua tão aberto? Sabemos valorar o quesito fantasias e adereços e não temos condições de dizer quando um furto é insignificante. Quanta incompetência.

Pergunta 88

Entendo que uma das dificuldades que encontramos está, como o Senhor mesmo adverte em seus livros, no fato de que nós vivemos uma modernidade tardia, onde as promessas constitucionais, as promessas do Estado do Bem-Estar Social não foram cumpridas. Então, todo mundo corre para o juiz, e ele tem que efetivar a Constituição. (B. A.)

Lenio Streck: Eu não tenho dúvida disso. Esse é o problema, mas mesmo assim, muitas vezes, ao dizer não, ele também decide.

Pergunta 89

Sim, mas, em certas circunstâncias, eu acho muito difícil, para um juiz, dizer não. (B. A.)

Lenio Streck: Mas esta é a questão, o juiz não deve fazer dilemas morais. Ele tem que ser duro nisso. Quem faz dilemas morais são os filósofos morais. Sempre aparece alguém para falar, por exemplo, do Michael Sandel, que vende um montão de livros para os juristas. O que é fazer a coisa certa? Perguntará Sandel em um dos seus livros. Em muitos cursos de graduação e pós, estão discutindo os dilemas morais que o professor de filosofia de Harvard levanta, como se isso fosse uma discussão de e sobre o direito. Rechaço isso. Os exemplos apresentados pelo Sandel tais como o *"Trolley Dilemma"* (Dilema do Vagão) servem como pontos de partida para a problematização acerca dos sistemas éticos. Ou seja, tem uma finalidade didática e uma abordagem específica.

Para delírio de operadores do direito – e estou usando a palavra com um tom um tanto sarcástico, confesso – os exemplos acerca das "escolhas morais" que devem ser feitas fluem como se fossem um bálsamo. A partir dos exemplos de Sandel, já começam as adaptações. E os ativismos. E os decisionismos. E, lógico, as "escolhas" erradas. Claro que às vezes, a escolha é acertada. Mas um relógio parado também acerta a hora duas vezes por dia.

Vamos falar disso. Vem Sandel e diz: você está em um trem que tem pela frente cinco pessoas... Mas tem um desvio que pode ser feito, onde está um gordinho... O que você faz? Salva as cinco pessoas, matando o gordinho? Na sequência: e se você está em uma plataforma do trem e este matará cinco pessoas... Mas você pode salvá-las, derrubando um gordinho sobre os trilhos, parando, assim, a trajetória do trem. No primeiro, as pessoas dizem que matariam o gordinho; na segunda, não, porque teriam que empurrá-lo... Ou não. E daí? O que isso tem a ver (diretamente) com o direito? Serve, sim, para discutir filosofia moral e correlatas; mas, para o direito, uma aplicação direta só fragiliza sua autonomia.

Retomando, eu acho que as lições de Sandel, se bem lidas, fazem (muito) mais bem do que mal ao debate público e, mesmo, à argumentação jurídica. Mas seus exemplos devem ser lidos com uma advertência (deveriam carregar uma tarja): "você, que escolhe se mata ou não o gordinho, não está agindo como um jurista". O agente moral que deve fazer esta escolha não representa um juiz em sua tomada de decisão enquanto agente público. Desenvolvo isso *ad nauseam* em *Jurisdição Constitucional e Decisão Jurídica*.

Voltemos ao exemplo do gordinho e à eventual moralidade do assassinato. Sandel utiliza esse problema para ilustrar as posturas utilitaristas. A morte de uma pessoa seria preferível à morte de cinco. Porém, a audiência não consegue universalizar esse princípio: a maioria fica desconfortável em assumir a responsabilidade por empurrar o gordinho nos trilhos; e isso leva a reformular, ou a refinar, o argumento inicial de que a vida de muitos vale mais do que a vida de um só. Não precisamos ir muito longe para sermos apresentados a uma versão preliminar do conceito de dignidade humana, pela qual a vida humana tem uma dimensão não instrumental.

Certo. Mas um jurista não está em condições de fazer este tipo de escolha fundamental (entre o utilitarismo e a dignidade, por exemplo). Para ser bem claro sobre esse ponto: já há um sistema (de regras, princípios, etc.) que lhe antecede e que lhe coloca em condições de dizer algo. Ninguém quer saber se o juiz do caso é pragmaticista, consequencialista, ou se ele age com base em princípios morais (Quais? De quem?). Melhor dito: o direito democrático não pode depender disso.

É claro que, dada a cooriginariedade entre direito e moral, e o fato de o comando jurídico não poder contrariar o conteúdo moral, apesar de com este não se confundir, o argumento jurídico será, radicalmente, moral. Por isso Dworkin irá ainda mais longe e dirá que o direito é um *brunch* da moral. Mas atenção: a moralidade que o jurista articula quando argumenta não é a sua moralidade privada; não é a mesma que governa suas escolhas pessoais. A moralidade pública e política é outra e gira, em Estados Democráticos, em torno de um sistema de direitos. Você tem ou não tem um direito? Essa resposta depende de uma argumentação moral, e o juiz tem a responsabilidade política de desenvolvê-la de forma adequada. Não depende de uma escolha.

Pergunta 90

Deixa eu dar um exemplo para tentar ilustrar esse ponto. Certa feita, eu estava em uma audiência criminal, ali por volta das 19h, era uma audiência longa, que havia começado no início da tarde. No final dessa audiência, já bastante cansado, alguém da equipe de assessoria chega e diz: acaba de chegar um caso aqui de extrema urgência. Quando eu li a petição inicial, percebi que o assessor realmente tinha razão. Tratava-se de uma ação civil pública proposta pelo Ministério Público Federal. Havia um pedido de liminar em favor de uma criança recém-nascida. Ela tinha um defeito chamado de "transposição dos grandes vasos", acho que é essa a expressão médica. Trata-se de uma cardiopatia congênita e, segundo o laudo médico que acompanhava a inicial, a indicação era cirúrgica, sob pena de morte iminente. Então, na inicial, o MPF narrava que, na Paraíba, não havia serviço médico para a realização de um procedimento como aquele. Pedia-se uma ordem judicial que determinasse o deslocamento da criança de imediato, via UTI aérea. Só havia quatro lugares aptos para receber aquela criança: Paraná, Pernambuco, Rio de Janeiro e São Paulo. Era um caso de "vida ou morte", portanto, e tinha que ser resolvido em questão de horas. A gravidade tinha como pano de fundo a própria deficiência das políticas públicas da União e do Estado, pois não havia o serviço médico para atender aos cidadãos. Não somente àquele, mas a qualquer um. Àquela altura da noite, contudo, e já passava das 20h, não havia muito o que fazer. Eu pus o processo debaixo do braço e fui para casa, pensar em uma solução efetiva para aquela demanda. Havia ali muitos dilemas jurídicos e morais nas minhas hipóteses de trabalho. No dia seguinte, por volta das 8h, chego na Justiça Federal e chamo o Diretor de Secretaria. E digo a ele o seguinte: "ligue para o MPF, para a AGU, para a PGE, para o Secretário de Estado da Saúde. Ligue também para o médico que está assistindo à criança. Explique do que se trata e diga a todos eles que haverá uma audiência, ainda agora pela manhã, às 11h de hoje e que o juiz gostaria que todos estivessem presentes". Então o Diretor perguntou: "vamos fazer assim, sem mandado, sem nada? Sem respeitar o prazo mínimo do CPC quanto a intimações para comparecimento em audiência? Vai funcionar?". Eu disse: "não sei, vamos tentar. Se não funcionar, a decisão judicial já estará pronta às 11h". E o meu receio era com relação à demora no cumprimento de eventual decisão judicial, porque o nosso sistema é muito burocrático. Quando da intimação, a criança já poderia estar morta. Bem, o que ocorreu foi que, às 11h, estavam todos na sala de audiência. Ninguém deixou de comparecer. Houve debates. O MPF era muito aguerrido. A PGE ainda quis defender os velhos argumentos da "reserva do possível", da legalidade orçamentária, do efeito multiplicador de demandas, a tese das "escolhas trágicas". Enfim, muitos dilemas jurídicos e morais foram ali levantados. O tempo passava. Eu mediei esses debates, mas lembro-me de haver dito o seguinte: "todos nós conhecemos, respeitamos e compreendemos as questões e argumentos suscitados aqui hoje pelo Poder Público, mas digo-lhes, tenham certeza, nenhum juiz vai deixar uma criança vir a óbito por causa de algum entrave burocrático, e eu não penso de maneira diferente. O que está em jogo aqui", prossegui, "é a efetivação de direitos fundamentais, os quais são destinados aos cidadãos, os quais justificam até mesmo a própria existência do Estado que vocês estão representando aqui, em Juízo". Depois de um longo debate, o caso foi resolvido ali mesmo, mediante acordo. O então Secretário de Estado da Saúde era uma pessoa muito consciente e estava querendo ajudar. O acordo foi assinado e, às 17h, a criança já estava embarcado para São Paulo, onde seria operada no dia seguinte. E a medida acabou se revelando universalizadora, como você prega, porque, seis meses depois, houve outro caso e que teve igual desfecho. Pouco tempo dois, o Estado da Paraíba instalou o serviço médico na rede pública, e o MPF não precisou mais ajuizar uma demanda daquelas. Então, em um caso como esse, nós teríamos um caso de "ativismo judicial", no sentido negativo do termo, ou teríamos um caso de efetivação dos direitos sociais? (B. A.)

Lenio Streck: Inicialmente, digo que a hermenêutica não pode ser oportunista nas respostas. Neste caso, eu respondo afirmativamente às três perguntas acima mencionadas, quais sejam, sobre a possibilidade da extensão da medida para as demais pessoas nas mesmas condições, sobre a presença dos direitos fundamentais e sobre a legitimidade na transferência dos recursos públicos. Isso diferencia uma decisão que judicializa a política de uma decisão ativista. E veja, enquanto o STF e o STJ decidem teses, os juízes decidem causas. O STF e o STJ têm de se dar conta de que a Constituição diz "causas julgadas", e não "teses". Os juízes decidem causas. Essas causas são fatos, e eles vêm rasgados, eles vêm tortos. É muito difícil traçar uma linha divisória – e tem muita gente pesquisando e escrevendo sobre isso – entre uma atitude meramente "behaviorista" e uma atitude de jurisdição constitucional capaz de gerar consequências boas para o futuro. O que são consequências boas? Colocar o serviço à disposição do cidadão. E, veja: este é um caso, o do menino, que não ocorre todos os dias. Não é nem um *hard case*. É um caso trágico. Mas a saúde pública deve ter condições de atender estes casos, mesmo que com transferência de recursos de outras áreas.

Pergunta 91

Casos difíceis são angustiantes. (B. A.)

Lenio Streck: Claro. Desde a aurora da civilização, uma das angústias do homem é dizer como as coisas são e porque elas têm um nome. *O Crátilo* (de Platão) tem um capítulo sobre a justeza dos nomes. Ali, pergunta-se, por exemplo, se eu posso concluir que alguém que se chama Hermógenes é o filho de Hermes e assim por diante. Enfim, eu posso colocar o nome que eu quero, como é que eu dou nome às coisas? Eu quero me referir a essa angústia gnosiológica, essa angústia que atravessa o homem e nós, aos poucos, nós conseguimos dar nome às coisas. Saussure, por exemplo, se ele tivesse ficado na primeira característica do signo, ele seria um sofista. Mas Saussure disse: a palavra *cão* não tem nenhuma imanência com o cão. Então, aqui eu tenho uma arbitrariedade. Porém, em um segundo momento, eu tenho uma imutabilidade. Mas, no terceiro momento, em razão da temporalidade, eu tenho uma mutabilidade, e depois eu tenho a linearidade.

Pergunta 92

É genial esse pensamento dos gregos e de Saussure. (B. A.)

Lenio Streck: É genial mesmo. E o que eu quero dizer com isso? Eu quero dizer com isso que a doutrina tem que também fazer isso que a filosofia fez com o nosso modo de lidar com os objetos do mundo. Nós lidamos tão bem com os objetos do mundo, ou tão mal. Depende. Agora, nós sabemos o que as coisas são. Então, nós fomos construindo aos poucos. Nós sabemos o conceito do sujeito, nós sabemos o conceito de legítima defesa, nós sabemos os conceitos de mínimo existencial. Se nós sabemos tudo isso, se nós sabemos o que é o Estado Democrático de Direito, enfim, por que é que nós não conseguimos construir uma doutrina sobre o princípio da insignificância? Para parar com esse casuísmo. Por que nós não paramos de, no cotidiano, ficar fazendo atribuição de sentido *ad hoc*? Então, a doutrina tem uma árdua tarefa de fazer isso. É o que eu tenho trabalhado. Nesse livro, *Lições de Crítica e Hermenêutica do Direito*, estou trabalhando com as questões das desleituras, porque os sentidos, os conceitos, eles são coloridos semanticamente, e, na medida em que o tempo passa, vai agregando mais coadunações e há um momento em que a nossa tarefa é fazer a desleitura.

Pergunta 93

Os conceitos ficam saturados? (B. A.)

Lenio Streck: Claro. E há uma palavra que é autorreferente, o "palimpsesto", que são as pinturas que são feitas sobre um corpo e depois sobre outra pintura, sobre outra pintura e sobre outra pintura, e isso é feito porque faltava algum elemento. Enfim, imagine uma pintura que é feita sobre um corpo e depois sobre aquela pintura é feita outra pintura, outra pintura e outra pintura, sempre com a finalidade de adicionar algum elemento. De repente, um sujeito vê aquilo e raspa. Ele vai descobrindo que, sob cada pintura, há outra, há outras e, talvez, ele já não saiba, nem possa descobrir, qual é nem como era a primeira. Talvez até ele consiga, mas não necessariamente e sempre pode restar alguma dúvida.

Então, o que é a desleitura e o que tem com o método hermenêutico? Ao revolver o chão linguístico no qual está assentada a tradição, e eu cito, bem no início do livro, alguns exemplos práticos de como eu agi, de como eu e meus assessores agimos para descobrir algum caso. Eu mostro que, de repente, ao raspar os conceitos, ao lixar, o fenômeno aparece, e as pessoas compreendem aquele fenômeno. Então, o que está faltando, fortemente, é que a doutrina consiga dizer o nome das coisas, para que a gente possa, no cotidiano, dizer, minimamente, o que é uma pena razoável em determinada circunstância, ou seja, as pessoas nas mesmas circunstâncias devem receber uma pena igual, pois a aplicação da pena não deve ficar na dependência do sentimento do juiz. Isso, contudo, não ocorre. Enfim, para que nós possamos dar respostas coerentes nos *hard cases*, nos *tragic cases*, nós precisamos disso.

Assim, se tem alguém morrendo e alguém pede certo remédio, uma cirurgia, etc., que se faça uma audiência, se consulte um especialista para que ele diga ali, na sua frente, qual é a base científica, olhando olho no olho, porque por trás de muitos casos, às vezes, há o interesse de laboratórios, há fraudes, há espertezas. Às vezes, o advogado chega às cinco da tarde de uma sexta-feira. É claro que esses casos todos de que tratamos aqui envolvem dramas ou o dispêndio de recursos públicos, mas é preciso ter cuidado com os sentimentos, pois a pessoa não vai morrer por causa do juiz. Por favor, é preciso que não se veja isso como um dilema moral, mas como uma decisão jurídica. É claro que ela tem componentes morais intrínsecos, porém elas os têm antes, não agora. Essa discussão moral já está posta antes. Não é a sua moral que vai entrar e também não vai fazer com que você não vá dormir por isso.

Pergunta 94

Pois bem, será, então, que os juízes conseguirão resolver seus casos à luz da Crítica Hermenêutica do Direito, na qual o conceito de justiça deve ser buscado nesse contexto macro, e não dentro de si e de suas crenças particulares? (B. A.)

Lenio Streck: Eu penso que uma Constituição como a nossa traz um ideal de vida boa. Eudaimonicamente, como se falava na Grécia antiga. Veja: ideal de vida boa, e não ideal de boa vida. E a CHD não é o único modo de resolver casos. É apenas um indicador acerca da necessidade de adotarmos critérios para resolver pendengas jurídicas. Como já falei em tantos livros e artigos, o cidadão que vai ao judiciário tem o direito a resposta adequada à Constituição.

Para isso a doutrina tem a tarefa de estabelecer modos que diminuam o grau de arbítrio do julgador. Reduzir a discricionariedade. E isso pode ser feito. Tenho testado com meus alunos em casos práticos e fictos os três conjuntos de elementos que compõem a minha teoria da decisão. Isto é, cada decisão deve passar pelo filtro das seis hipóteses pelas quais um juiz pode deixar de aplicar uma lei; dependendo da situação, deve fazer as três perguntas fundamentais acerca de se está diante de um direito fundamental exigível, se a decisão pode ser universalizada e acerca da transferência de recursos para atender aquele direito. E existem os cinco princípios ou padrões que sustentam a decisão adequada: preservação da autonomia do direito (dentro estão as seis hipóteses referidas), a preservação à coerência e integridade, que, aliás, consegui colocar no artigo 926 do Código de Processo Civil, a fundamentação da fundamentação, que pode ser observada nos incisos I a VI do § 1º do art. 489 do mesmo Código, que também ajudei a sustentar, evitar o discricionarismo, pelo qual juiz não constrói direito e o direito fundamental a obtenção de respostas corretas, que são as respostas adequadas à Constituição. Em síntese, uma decisão judicial deve ser dada por princípio, e não por política. E princípio é um padrão *que deve ser observado, não porque vá promover ou assegurar uma situação econômica, política ou social considerada desejada, mas porque é uma exigência de justiça ou equidade ou alguma outra dimensão da moralidade.*

Pergunta 95

Mas é difícil. É muito difícil para o juiz, na prática, alcançar, da forma como o senhor prega, ou seja, suspendendo as suas opiniões morais, subjetivas e políticas sobre o direito (B. A.)

Lenio Streck: O direito é um fenômeno complexo. Por que é que, para nós, é tão difícil estudar física quântica? Eu não sei nada sobre física quântica. Eu acho que o cara que sabe é um gênio. Se eu for estudar física quântica, eu não sei quantos anos eu vou levar. Então, por que o cara da física quântica pode aprender direito por intermédio de um livro chamado "direito constitucional simplificado"? Sabe por quê? Por que não damos importância ao direito e damos importância à física quântica? Um filósofo bom, por exemplo, aprende direito constitucional ou direito penal por um "livrinho"? Não, ele não vai aprender. Na verdade, aprenderá a mesma coisa que aquele que escreveu o livro sabe. Eu chamo isso de comunicação tautológica. Quando você escreve a mesma coisa que o sujeito que está lendo sabe, você só fez uma tautologia. Então, se o sujeito escreve um livro de direito simplificado, e um filósofo aprende aquilo em uma semana, a pergunta que eu faço é: você vai aprender filosofia em uma semana? Não. Então, quer dizer que o direito é uma mera racionalidade instrumental?

Aí é que está. Esta é a nossa tarefa. Nós temos que sair dizendo por aí com orgulho que nós somos juristas e que trabalhamos com um fenômeno absolutamente complexo. Então, quando você, por exemplo, tem um caso complexo para julgar, como aqueles de que tratamos aqui e outros tantos, ou seja, quando um juiz ou um tribunal tem que dizer para uma mãe, testemunha de Jeová, por exemplo, que ela não tem o direito fundamental de deixar seu filho morrer, enfim, diante de tanta complexidade com que lidam os juristas, será que alguém pode dizer que nós trabalhamos com algo simples? Assim, nós precisamos dar mais valor, nós temos que nos dar muito mais valor.

Pergunta 96

Professor, eu lhe pergunto a respeito dos limites da jurisdição na efetivação dos direitos sociais, e eu gostaria de indagar para você quais são esses limites. Pode um juiz, por exemplo, determinar a construção de um aterro sanitário, com vistas a eliminar um lixão? Pode o juiz determinar a construção de um novo presídio? Pode o juiz determinar, como recentemente aconteceu, a instalação da defensoria pública no local onde ela ainda não exista? Ele pode agir para efetivar os direitos sociais ou deve-se adotar a postura do *self--restraint*, no sentido de que o juiz tem que reconhecer seus limites e não fazer a efetivação dos direitos sociais? Ainda tem algum sentido se falar em "normas programáticas", professor? (B. A.)

Lenio Streck: Pois é, claro que não! Eu escrevi um texto sobre isso, e eu fiz uma conferência sobre esse tema para os novos juízes na EMERJ, no Rio de Janeiro. A primeira questão que faço sobre isso é a distinção entre ativismo e judicialização. O ativismo é algo "behaviorista", é, portanto, comportamental, ou seja, eu me substituo aos juízos éticos, morais, corporativos, etc., do legislador e do Poder Executivo. A judicialização é contingencial. Acaba acontecendo, por exemplo, quando, na Alemanha, o tribunal decide que faltam alguns elementos, como a internet, no mínimo existencial, ou sobre qual é o limite de euros para passar para o Banco Central Europeu, ou ainda pegar o Tratado de Lisboa e fazer uma interpretação conforme, etc. Essas são questões da judicialização da política.

Como fazer para evitar o ativismo? Primeiro, eu vou dizer que é muito difícil, não é matemático e não dá para fazer as fórmulas da lógica proposicional para saber qual a diferença entre ativismo e judicialização. Algumas perguntas, contudo, devem ser respondidas. Imaginemos, o seguinte exemplo: um aluno de medicina, por objeção de consciência, não quer dissecar sapos. Não vou discutir aqui, não quero brigar com os defensores dos animais, mas a questão é saber se o juiz pode, atendendo à objeção de consciência posta pelo estudante, obrigar a faculdade a criar uma disciplina ou elaborar uma nova grade curricular só para ele? Não, porque são três questões que devem ser respondidas, como já explicitei em outra resposta: 1ª) Há um direito fundamental em jogo? Ele tem o direito fundamental de cursar medicina? Não, pois ele não tem o direito subjetivo de cursar medicina. Ele tem o direito de estudar, todavia estudar medicina foi uma escolha que ele fez. Ele poderia ter decidido ter-se matriculado em outra faculdade, e ele é responsável por suas escolhas. 2ª) Se atender ao pleito do estudante, eu posso decidir do mesmo modo para todos os que estiverem em situação similar? 3ª) Posso transferir recursos dos outros em situações idênticas – e que não professam esse credo – para fazer a felicidade daquele cidadão, sendo que desde já sei que não é possível estender o direito para todos?

Com isso, nós podemos começar a demarcar o terreno. Afinal, quanto estamos dispostos a pagar para termos uma sociedade que possa exercitar seus direitos? E, por favor, não se diga que as minhas perguntas estão ligadas ao consequencialismo ou a alguma fórmula utilitarista. Ora, trata-se simplesmente de tratar a todos com igual dignidade. Em termos de consequencialismo, é claro que temos de trabalhar com uma espécie de consequencialismo moderado como pressuposto para que se aplique o direito por princípio, e não por política.

Com essas perguntas, você já responde 70% dos casos do Judiciário. Você responde os casos envolvendo remédio, o problema da construção da defensoria, etc. E quanto ao problema da defensoria, há outra questão: de onde vou tirar os recursos? Como vou fazer a felicidade daquele grupo? Enfim, eu posso "universalizar", ou seja, dar para todos os demais o mesmo direito estando em igualdade de condições? Eu respondo essas três questões e depois eu ponho outras, que são as seis hipóteses em que um juiz pode deixar de aplicar uma lei. Assim, temos condições, sem diminuir uma vírgula da importância da jurisdição constitucional, de equacionar esses problemas. Eu respondi há muito tempo acerca do "Debate Contemporâneo". Estou agora só na fase do Dilema Contemporâneo. Qual é o debate? Eu não tenho problema nenhum com diálogos institucionais. Há muito tempo, eu respondi o debate entre jurisdição e democracia, ou entre constitucionalismo e democracia. Tem um problema? A regra é contramajoritária e conspurca a democracia? Para mim, não. Eu não tenho problema nenhum com relação a isso, eu não quero discutir o problema da Nova Zelândia, de Israel, da Islândia, etc. São peculiaridades. Eu acho que a Europa resolveu esse problema muito bem, e, nesse ponto, sou um continental europeu ou até mesmo um americano com todos os problemas do *judicial review*.

O debate está respondido. E o problema é o dilema. Qual é o dilema? Não transformar a democracia em uma judiciariocracia. Esse é o meu dilema. Aí entra a teoria e os pressupostos das perguntas que eu tenho que fazer sempre.

Pergunta 97

Professor, o que seria uma decisão "por princípios"? (D. M.)

Lenio Streck: Já falei muito disso e escrevi mais ainda. Meu lema é: precisamos de uma teoria da decisão porque juiz decide por princípios, e não por política. Decide em face da lei, e não em face da pessoa que está sendo julgada. E a decisão não pode advir do solipsismo judicial. Ou, o que dá no mesmo: os julgamentos não podem ser feitos conforme a cabeça do juiz. De novo: quando levamos uma questão ao juiz, não nos importa o que ele tem dentro dele; o que importa é que nos diga o direito a partir daquilo que está "do lado de fora". Esse lado de fora é o direito.

Como é decidir por princípios? Dou um exemplo. Sócrates é tentado por Críton para fugir. Ele não foge por uma razão de princípio. Princípio é um "não". E pode ser um "sim". Mas não é um "não" mais ou menos. E tampouco um "sim" mais ou menos. Isto é, por mais tentadora que seja a situação, deve-se agir por princípio. Por isso, princípio não é qualquer coisa. Por isso, a "afetividade" não é princípio, mas a "ampla defesa", sim. Princípio é deontológico, porque atua a partir do código lícito-ilícito. É por isso que não se pode brincar com os princípios.

Mas, veja: esta é a posição sobre o papel do direito e dos princípios a partir daquilo que denomino *Crítica Hermenêutica do Direito*. Nela, o direito não admite correções morais ou políticas. Aqui é importante lembrar o que André Coelho diz sobre como provavelmente Raz explicaria o caso da tentação de Criton para que Sócrates fugisse. Segundo Coelho, em Raz essa questão é resolvida ao modo de que o compromisso com a *polis*, enfim os compromissos explicitados por Sócrates não são princípios jurídicos. Nada seguraria Sócrates, a não ser um critério moral. Mas não deontológico. Aqui entra o debate Dworkin-Raz acerca do papel dos princípios.

Para compreender melhor ainda, vejam a propaganda dos Tubos Tigre, na TV e no Rádio. O personagem age por princípio. A concorrência tenta de tudo para que ele mude de produto. E ele diz: "Não". Bingo! Para quem não entendeu: Se a lei e a jurisprudência dizem que, diante de tais e tais requisitos, o paciente deve ser solto, por mais tentador que seja deixá-lo preso, o julgador deve decidir por princípio, dizendo não à tentação e sim à liberdade! Querem mais exemplos? Acho que não é necessário. Quem quer saber mais sobre princípios e sua diferença em relação às regras, recomendo Tubos Tigre-Streck, quer dizer, *Verdade e Consenso*, além do capítulo VI do *Jurisdição Constitucional e Decisão Jurídica*. Ainda outro exemplo: Um amigo que age por princípio não "pega" a namorada do melhor amigo, por mais bonita e tentadora que ela seja. Mesmo que haja uma enorme afetividade... Não trair o amigo é deontológico (normativo); desejo e afetividade são, aqui, política. Metaforizando: juiz decide por princípio, e não por política. E nem por moral. Moral é uma questão interna. Direito tem caráter vinculante. E vem de fora. Para ser bem simples: é o direito que deve filtrar a moral, e não o contrário. Com esta "fórmula" você evita a tentação da barbárie interior.

Pergunta 98

Isso quer dizer que, para o senhor, julgar por princípios é diferente de julgar teleologicamente? (D. M.)

Lenio Streck: Vou tentar deixar isso mais claro e com o exemplo do princípio de que não se pode usar prova ilícita. A partir da teoria da Constituição e da teoria do direito, podemos dizer que há duas formas de tratar as garantias constitucionais. Todas as garantias, como sabemos, estão consubstanciadas em preceitos e princípios constitucionais, onde se encaixa, evidentemente, a garantia de que ninguém será prejudicado, processado, etc. a partir de provas obtidas de forma não prevista em lei ou não permitidas pela Constituição. Ou seja, falo da proibição de provas ilícitas e do seu corolário adotado pelos *experts*, doutrina e Tribunais Superiores (lembremos da operação Castelo de Areia). Podemos gostar ou não, mas a tradição aponta para esse caminho.

Isso quer dizer uma coisa: você pode entender os princípios de forma teleológica, isto é, finalística. Ou seja, por essa tese, princípios seriam valores. Esses valores "guiariam" o órgão judicante no momento de prolatar a decisão. Nessa perspectiva, os princípios seriam fatores de abertura da legalidade formal, para possibilitarem a busca por uma justiça material. Não me agrada essa tese, porque ela torna a autonomia do direito um tanto quanto frágil e faz com que os princípios sejam o elemento principal dessa fragilização. Mais do que isto, ninguém sabe dizer o que são esses "valores". Essa palavra "valores" sofre de uma doença chamada "anemia significativa". É a doença degenerativa do direito. Qualquer jurista coloca um sentido que lhe convier. Ora, se os princípios vieram para robustecer o direito, sua transformação em "valores" provoca, exatamente, o enfraquecimento dessa autonomia. O direito não pode ser "corrigido" por argumentos políticos ou morais. Ou por argumentos "morais-políticos".

Pergunta 99
Por que a tese "valorativa" não lhe agrada? (D. M.)

Lenio Streck: Porque, por ela, os princípios constitucionais não são vistos de forma deontológica. Este é o ponto. Penso que a melhor forma de se encarar o problema dos princípios é conferindo a eles o caráter de "fiadores da autonomia do direito". Assim, para entender a tese de que os princípios são teleológicos, é necessário entender exatamente a tese contrária, pela qual os princípios são deontológicos. Essa tese é sustentada, entre outros, por Jürgen Habermas. Dworkin, ao seu modo, também concorda com isso. E eu penso que os dois têm razão. Habermas, por exemplo, na linha de Dworkin, vai dizer que os princípios recebem sua carga deontológica em razão de sua manifestação histórico-cultural no seio de uma comunidade política.

Vale dizer: não é uma regra que oferece um "teste de *pedigree*" que confere validade jurídica a um princípio, mas, sim, um modo específico de a comunidade política se conduzir. Trata-se de um padrão decisório que se constrói historicamente e que gera um dever de obediência nos momentos posteriores. Bingo. Isto é, quer dizer, nada mais, nada menos, que os princípios funcionam pelo código lícito-ilícito. Nessa perspectiva, princípios são normas *stricto sensu*. São um "dever ser". Não são meramente conselhos ou mandados de otimização. Ou seja, princípios não são valores. Dizendo de outro modo: tratar princípios teleologicamente é submeter direitos e garantias a um cálculo de custo e benefício, dispensando a sua obrigatoriedade e condicionando-os a pontos de vista parciais.

Consequentemente, se analisarmos o exemplo das provas colhidas por meios ilícitos de forma "teleológica", corremos o risco de aceitar respostas finalísticas e/ou consequencialistas, onde os fins buscados, por exemplo, acabar com a impunidade, eficácia no combate à corrupção, etc., podem justificar os meios. Para mim, a melhor resposta, que se coaduna com o Estado Democrático de Direito e com as doutrinas mais sofisticadas, é a de que a aplicação do direito sempre deve ser feita a partir de raciocínios deontológicos, naquilo, evidentemente, que se entende por aplicação principiológica. Essa mesma tese anteriormente explicitada, ou seja, de que há dois modos de entender os princípios, também pode ser explicada do seguinte modo: os tribunais devem decidir por políticas ou por princípios? Os tribunais devem decidir por raciocínios morais políticos ou por princípios?

Pergunta 100

E qual é a resposta correta, professor? (D. M.)

Lenio Streck: Penso que a melhor resposta é dada por Ronald Dworkin, que sustenta que, não importa a causa, boa ou ruim, ou se o crime é grave ou não, a aplicação sempre deve ser por princípio. Na *Crítica Hermenêutica do Direito* também pensamos desse modo. Logo, se a melhor resposta é a de que os princípios são deontológicos e que devemos julgar por princípios, devemos pagar (e cobrar) esse preço. Qual é o preço? O preço é o de, em sendo o caso, devemos contrariar a maioria. Aliás, a Constituição é um remédio contra maiorias. Ela só tem sentido sendo lida desse modo. Direitos fundamentais só adquirem sentido quando postos à prova, no seu limite. Talvez nas piores violações é que se mede o coeficiente democrático de um país.

Pergunta 101

Uma pergunta absolutamente necessária: alguns jusfilósofos brasileiros dizem que não é correto fazer uma ligação-imbricação Dworkin-Gadamer ou, melhor dizendo, sustentam que Dworkin não teria nada a ver com Gadamer e que a teoria dworkiniana nada tem de hermenêutica. Algumas dessas farpas epistêmicas são endereçadas ao senhor, certo? O que tem a dizer? (D. M.)

Lenio Streck: Excelente pergunta. De quando em vez aparece alguém com esse tipo de objeção, como que "criminalizando epistemicamente", ainda que de modo indireto, a antropofagia que faço de Gadamer e Dworkin. Sim, a *Crítica Hermenêutica do Direito* é caudatária desses dois autores, além de Heidegger, é claro. E de Wittgenstein, naquilo que ele rejeita, nas Investigações, a linguagem privada, *locus* do solipsismo. Aliás, usar Heidegger também gera críticas, mormente de filósofos, quando dizem que Heidegger nada escreveu sobre o direito. Grande descoberta, não? Heidegger é um filósofo, assim como Descartes e Aristóteles. E o que estes escreveram sobre o direito?

Filósofos compreendem o mundo. E o mundo é mais que o direito, pois não?

Mas vamos à dupla Dworkin-Gadamer. A *Crítica Hermenêutica do Direito* funda-se numa filiação à tradição hermenêutica continental (Heidegger-Gadamer) em diálogo com alguns aportes teóricos de Dworkin. Trata-se de uma leitura que os aproxima em determinados aspectos. Estamos falando justamente disto: uma leitura.

Antes de demonstrar a plausibilidade destas aproximações e de como não estamos sozinhos nestas, entendo que sejam necessários alguns esclarecimentos. O primeiro refere-se à tarefa antropofágica que tem redundado na *Crítica Hermenêutica do Direito*. Como falei, Heidegger não escreveu a respeito do direito, e mesmo em Gadamer encontramos um tratamento (apenas) tangencial, isto é, não foi o foco central de suas análises, apesar de estar presente. Disto poder-se-ia inferir – mesmo que equivocadamente – que não se poderia discorrer sobre o fenômeno jurídico a partir destes filósofos.

Diferentemente, entendo que diante do caráter paradigmático de suas elaborações, que ora se apresentam como vetores de racionalidade, torna-se possível que outras construções, em áreas específicas do conhecimento, – como no caso o direito –, possam assentar-se sobre elas. Errado seria uma instrumentalização dos filósofos, ou seja, uma aplicação direta dos seus conceitos/categorias. A CHD não é uma teoria heideggeriana ou gadameriana, em sentido estrito, do direito. É uma teoria jurídica que se alicerça nesta tradição. Assim, antropofagicante, alguns aportes da teoria integrativa de Dworkin também são trazidos para constituir um referencial comum. A partir desta imbricação, e de construções originais que fui elaborando ao longo do tempo, não se trata mais, diretamente, de Heidegger, Gadamer e Dworkin, mas sim de uma teoria que, em certo sentido, se autonomiza, ainda que se ancorando nestes aportes.

Isto tudo para dizer que, neste caminho, em nenhum momento afirmo que Dworkin era um hermeneuta propriamente dito, no sentido de ser um caudatário desta tradição, tampouco que mesmo estando numa tradição distinta apropriou-se diretamente de todo este arcabouço a ponto de que sua teoria fosse tão somente um desenvolvimento daquela. Todavia, mesmo conhecendo o lugar de fala de Dworkin, entendo ser factível a hipótese de que houve algumas influências da tradição hermenêutica em seu empreendimento teórico, de modo que algumas interseções se evidenciam, seja diante de menções expressas ou como pano de fundo.

Podemos começar discorrendo sobre a questão da historicidade da/na interpretação, como o próprio jurista norte-americano fizera no

Império do Direito. Não preciso, aqui, mostrar onde isso está escrito. Todos sabemos. Trata-se de um ponto central na superação do positivismo, pois Dworkin mostra, a partir de Gadamer, que na interpretação jurídica deve haver uma fusão de horizontes, uma consciência da distância histórica entre o momento de criação e o momento da interpretação a fim de se fazer justiça ao texto (no sentido de deixar o texto dizer algo), no caso, o texto da lei ou mesmo os precedentes. Este "processo" é guiado tendo em vista o peso dos efeitos da história sobre o intérprete, o que se observa na alegoria do romance em cadeia. Na interpretação haveria sempre algo do passado com algo do presente, sendo, portanto, construtiva/criativa. Ademais, isto tudo se dá num movimento circular que articula a parte e o todo, em que tanto um como outro são constantemente modificados/atualizados.

Recordo-me de alguns autores que identificam alguns destes matizes hermenêuticos em Dworkin como Paul Ricoeur, David Ingram, Juan Carlos Bermejo, Rodolfo Arango e José Lâmego. E dentre aqueles que compõem nosso grupo de pesquisa lembro de Francisco Borges Motta, que em suas pesquisas, tanto no mestrado como no doutorado, também enfatizou estes aspectos. Francisco Motta acaba de lançar o livro *Ronald Dworkin e a Decisão Jurídica*. Na especificidade, David Ingram reconhece que Dworkin sofreu influências gadamerianas na formulação de sua teoria jurídica. Sendo o direito uma prática interpretativa, esta demandaria um *background* filosófico que afastasse a discricionariedade de leituras meramente contextualistas. Desta forma, as ideias de Gadamer como tradição e o peso da história efeitual serviram de suporte para Dworkin pensar num fenômeno que se modificasse a partir de uma referência pretérita que precisaria ser levada em consideração e constantemente reconstruída. Assim, Ingram enfatiza, e permito-me pegar o livro para citar: "Dworkin recorre ao filósofo alemão Hans-Georg Gadamer (1975) para explicar como um sistema jurídico evolui ao longo do tempo. Gadamer afirma que aplicar o direito a casos novos é semelhante traduzir ou interpretar um texto do passado".

Sobre outro prisma, podemos verificar que tanto Dworkin como Gadamer, cada um ao seu modo, sempre procuraram controlar o subjetivismo, a subjetividade solipsista a partir de suas posturas antirrelativistas, do respeito à tradição, da virtuosidade do círculo hermenêutico, do respeito à integridade e da coerência do direito. Ou seja, o problema da discricionariedade está intimamente relacionado à aversão ao ceticismo/relativismo, outra similaridade entre ambos.

Podemos também apontar que Dworkin faz uma crítica frontal à teoria analítica do direito no que tange à separação entre o conceito abstrato de direito e suas aplicações práticas, ou seja, de sua justificação, conforme diz Andrei Marmor, um analítico da cepa, convém ressaltar! Este afastamento de algumas premissas básicas da teoria analítica abre toda uma possibilidade dialógica com uma perspectiva hermenêutica.

Para finalizar, a CHD não está preocupada com as questões históricas envolvendo a relação entre Gadamer e Dworkin. Isto é, não se busca um conhecimento enciclopédico, categorial, algo do tipo "História da Filosofia do Direito" em que enquadra autores em sistemas de pensamento. Como falei, há uma leitura antropofágica, que não é aleatória, obviamente. Entendemos – meus alunos e eu nas pesquisas do Grupo *Dasein* – que existem elementos factuais que apontam que Dworkin tinha conhecimentos acerca da tradição hermenêutica, e que estes tiverem algum grau de influência em sua teoria, de modo que as similaridades, para nós, não são meras coincidências. Há, inclusive, uma obra ímpar na literatura jurídica e filosófica dos Estados Unidos intitulada *Gadamer and law,* mostrando, sob a ótica de diversos autores conhecidos, as aproximações do filósofo com Dworkin. Mas, ainda que num futuro alguém "prove" – o que achamos ser muito difícil – não haver nenhuma conexão entre os autores, mesmo assim as aproximações feitas permanecem num nível apofântico dado consonância de algumas de suas considerações.

Pergunta 102

Por falar em Heidegger e hermenêutica, como o senhor responde à ironia do Professor Manuel Atienza que, recentemente, teceu críticas ao uso da hermenêutica no Brasil? (D. M.)

Lenio Streck: Pois é. Li na revista Consultor Jurídico "Discussão sobre neoconstitucionalismo é um acúmulo de equívocos", em que o estimado e querido professor Manuel Atienza fez uma ácida crítica aos hermeneutas brasileiros, em especial aos que usam a filosofia hermenêutica, embora não tenha usado a expressão "filosofia hermenêutica". Lendo a crítica, fica a impressão que Atienza misturou Heidegger com Gadamer. Além de misturar outros conceitos. Para começar, ele disse que não se poderia usar Heidegger para resolver um problema de súmula vinculante. Também disse que precisamos mais analítica e menos hermenêutica.

Para compreender melhor o que disse Atienza e mostrar em que ele fundamenta suas afirmações, é preciso prestar atenção no ponto seguinte da mesma entrevista. Ali Atienza afirma que é preciso pensar – e cito entre aspas – "uma filosofia do direito para o mundo latino, tanto da América quanto da Europa, [...] algo como uma filosofia do direito 'regional', que ocuparia um lugar intermediário entre o que agora se faz em cada um de nossos países e a filosofia do direito no âmbito mundial". Esse é um problema que denuncio há anos e que perpassa grande parte do pensamento jurídico, não apenas no Brasil, mas também em outros países, como é o caso de Atienza. Faz-se filosofia do direito como se não houvesse, verdadeiramente, questões na filosofia, em ramos como a metafísica e a filosofia da linguagem, que necessitassem ser reconhecidas pelos filósofos do direito, e o resultado disso é observado na fala de Atienza.

Tenho referido que, para se fazer filosofia *do* direito é preciso reconhecer a influência da filosofia *no* direito. Parafraseando Ernildo Stein, a filosofia não pode ser utilizada ornamentalmente, como uma capa de sentido com o simples objetivo de conferir elegância e legitimidade ao texto. Fazer filosofia *no* direito significa admitir que os problemas colocados pela filosofia sobre o mundo em geral também têm repercussões sobre o direito, não sendo possível aceitar que um paradigma filosófico superado "valha" no direito, embora seja amplamente refutado fora dele. A filosofia é um *standard* de racionalidade para a filosofia do direito, pois.

É por isso que Atienza afirma que Heidegger não soluciona o problema das súmulas vinculantes. Também acho isso. Na verdade, tenho a certeza de que nem Heidegger, nem Descartes, nem Kant, nem Aristóteles, nem Duns Scotus resolvem esse problema. Para ficar em Heidegger, lembro que ele jamais escreveu uma vírgula sobre o direito. Contudo, o mesmo autor desconstruiu a metafísica ocidental, fundada em uma das duas leituras possíveis da Metafísica de Aristóteles, e é sobre esse paradigma equivocado da filosofia que se funda o problema das súmulas, como se elas pudessem, em um corpo de texto, abarcar toda a realidade concreta.

Esse é o exemplo maior do que é filosofia no direito, isto é, temos de aceitar que certas questões filosóficas têm repercussão no direito, e que não é possível fazer direito ou filosofia do direito ignorando esses problemas. Isso se chama "falar a partir de paradigmas filosóficos". Lembro ainda de outra coisa: pareceu-me que Atienza, ao fazer essa ironia com Heidegger e as súmulas, pretendeu reduzir a hermenêutica a esse conjunto de técnicas, regras e métodos de interpretação à disposição e ao alvedrio do aplicador. Para mim, hermenêutica é a sua própria condição de ser de compressão no mundo, com todos os seus pré-conceitos e pré-compreensões, autênticos e inautênticos, sempre abertos à experiência histórica.

Uma observação: em uma réplica ao texto que Rafael Tomás de Oliveira e eu escrevemos no Conjur na coluna Diário de Classe, intitulado *É ontologicamente impossível querer mais analítica e menos hermenêutica*, em que respondemos às críticas de Atienza da referida entrevista, ele buscou uma citação minha do *Verdade e Consenso*, em espanhol, em que eu digo e cito aqui literalmente, se me permite pegar o livro da estande neste momento: "En efecto, es muy interesante que la crítica del 'mito de lo dado' hecha por Heidegger es uno de los puntos centrales para que se pueda elaborar, por ejemplo, una crítica consistente a las *Súmulas Vinculantes*... Y al *modus* interpretativo dominante en el plano de la doctrina y de la jurisprudencia". Essa é a minha citação.

E Atienza segue, nesse artigo intitulado *Teorias da argumentação e hermenêutica não são incompatíveis*, também na Revista Eletrônica Consultor Jurídico: "E em nota de rodapé Streck desenvolve essa crítica afirmando que as súmulas vinculantes são *respuestas a priori*, 'ofrecidas' antes que las preguntas (que solamente ocurren en los casos concretos), una especie de 'anticipación de sentido', una 'tutela anticipatoria de las palabras', 'el producto de un neopandectismo, reactivando la pretensión de construcción de 'realidades supra-buenas', en que los conceptos adquieren 'vida autónoma', etc.".

Essa citação minha de Heidegger e de Merval Westphal, segundo Atienza, seria a "prova" de que eu queria utilizar Heidegger para resolver o "o problema das súmulas vinculantes brasileiras". Agradeço a citação de meu livro *Verdad y Consenso*. A citação referida por Atienza apenas confirma o modo como faço filosofia no direito, e não filosofia do direito. O mito do dado, ínsito ao problema das súmulas vinculantes, é uma "questão filosófica" de fundamental importância.

Insisto: não é um conceito da dogmática jurídica. É um conceito filosófico. Não é Heidegger quem vai resolver o problema da utilização das súmulas ou da *Begriffjurisprudence* com suas pandectas. É o paradigma filosófico, o *ontologic turn* ou *hermeneutic turn*, fundado por Heidegger e Gadamer, que servirá para criticar a pretensão pré-moderna do mito do dado que está na tese das súmulas vinculantes e que estava no pandectismo alemão do século XIX. Viu como o problema é complexo? Filosofia "no direito" é algo profundo e sofisticado. Sem apelar ou nos sustentarmos na noção de paradigma, não conseguiremos fazer uma adequada crítica aos problemas contemporâneos da teoria do direito.

Aqui me permito abrir o computador e fazer uma longa citação feita por Ernildo Stein nas redes sociais. Tenho que citá-la *ipsis literis* para não perder qualquer elemento. É, exatamente, a propósito da "filosofia no direito". Diz Stein: "Talvez a expressão 'filosofia no direito' tenha surgido com o professor Lenio para concentrar uma grande quantidade de categorias que foi desenvolvida para dar uma certa estrutura para dar conta da transformação que o professor introduziu com o reconhecimento da virada linguística no direito. Trata-se primeiro da eliminação do mito do dado: não se extrai do objeto direito uma linguagem para falar sobre ele. Nós já sempre estamos embarcados na linguagem de que emerge o objeto. A partir daí não há mais retorno ao objetivismo ingênuo que vai etiquetando as coisas. Disto, em segundo lugar, irá se reconhecer a superação da relação sujeito-objeto. Não estamos mais aceitando a epistemologia dualista que Kant retirou da tradição da metafísica ontoteológica. Para não cair no logicismo analítico-linguístico, que nos levaria ao formalismo positivista, impõe-se um terceiro passo. Reconhecer a filosofia da finitude que parte da vida fática e nos liga ao mundo prático. Então será possível uma ontologia da finitude que nada mais é do que a analítica existencial instaurada por Heidegger. Então surge a dimensão hermenêutica. Compreender primeiro como ser do Dasein. Dasein como ser-no-mundo e a partir daí se impõe a compreensão como lugar de nascimento de uma linguagem hermenêutica, isto é, lugar do círculo hermenêutico que se constitui a partir de ser e compreender o ser: o Dasein se compreende em seu ser e desta maneira compreende o ser. É a diferença ontológica: a dimensão que assim se instaura é um lugar primeiro do filosofar sustentado pela relação que se estabelece entre o ser sempre procurado (a ciência procurada – *episteme zetoumene*) e o modo da relação do Dasein com este ser procurado e não encontrado nunca definitivamente na compreensão do ser. Daí a Fenomenologia Hermenêutica. Esta é o espaço do círculo hermenêutico e da diferença ontológica. Aí se instaura a estrutura apofântica e hermenêutica. A relação do velamento e desvelamento da linguagem recebe aqui uma dupla estrutura que permite pensar uma relação entre linguagem que diz e linguagem que mostra. No positivismo nos esgotamos ou pensamos nos esgotar ocupados com o objeto. Entretanto, algo se mostra na estrutura constituída por um acontecer que é sem fundo (é a nossa finitude) que é precompreensivo. Neste acontecer é derrotado o objetivismo e se introduz a condição de possibilidade de todo discurso. Temos que reconhecer que ainda que a dimensão apofântica e hermenêutica apareçam na linguagem, a Fenomenologia hermenêutica é o caminho por onde o precompreensivo pode ser pensado sem que anulemos a linguagem analítico-gramatical. Falamos do direito porque é assim com nossa gramática. Falamos no direito (na dimensão interna, condicionante) porque não haveria gramática para falar DO direito se não operássemos no mundo prático que antecipa o positivo e o lógico. Todos os que fazem filosofia do direito, operam como se só houvesse um objeto (agora filosófico) que repete o mesmo objeto positivo DO direito. Toda a *Crítica Hermenêutica do Direito* pretende mover-se na verdade do direito e lidar com princípios que são fundamentos de uma modalidade que abre a dimensão em que acontece a verdade do direito de modo hermenêutico. Mas isto não se mostra se não dispusermos em nosso operar do nível profundo que acontece no direito". Veja a complexidade do que é isto – fazer filosofia "no direito", e não simplesmente "do direito". O Professor Ernildo foi no âmago da questão. Fiz essa espécie de parêntese para aproveitar e deixar mais claro o conceito de filosofia no direito, não só para diferenciá-la da filosofia "do direito", mas também para mostrar que o uso que faço de autores como Gadamer e Heidegger não são meras instrumentalizações. As teorias já operam desde sempre no contexto em que analiso o direito.

Mas tem mais. Vejo também na fala de Atienza que ele transita no paradigma da filosofia que chamamos de ornamental e por isso que ele aceita o que se pode chamar de "regionalização" da filosofia, quando diz que a América Latina precisa de uma filosofia própria. Não concordo com isso. É como se em certa parte do globo vigorasse o que disse o primeiro Wittgenstein, o do *Tratactus*, e, na outra, o que disse o segundo, o das *Investigações Filosóficas*. Penso que Atienza só afirma isso porque não percebeu a questão subjacente a tudo isso, ou seja, a relevante questão de que os avanços da filosofia não podem ser ignorados na filosofia no direito. Isto é, a filosofia é condição de possibilidade de falarmos sobre o direito.

Já com relação à crítica de que temos de fazer menos hermenêutica e mais analítica, com certeza neste ponto a "coisa" fica mais séria ainda. Com efeito, é ontologicamente impossível pretender mais analítica e menos hermenêutica. Isso porque nenhuma argumentação se dá num vácuo de sentido. Ao contrário, todas as condições de possibilidade de sentido da e na argumentação são ontologicamente hermenêuticas. Pretender mais analítica e menos hermenêutica é recair num positivismo ingênuo, carente de historicidade, que acredita que as palavras sejam mais importantes que os conceitos. E que seria possível criar uma linguagem supostamente rigorosa, fundada tão somente no arbítrio do cientista, a partir de um grau zero de compreensão. Ora, essa visão meramente instrumental da linguagem desconhece que a linguagem é constitutiva da condição humana. Que o ser é linguagem. E que a linguagem não está à disposição da vontade arbitrária de ninguém.

Quando construo minha *Crítica Hermenêutica do Direito* não pretendo buscar respostas aos problemas jurídicos na filosofia. Não heideggerizo e nem gadamerizo o direito. Tampouco dworkinizo o direito. Não sou ingênuo de esperar encontrar em obras filosóficas uma análise sobre o fenômeno jurídico embora existam livros que façam interessantes aproximações; Ernildo Stein é um exemplo disso. Em outras palavras: o que precisa ficar claro é que há uma sensível diferença entre teoria do direito e filosofia. Diferença; não afastamento. E essa diferença se constitui pelo fato de que o sistema jurídico tem a peculiaridade de possuir uma dogmática que deve ser respeitada como pressuposto para a democracia. Entretanto, uma teoria do direito que se diga crítica não pode estar alienada do papel da filosofia na interpretação/compreensão do mundo. Ou seja, o papel da filosofia no direito é muito mais abrangente – é paradigmático; de fundo.

Numa palavra, de fato Heidegger não nos dará a chave para a compreensão das súmulas vinculantes. E, seguindo esse raciocínio, nem mesmo as posturas analíticas darão – e aqui aparece mais um equívoco de Atienza. Mas, a partir da da filosofia hermenêutica heideggeriana, pode-se compreender a súmula vinculante (ou outro tema jurídico) como um problema, porque a matriz hermenêutica coloca a indagação filosófica em um nível estruturante, isto é, como condição do jurista-no-mundo. Nesse sentido, não abro mão da reflexão que este paradigma filosófico nos possibilita. Vou me repetir: a súmula vinculante tem uma nítida pretensão objetivista. É a repristinação de uma ontologia clássica. Neste ponto, parece-me que os pandectistas faziam melhor essa tentativa. Sim, as súmulas querem imitar a jurisprudência dos valores alemã. Alcançar as respostas antes que as perguntas sejam feitas. Súmula é isso. É equiparar texto e norma, lei e direito. E advirto: vista desse modo, a súmula é perniciosa. A súmula somente tem sentido na democracia se for entendida como um texto que pretende estabilizar determinadas expectativas. Mas não pode ser vista a partir de um axioma como *in claris cessat interpretatio*, algo como "na clareza da súmula, não cabe interpretação", como, aliás, já disse certa vez a Ministra Ellen Gracie, do Supremo Tribunal Federal.

Pergunta 103

O senhor trabalha essa questão da diferença quando fala, a partir de Ernildo Stein, dos *standards* de racionalidade? (D. M.)

Lenio Streck: Como discorri anteriormente, Heidegger não fez filosofia do direito, mas não há nenhum empecilho para que possamos fazer uma filosofia no/do direito a partir de suas construções, entendidas como *standards* de racionalidade. Reitero: a *Crítica Hermenêutica do direito* é uma teoria jurídica que se alinha à tradição hermenêutica, não é uma instrumentalização de Heidegger ao direito.

Quando criticamos uma determinada pretensão das súmulas vinculantes, faze-mô-lo por intermédio de uma abordagem jurídica (CHD) que está alicerçada numa forma de compreender o mundo, como toda e qualquer pretensão teórica.

Heidegger é um filósofo paradigmático, inaugura toda uma corrente de pensamento com reflexos em diversas áreas do saber, como o direito, fechar os olhos para esta realidade é desconsiderar toda a sua expressiva contribuição filosófica.

Concluo dizendo que não há nada de estranho pensar o mundo, donde o direito é apenas uma parte, a partir de certos paradigmas filosóficos. Diria mais, estes sempre sustentam o nosso discurso, dar-se conta disto é fundamental para qualquer filosofia do direito.

Parte IV
Sobre o processo judicial

Pergunta 104

E quanto ao processo? Qual é a finalidade do processo? Ele existe para fazer justiça, ele existe para buscar uma verdade, processual ou não, ou ele apenas existe para compor a lide, ou seja, para acomodar os interesses jurídicos das partes e estabilizar as relações sociais? O juiz, professor, sempre se vê às voltas com essas questões, mesmo que ele não as pense de forma consciente. É por isso que, na minha visão, o comportamento do juiz no processo varia tanto. Por vezes, o juiz é mais ativo, ele determina a produção de provas, ele insiste na oitiva de uma testemunha e até marca uma perícia ex *officio*. Em outras vezes, o juiz é estático, apenas observa e cuida para que a marcha processual se desenvolva regularmente. E essa variação de comportamento, muitas das vezes, está diretamente relacionada com a visão que ele tem da função do processo. Ou seja, em grande parte das vezes, a postura do juiz depende muito mais da visão que ele tem da função do processo, do que, propriamente, da demanda posta a julgamento. Em uma questão previdenciária, por exemplo, o juiz de primeiro grau nega o benefício do segurado com base no laudo pericial. Em grau de recurso, o juiz da Turma Recursal percebe que aquele laudo, que serviu de base para o julgamento anterior, está mal feito, então ele apresenta seu voto no sentido do retorno do processo à instância de origem. Então, a Turma Recursal determina a volta do processo para repetir a prova. E essa medida é determinada mesmo que a parte não peça tal providência no recurso ordinário. E o juiz assim age, na maior parte das vezes, porque ele se sente na obrigação de zelar pelo direito daquele cidadão financeiramente hipossuficiente. Em outras ocasiões, adota outra postura. Por exemplo, na área criminal. Ele fica esperando as provas chegarem. Se não chegarem, ele não tem muito o que fazer, como no caso da senhora proprietária da escola, a não ser condenar, evidentemente respeitando todas as regras alusivas à distribuição do ônus da prova. Então, esses dramas existem no cotidiano do juiz e ele fica se perguntando, muitas vezes, qual é a função do processo. Enfim, professor, qual é a função do processo? (B. A.)

Lenio Streck: Pois é, essa questão é fulcral. Como se decide e quais perguntas que devem ser feitas na hora da decisão? Quais as condições que se têm para dizer, se é que isso é importante, se há uma justiça ou injustiça, ou seja, quais as condições que se tem para dizer se o pressuposto moral pode corrigir, digamos, aquilo que está na lei? Prova de ofício, por exemplo. Essa é uma questão que nós temos que criar uma grande discussão para saber os limites da prova de ofício, ou seja, se é possível se determinar a prova de ofício sem precisar apelar para algumas bengalas, como, por exemplo, verdade real, livre convencimento, livre apreciação da prova, a ponderação, esta que é uma espécie de vício contemporâneo, um vício do direito, que foi mal importada, que foi trazida de forma equivocada para o Brasil, assim como também o foi a jurisprudência dos valores, o ativismo norte-americano, a própria metodologia de Savigny, o neoconstitucionalismo, que simplificou o mundo, dividindo-o no "juiz boca da lei" e no "juiz dos princípios", como se o mundo e o direito fossem simples assim. Entende?

Então, até o mosquito, para o veterinário, tem uma estrutura corpórea orgânica mais complexa do que o neoconstitucionalismo. Outros pensam que o direito é dividido entre o "juiz boca da lei" e o "juiz dono da lei". Isso não é tão simples como parece. Primeiro, porque o "juiz boca da lei" é uma impossibilidade filosófica. Eu posso demonstrar que até mesmo o juiz do século XIX é uma impossibilidade do modo como é conhecido, e por uma razão simples: uma impossibilidade filosófica, pois nenhuma lei abarca todas as hipóteses de aplicação. Então, de cara, isso é um problema. Segundo, simplificar e mostrar que o juiz pode, a partir disso e por meio de uma invenção de princípios, resolver os problemas daquilo que é a plenipotenciaridade ôntica dos textos, isso não resolve, tanto que você toma conta da própria lei. Isso é simplificação.

Entretanto, penso que temos que discutir, por exemplo, temos de construir uma doutrina do *habeas corpus*, uma doutrina acerca das provas de ofício. Por exemplo, para enfrentar a sua pergunta, ou seja, no limite, estando em jogo direitos fundamentais, pode, simplesmente, a incompetência de um advogado trazer prejuízos para a parte que ele defende? Essa é uma questão ruim, uma questão difícil, mais difícil no processo civil do que no direito processual penal. No processo penal, essa é uma missão que cabe ao Ministério Público, para o Ministério Público que vê "o direito", e não simplesmente "a lei", como o velho promotor público. Eu, como procurador da justiça, em torno de 80% dos casos no segundo grau, eu pedi absolvição, porque as condições eram mal postas, postas de forma muito rasa ou violando os preceitos fundamentais mínimos.

Eu era um procurador de justiça do Estado Democrático de Direito. Se o advogado não requerer, não apresentar os argumentos para a absolvição no caso de sonegação, essa é uma tarefa do Ministério Público. Aliás, se o Ministério Público não fizesse, agiria muito mal. Eu diria o seguinte: a lei na Alemanha que dá direito ao Ministério Público para investigar, obriga-o a investigar a favor do réu. Nós temos que ler essas coisas do direito, comparar e trazer para cá. Eu acho que o Ministério Público tem, aí sim, vou usar uma palavra de que tratamos hoje, ele tem uma obrigação moral, mas não uma moral no sentido tradicional, mas no sentido de um *"has a duty"*. Enfim, ele tem uma obrigação democrática, uma, obrigação funcional de dizer que ali está um caso de absolvição. Enfim, ele não pode agir assim, ele deve, porque ele é um agente político do Estado.

Entende? Isso se resolveria por aí. De outro lado, é um drama isso, e na contracapa do meu livro "O que é isso, decido conforme minha consciência?", tem um texto que eu escrevi, exatamente para aquela pergunta sua, quando você diz que alguns juízes dizem que eu quero tirar poderes dos juízes, etc. Se diz muito isso por aí. Ali eu mostro, inclusive, que eu, fazendo essa crítica à judiciariocracia, em verdade, reforço a democracia e reforço a jurisdição constitucional, tanto é que se, amanhã, um congresso conservador mutilar essa constituição, via jurisdição constitucional, nós temos que ir buscá-la de volta.

Vou ler para você o que consta na contracapa do *O Que é isto – decido conforme minha consciência*?: "Daí a pergunta: por que, depois de uma intensa luta pela democracia e pelos direitos fundamentais, enfim, pela inclusão das conquistas civilizatórias nos textos legais--constitucionais, deve(rí)amos continuar a delegar ao juiz a apreciação discricionária nos casos de regras (textos legais) que contenham vaguezas e ambiguidades e nas hipóteses dos assim denominados *hard cases*?

Volta-se, sempre, ao lugar do começo: o problema da democracia e da (necessária) limitação do poder. Discricionariedades, arbitrariedades, inquisitorialidades e positivismo jurídico: tudo está entrelaçado. A Justiça e o Judiciário não podem depender da opinião pessoal que juízes e promotores tenham sobre as leis ou fenômenos sociais, até porque os sentidos sobre as leis (e os fenômenos) são produtos de uma intersubjetividade, e não de um indivíduo isolado".

Pergunta 105

Uma pergunta que não poderia deixar de fazer. Professor, já que agora temos um novo Código de Processo Civil, vamos falar um pouco dele. Eu estava aqui me lembrando da "Lei da Boa Razão", de 1769, uma lei que, no contexto de um Estado ainda absoluto, representa os albores do liberalismo. Pois bem, no início dos comentários ao texto dessa lei, feito pelo juiz português José Homem Corrêa Telles, há uma citação em latim, atribuída a São Paulo, segundo a qual uma lei é boa, se fazemos uso legítimo dela. Essa frase, milenar, parece nos remeter à ideia de que as normas, jurídicas ou não, escritas ou não, podem sempre ser manipuladas para atender interesses pessoais. E, no caso da Lei da Boa Razão, o intuito era modernizar as práticas jurídicas portuguesas, bem como a interpretação das leis da época, então sob a égide das Ordenações Filipinas. Pois bem, o art. 489 do novo CPC parece ser nossa Lei da Boa Razão. No referido art. 489, § 3º, há uma regra curiosa, segundo a qual "a decisão judicial deve ser interpretada a partir da conjugação de todos os seus elementos e em conformidade com o princípio da boa-fé". Diante do contexto em que esta norma está posta, ou seja, em um artigo que traz regras a serem cumpridas pelo juiz, parece-me claro que a regra acima, como as demais constantes do citado artigo, bem como da Seção II do Capítulo XIII, também é dirigida ao juiz. A todo o tempo, juízes e tribunais interpretam decisões de outros juízes, sejam aquelas proferidas no âmbito da mesma instância, quando juízes se sucedem em um mesmo processo, sejam aquelas que são proferidas no mesmo processo, porém provenientes de instâncias diversas. Quanto às suas próprias decisões, é também o juiz ou o tribunal que lhes dá o sentido, quando, de alguma forma, elas são postas em dúvida perante eles. E então pergunto: em que sentido essa boa-fé está posta? Estamos diante de um contexto de desconfiança geral no juiz e nos tribunais? Não houve aqui uma confusão entre a linguagem do direito privado, que exige a boa-fé das partes no cumprimento de contratos e ajustes de qualquer espécie, com a linguagem do Direito Constitucional, na qual está situada função jurisdicional e o juiz que a corporifica? A boa-fé do magistrado não é presumida? Não teria sido melhor colocar no CPC uma cláusula geral que é muito comum na técnica legislativa de normas internacionais, no sentido, por exemplo, de se dizer que "as normas deste Código não poderão ser interpretadas em um sentido que lhes retire a eficácia social ou lhes negue a vigência ou aplicação"? (B. A.)

Lenio Streck: Caríssimo, isso não é uma pergunta, é um tratado. Mas vamos a ela, porque nela há muitas outras indagações implícitas. Penso que as leis devem ser interpretadas a partir de algo que Sérgio Buarque de Holanda fez com Antígona, de Sófocles. Uma releitura do que se entende tradicionalmente. Comumente ficamos do lado de Antígona, porque, afinal, queria enterrar seu irmão, um pleito mais que justo e humanitário. Por outro lado, ele teria feito a primeira objeção de consciência da história. Mas vejamos o que diz o autor de Raízes do Brasil. Ele enfrentou a concepção tradicional de Robert Filmer de que o Estado seria uma extensão da organização familiar, ao apontar que não existe entre o círculo familiar e o Estado, uma gradação, mas antes uma descontinuidade e até oposição. Para sustentar este posicionamento, Buarque de Holanda apresenta Creonte como defensor dos interesses da comunidade política em oposição aos interesses familiares de Antígona. Nesse sentido, os dois personagens principais da tragédia apresentaram conceitos opostos de *nomos* (norma, lei). Enquanto Antígona sobrepôs o interesse familiar às leis da *pólis*; Creonte evocou os valores públicos da comunidade política em oposição aos interesses privatistas e afirmou que se qualquer um tiver mais consideração por um de seus amigos que pela pátria, esse homem eu desprezarei. Assim, para o autor de *Raízes do Brasil*, Creonte encarna a noção abstrata, impessoal da Cidade em luta contra essa realidade concreta e tangível que é a família. Ou seja, Creonte nos ensina a importância do fortalecimento das instituições públicas para a formação e preservação de um regime democrático, com um Estado despersonalizado.

No fundo, era o que queria o iluminista Pombal que você tão bem lembra. Decidir por princípio, e não por interesses ou política. De todo modo, falemos diretamente do aludido parágrafo que trata da boa-fé no artigo 489. O termo *boa-fé* é vago e ambíguo na dogmática jurídica. Tem sido utilizada no direito civil naquilo que se entende por "boa-fé objetiva". Entendo que não se trata de um comando de como as partes ou o juiz deve-se comportar ou agir. Isso já está estabelecido no artigo 5º, que estabelece que aquele que de qualquer forma participa do processo deve comportar-se de acordo com a boa-fé. Já no dispositivo em tela, tem-se um comando que estabelece o modo como deve ser interpretada a decisão judicial. Deve ser entendida a partir de uma totalidade, ou seja, do todo para a parte e da parte para o todo – o que se chama de círculo hermenêutico, tendo como norte a boa-fé. Portanto, não se está falando de comportamentos *stricto sensu* e, sim, de como devem os destinatários interpretarem o que foi decidido. A boa-fé, então, é uma regra de comportamento no ato de interpretação e cumprimento da sentença ou acórdão. Boa-fé é posta, assim, no patamar de princípio, um padrão pelo qual, em princípio, devem os destinatários interpretar. Sejamos, então, pombalinos (risos). Sejamos otimistas. O dispositivo tem uma função hermenêutica, isto é, de como se compreende o fenômeno da decisão jurídica. Ela limita as atitudes subjetivistas *lato sensu*, como interpretação por partes, usos descontextualizados de palavras, etc.; e, por fim, cria um dever de agir.

Mas não estou satisfeito. Permito-me acrescentar que o interpretar conforme o princípio da boa-fé está sustentado na *fairness*, de que fala Dworkin. Trata-se do "jogo limpo" que deve existir no ato de compreender o que a sentença diz. Veja-se que o legislador está ciente de que textos são diferentes de normas. Isto é, o texto sempre demanda interpretação. Como a lei, a decisão judicial demanda interpretações.

Textos não subsistem por si só. No caso, o comando do CPC aponta para um dever de dar o sentido ao texto da decisão a partir de um padrão: a boa-fé. Portanto, não se trata de buscar conceitos ontológicos de boa-fé, como se o termo contivesse um conceito-em-si ou uma essência (metafísica clássica) a ser extraída. Longe disso. O CPC estabelece apenas que o produto final de um processo exige o cumprimento de um padrão ético, cujo vetor é a boa-fé. Isto quer dizer, também, que o próprio manejo dos embargos de declaração estarão sob o jugo deste padrão de interpretação estabelecido no parágrafo sob comento. O legislador não refere se a decisão deve estar transitada em julgado. Consequentemente, a palavra *decisão* tem relação, inclusive, com o objeto dos embargos.

Pergunta 106

Nessa linha, o que o professor acha do parágrafo do artigo 489 que trata da ponderação? (B. A.)

Lenio Streck: Essa pergunta não poderia faltar. Este dispositivo é, sem dúvida, o mais polêmico do Código. Mas é inconstitucional. O que devemos entender por ponderação? Aquilo que a tradição nos lega. E ela nos põe à disposição dois conceitos: o de Philipp Heck e o de Alexy. Trata-se da palavra *Abwägung*, que quer dizer *sopesamento*. Como a Jurisprudência de Interesses de Heck não vem sendo trabalhada de há muito no Brasil, parece lógico entender que o legislador tratou de absorver o conceito alexiano. Elementar, pois. Mas isso traz compromissos epistêmicos, como entender que o direito é um sistema de regras e princípios. Logo, normas são regras e princípios. Daí o equívoco do legislador, ao colocar "princípios e normas". Se regras são normas, ele estaria admitindo que regras podem ser ponderadas? Nem o seu criador, Alexy, pensa nisso. Só no Brasil há quem defenda ponderação de regras. Mas não tem sustentação, no meu ponto de vista.

Sigo. Veja que Alexy fala de colisão de princípios e não, genericamente, de normas. Aliás, em Alexy sempre haverá subsunção (tanto nos casos fáceis, resolvidos por regras, como nos casos difíceis, quando ao final é uma regra atribuída que será aplicada também por subsunção). Entretanto, Alexy reconhece que os direitos fundamentais não são passíveis de serem logicamente refinados a ponto de excluir impasses, admitindo, de fato, que há uma discricionariedade interpretativa, tanto do Judiciário como do Legislativo, para chegar ao resultado do impasse. Tradicionalmente, os juristas do Brasil têm simplificado a ponderação, simplesmente colocando um princípio contra (ou em relação de colisão com) outro. O resultado dessa colisão advirá da escolha discricionária do juiz. Por vezes, ocorre alguma justificação.

O famoso caso Ellwanger (HC 82.424) é um bom exemplo, em que dois ministros do STF usaram a ponderação e chegaram a conclusões diferentes. Mas, ao fim e ao cabo, o que tem sido visto é a simples contraposição. Esse problema agora pode vir a ser agravado com a "colisão entre regras". Se o juiz alegar que "há uma colisão entre normas" (*sic*), pode escolher a regra X ou o princípio Y. Concluo, para dizer que o aludido § 2º é incompatível com o art. 93, inc. IX, da Constituição, além de entrar em descompasso com outros dispositivos do próprio CPC, como o artigo 10, o artigo 926, que determina que a jurisprudência seja estável, íntegra e coerente, e o artigo 489.

Aqui uma observação que reputo de fundamental importância. Imploro para que não se invoque a doutrina de Ronald Dworkin para justificar a tal ponderação do § 2º do artigo 489, pela simples razão de que, nem de longe, o *balancing* dworkiniano quer dizer ponderação. São coisas bem distintas, compreende? Muito diferentes. Por isso, há que se ter muito cuidado, para que o CPC não folclorize a ponderação, mormente se for levada em conta uma alegoria de autoria do Min. Roberto Barroso, considerada, para ele, a saída ideal em situações de conflito de interesses, valores ou normas. Na anedota-alegoria, o Ministro conta que um amigo seu comprou um Opala e resolveu testar a potência do carro. Ao chegar em uma cidade, em alta velocidade, o tal amigo se deparou com um cortejo fúnebre pela frente. Ao ver que não conseguiria frear a tempo, pensou: "vou mirar no caixão" (risos). Guardado o lado anedótico, no fundo é assim que a ponderação à brasileira vem sendo feita. Faz-se uma escolha. Como se decisão fosse escolha. Como se estivesse na esfera do juiz escolher. Como se a lei e os fatos estivessem a sua disposição. Por isso, mira-se no caixão. Mas é assim mesmo que fazem por Pindorama a fora.

Outro problema do novel dispositivo é a alusão às *premissas fáticas que fundamentam a conclusão*, o que pode fazer pensar que o juiz primeiro decide e depois busca a fundamentação. Grave equívoco de cariz filosófico. Acreditar que o juiz primeiro conclui e depois busca as "premissas fáticas" é recuar no tempo em duzentos anos. É confessar que ele é livre para decidir e que a fundamentação é apenas um ornamento. E é ignorar que o CPC expungiu o livre convencimento e a livre apreciação da prova, o que configura outra incompatibilidade da ponderação com essa opção do legislador. O fato de o dispositivo não ter sido vetado pela Presidente não quer dizer que sua vigência implique sua validade. Tanto pode ser inquinado de inconstitucional por violação ao art. 93, inc. IX, como pode ser fulminado por uma interpretação que envolva a totalidade do CPC, naquilo que se pode denominar de "interpretação sistemática". Há nítida lesão ao princípio da segurança jurídica, que é exatamente prestigiado por outros dispositivos do CPC.

Outro argumento a favor da não aplicação do dispositivo é que a colisão (de – ou entre – normas) não é um conceito despido de intenções teóricas prévias. É diferente de alguns consensos que já temos, como a garantia da não surpresa, o respeito à igualdade e a coerência que devem ter as decisões, etc. A ponderação ainda depende do esgotamento de um debate teórico, circunstância que prejudica sua colocação em um texto de lei nestes moldes.

Portanto, foi um equívoco do legislador conferir *status* legislativo *a questões polêmicas como essa* (novamente, há risco de lesão à segurança jurídica). Ainda que se desconsiderasse o debate teórico em torno do conceito de colisão, a teoria que defende sua possibilidade de aplicá-lo somente para um tipo de norma (os princípios), a outra espécie normativa – as regras – tecnicamente, não colidem, porque conflitam. Assim, em caso de conflitos entre regras, o resultado de sua equalização será uma determinação definitiva da validade de uma sobre a outra. Já no caso dos princípios, a prevalência de um sobre o outro em um caso concreto não implica seu afastamento definitivo para outros casos (seria possível dizer que, nesse caso, estamos para além da determinação da validade, investigando-se a legitimidade). Se todas as normas *lato sensu* puderem colidir, perderemos o campo de avaliação estrito da validade, algo que, novamente, prejudica a segurança jurídica.

Por fim, o dispositivo colide com a contemporânea posição do STF – que coincide com as seis hipóteses em que o juiz pode deixar de aplicar uma lei ou regra jurídica que constam no meu livro *Jurisdição Constitucional e Decisão Jurídica*, constante na Rcl. 2645 do STJ, pela qual não se admite que seja negada aplicação, pura e simplesmente, a preceito normativo "sem antes declarar formalmente a sua inconstitucionalidade". Portanto, sendo mais claro, se é que isso é possível em face da complexidade do problema. Se um juiz pode deixar de aplicar uma regra sob o argumento de colisão, haverá inconstitucionalidade do dispositivo do CPC, pela simples razão de que o judiciário somente pode negar validade (ou vigência) a uma regra utilizando-se da jurisdição constitucional (a tese das seis hipóteses que proponho em *Verdade e Consenso* vai além da decisão constante na Rcl. 2645, porque inclui as hipóteses de *interpretação conforme, nulidade parcial sem redução de texto*, entre outras).

Mas, ainda uma coisa a ser dita. Esse § 2º falando da ponderação é, além de um equívoco sem precedentes, a mostra do atraso da teoria do direito brasileiro. Da pobreza cultural no direito a que fomos levados. Esse parágrafo é fruto de muito trabalho e dedicação dos juristas pátrios, se me permite a ironia, parafraseando Nelson Rodrigues.

Pergunta 107

Aproveitando a questão sobre a lei da ponderação, qual a sua posição em relação ao modo como Alexy importa para dentro de sua teoria a famosa "Fórmula Radbruch", cujo teor remete à circunstância de que o direito que se mostra "extremamente injusto" perde a sua validade jurídica? (R. D.)

Lenio Streck: Paradoxalmente, Alexy traz para dentro da sua teoria a famosa "Fórmula Radbruch" que refere, em linhas gerais, que o direito, ainda que injusto, tem validade jurídica. No entanto, o direito que for extremamente injusto deixa de ser direito, e perde, assim, sua validade. Se analisarmos essa fórmula sob a ótica da distância temporal, veremos que ela tem uma razão de ser. Explico. Radbruch viveu os tempos mais duros em termos de violação a direitos fundamentais de toda a Europa. E Alexy, décadas mais tarde, a ressuscita e a utiliza como forma de defender a posição tomada pelo Tribunal Constitucional alemão no caso dos atiradores do muro de Berlim (*Mauerschützen*), que condenou os agentes da antiga Alemanha Oriental. O que parece não explicado por Alexy é saber qual o parâmetro para se analisar quando uma lei é "apenas injusta" ou "extremamente injusta", o que pode acabar gerando um convite à discricionariedade.

Esse apelo à fórmula Radbruch é um recuo em direção ao jusnaturalismo. Injustiça extrema é um conceito anêmico. Quando digo que esse apelo à fórmula radbrucheana é um paradoxo, quero dizer que, para alguém que se diz não positivista, embora um não positivista inclusivo, não parece muito sistemático dar esse salto para trás, justamente envolvendo uma correção moral do direito. Qualquer não positivista ou antipositivista não admitiria uma correção moral. Mesmo que o epíteto "inclusivo" denote uma complementariedade entre direito e moral, ainda assim os positivistas inclusivistas exigiriam um certo *pedigree* para identificar o modo como se pode dizer que, moralmente, determinada lei é extremamente injusta a ponto de ser expungida do direito. Temo que isso seja uma espécie de ornitorrinco teórico-jurídico.

Pergunta 108

> Conte-nos sobre a retirada do livre convencimento do novo CPC? Isto teria alguma relação com a ideia de livre apreciação do processo penal? Deveria ser esta também expurgada? (B. A.)

Lenio Streck: Escrevi uma coluna na revista eletrônica Conjultor Jurídico e critiquei duramente o projeto, que estava sob a relatoria do Dep. Paulo Teixeira. Fiz várias críticas. Graças a isso, fui chamado a Brasília e lá, conversando com o Relator e os professores Fredie Didier, Luis Henrique Volpe e Dierle Nunes, foi acordado que minha sugestão seria aceita. Todas as palavras "livre" seriam retiradas do projeto, para mostrar o comprometimento do novo Código com a democracia, afastando qualquer ranço de solipsismo. Escrevi a justificativa da retirada. Trata-se de uma coisa simbólica. Representa muito. Temos agora de cumprir a lei. Temos de ser bem pombalinos, para usar a alegoria trazida a partir do Marquês de Pombal por você.

Para ser bem explícito: a retirada da palavra "livre" deve ser lida em conformidade com o artigo 10 (não surpresa) e o artigo 926, que trata da exigência de coerência e integridade, também produto de "emenda" minha. Vamos ver se conseguimos olhar o novo com os olhos do novo. Vai ser uma luta intensa. Já tem gente dizendo que a retirada da palavra "livre" nada quer dizer. Claro. Na cabeça de alguns juristas, o legislador não tem importância. Chamo a isso de fator Humpty Dumpty, personagem sofista-nominalista de Lewis Carroll no livro *Alice Através do Espelho*: "- Eu dou às palavras o sentido que eu quero". Mas esse personagem é extremamente autoritário.

Obviamente que isto também guarda uma relação com a ideia de que no Processo Penal o juiz tem o poder de livre apreciação da prova. Eis o álibi teórico-retórico: com a livre apreciação, não há erro; não há autoritarismo; há, tão somente, um engano na "escolha"...

Incrível, não? De qualquer sorte, enquanto delegados, promotores, juízes e advogados (*lato sensu* – as carreiras são tantas) ficam se digladiando, o solipsismo judicial corre frouxo é possível que centenas de prisões estão sendo decretadas de ofício, e centenas de processos foram decididos por livre convicção. Assim, do mesmo modo que, por exigências democráticas, o livre convencimento não mais existe no novo CPC, a livre apreciação da prova também deveria ser retirada do processo penal.

Ademais, não podemos esquecer que nesta seara o velho inquisitivismo continua aí. Forte. Rijo. É o presidencialismo processual. O juiz tem poderes de ofício. Ele decreta prisão de ofício. Ele não obedece ao artigo 212 do CPP. Minhas críticas – já antigas – não se dirigem aos juízes (aliás, sou um ardoroso defensor da jurisdição constitucional – o que critico é o ativismo e o decisionismo); e, fundamentalmente, minhas críticas se dirigem ao modelo inquisitório que não conseguimos superar. Simples, pois.

O poder de livre apreciação da prova implica a serôdia possibilidade de buscar a "verdade real" (*sic*). Desafio – e não é de hoje – a que alguém me prove a viabilidade da tal "verdade real" no plano filosófico. Ora, de que adianta termos atingido a democracia se, na hora da decisão de um processo criminal, em que estão envolvidos os mais altos direitos humanos fundamentais, o decisor pode apreciar livremente a prova, "buscando a verdade que ele considera a 'real'"?

Há certo consenso no sentido de que o modelo da livre apreciação da prova seria "mais democrático" (*sic*) que o modelo da prova legal, uma vez que, nesse último, o juiz e as partes ficariam reféns de uma hierarquia valorativa da prova estipulada pela própria lei – pelo legislador, portanto – enquanto, no sistema do livre convencimento, há uma maior liberdade de conformação por parte do juiz que pode "adequar" (*sic*) a avaliação da prova às circunstâncias concretas do caso. Ora, ora. Este tipo de comparação me faz lembrar que o absolutismo foi melhor que o medievo... Pois é. Claro que foi. Afinal, sair da condição de servo da gleba para a de súdito foi um avanço. Mas isso não quer dizer que o "absolutismo foi bom". Isto é, dizer que a livre apreciação é melhor que o modelo da prova legal é, no mínimo, falta de visão paradigmática (e, portanto, histórica). O problema da gestão da prova deve ir além de uma simples opção por um dos modelos citados acima. Aliás, ele deve ser pensado no contexto de um processo democraticamente gerido, o que implica pensar os limites daquele que figura como o titular o impulso oficial: o juiz. Pois não há democracia onde haja poder ilimitado. E isso é assim desde o primeiro constitucionalismo.

Não existe um "dono da prova", este é o modo pelo qual se tem a garantia de que o Estado cuida de modo igualitário da aplicação da lei; enfim, é o *locus* onde o poder persecutório do Estado é exercido de um modo, democraticamente, limitado e equalizado. Com Ministério Público, polícia e advogados. No fundo, é possível dizer que o sistema acusatório é a recepção do paradigma que proporcionou a grande revolução no campo da filosofia: o giro linguístico-ontológico, pelo qual os sentidos não mais se dão pela consciência do sujeito e, sim, pela intersubjetividade, que ocorre na linguagem. Sendo mais simples: trata-se do fenômeno da invasão da filosofia pela linguagem.

Em outras palavras: o sistema acusatório somente assume relevância paradigmática nesse contexto. Na verdade, nem gosto de falar em sistema acusatório. Para mim, a questão passa pela gestão de prova e pelas condições de controle das decisões e da produção da prova. De todo modo, se nele colocarmos o "livre convencimento" ou a "livre apreciação da prova", retornaremos ao inquisitorialismo (peço desculpas, mas tenho que dizer isso; não é porque eu quero que seja assim; não é implicância minha que o inquisitivismo esteja ligado a um paradigma filosófico ultrapassado; isso é assim não porque simplesmente é, mas, sim, porque há uma larga tradição filosófica que define o que é um paradigma).

Pergunta 109

Professor, na disciplina de processo civil do mestrado sobre princípios, discutimos o livro convencimento, inclusive com artigos de sua lavra. Mas a pergunta que ficou foi: como avaliar as provas sem livre apreciação? Quando saber que uma prova documental "vale mais" que uma testemunhal, por exemplo, já descartando a ideia de uma formulação geral e abstrata a todos os casos? E como expurgar elementos fáticos da prova testemunhal (por exemplo, testemunha que disfarça bem, etc.) na hora de decidir? Eu até aleguei a questão da suspensão dos pré-juízos, mas no contexto de trazer à tona (ex-surgir) as razões à luz pública (intersubjetividade), seria preciso incluir a impressão de verossimilhança que a testemunha A passou diferente da testemunha Y? (D. R.)

Lenio Streck. Em primeiro lugar, há que se cuidar para que uma discussão desse quilate, tratando do livre convencimento ou livre apreciação da prova, não seja desvirtuada e acabe em uma conclusão fatalista. Explico. A refutação da permissão para que juízes realizem uma "livre apreciação" da prova não significa que haja uma precisão completa de sua avaliação, como por exemplo, se uma testemunha está mentindo ou não. Há que se fazer uma reconstrução consistente do caso narrado, ajustando-o à história institucional do direito. Essa operação é tão complexa que, se levarmos em consideração a proposta de Dworkin, é necessário representá-la por meio de uma metáfora (ou um arquétipo) de um juiz com capacidades sobre-humanas (Hércules) para realizá-la.

Mas, por que Dworkin recorre a uma metáfora para descrever essa atividade do julgador que tem a tarefa de reconstruir o sentido dos fatos ajustando-o de forma adequada à história institucional do direito? Aqui é preciso perceber que há uma sutileza que nem sempre aparece bem clarificada pelos intérpretes que se pretendem oficiais da obra. Quero dizer que a importância da metáfora está mais no simbólico do "trabalho de Hércules" do que simplesmente do aspecto "sobre-humano" que a mitologia grega articula para esta personagem. Ou seja, a assunção da responsabilidade política coloca sob os ombros do julgador o peso de um "trabalho de Hércules". E assim o é justamente para não deixar que a nossa avaliação sobre o julgamento do caso seja abandonada para a discricionariedade, isto é, para evitar justificativas pobres e simplórias das razões que levaram o juiz a decidir de tal forma.

Ter responsabilidade política significa assumir uma obrigação não apenas "de resultado", mas também "de meio", se me permitem essa pequena blague com a teoria geral das obrigações. E isso se demonstrará na fundamentação do juiz. Os fundamentos expostos pelo juiz precisam enfrentar substancialmente todos os argumentos levantados pelas partes, de forma clara e sólida, de tal modo que a parte possa saber não apenas o que se decidiu, mas o porquê levou o juiz a decidir de tal forma. E podemos anotar, ainda, que, com relação à preponderância da prova documental sobre um outro tipo de prova, a eventual "regra" que pode ser derivada disso não precisa ser retirada de uma tábua fixa nem tampouco de uma avaliação pessoal do julgador. Podemos examinar uma determinada comunidade política e perceber, nas práticas jurídicas que ali são desenvolvidas e no conjunto de princípios que a sustenta, que a interpretação mais adequada da história institucional é aquela que, para o caso, a prova documental deve prevalecer. Mas, note que isso é o resultado de um trabalho construtivo de interpretação de toda matéria jurídica que o caso envolve. Um trabalho de Hércules, portanto.

Ora, se permitimos ou aceitamos, fatalisticamente, o "livre convencimento motivado", estamos permitindo que o juiz decida arbitrariamente, e logo após fundamente de qualquer jeito conforme a opção que preferiu. Estaríamos, então, reconhecendo como verdadeira a afirmação de Rousseau de que "depois que a vontade é fixada, a razão vem em busca de seus fundamentos". E isso não pode ser assim. Não porque eu ou Dworkin não queremos que seja assim. Não pode porque, dentro de uma estrutura democrática, o direito – e sua interpretação – deve ser resultado de uma prática interssubjetiva.

Como já disse em diversas oportunidades: ninguém decide primeiro para fundamentar depois. E isso porque é impossível chegar à outra margem do rio sem passar pela ponte, ou por algum mecanismo que te permita saltar de uma margem à outra. A fundamentação, no caso, é a ponte ou o mecanismo tecnológico que viabiliza essa espécie de salto. Do contrário, seria o mesmo que decidir jogando "cara ou coroa", por exemplo. Mas se mesmo assim acertar? Que bom, mas isso não fez com que o juiz agisse da maneira correta, pois acertou "na sorte". Não tratou a todos como igual consideração e respeito e, justamente por isso, descumpriu com sua responsabilidade política. Por outro lado, não se esqueça que o juiz não viu o fato que está sob julgamento. Se ele tivesse visto, não poderia julgar, pois não? Ele recebe narrativas. E narrativas são textos. E textos são eventos. E sobre eles não se pode dizer qualquer coisa. A lei também é uma narrativa. A doutrina é narrativa.

Mais ainda: cuidado para não cair na armadilha da cisão entre questão de fato e questão de direito. Desde sempre, uma questão de fato já está "juridicizada". E a questão de direito já está "faticizada". Portanto, a narração que uma testemunha dá sobre algo é uma narração de um fenômeno que diz respeito ao direito. E vice-versa. Não poderá dar qualquer versão. Porque há o contraditório. Experimente fazer isso com seus colegas de aula. Sobre um fenômeno. Veja se é possível inventar coisas. Isso somente seria possível se um fato dependesse apenas da visão de uma única pessoa, que nada mais servisse para complementar a narrativa em termos de construção probatória. Só que, neste caso, a prova seria ou será insuficiente. Ninguém prova nada apenas baseado no relato de uma pessoa. A menos que esse relato tenha consistência fática (e, portanto, jurídica). Mas se assim for, já não seria só a dependência "da narrativa pessoal". A palavra que Heidegger utilizada é *Gegenständlichkeit*, isto é, "Batemos contra a objetividade do mundo", frente a algo que transcende a mera construção mental de um sujeito, seja ele testemunha, advogado ou juiz.

Por último, é preciso lembrar mais uma coisa: em termos filosóficos, o livre convencimento é impossível de ser demonstrado. Isso somente seria possível se admitirmos que exista um grau zero de sentido e que o sujeito cognoscente possa, de forma solipsista, sem constrangimentos estruturais-externos, dizer qualquer coisa sobre o mundo. Ele bateria na "trave" dos sentidos. É como você querer impor sua narrativa no cotidiano sem levar em conta a tradição. Invente algum conceito e saia por aí. Mas, cuidado: os sentidos se dão em um *a priori* compartilhado. Mesmo que você pense, por seu livre convencimento, que cascavéis podem ser domesticadas, é provável que a cascavel real, essa que a tradição nos lega, pique você.

Digo o mesmo digo em relação ao solipsismo, uma vez que livre convencimento e a livre apreciação de fatos e direito, etc. não passam de versões desse mesmo solipsismo. O juiz, em face de seu poder, pode dizer que uma picanha é uma maminha, mas parece que só nos autos de um processo. No açougue, não. Ali há uma tradição. Do mesmo modo isso serve para falar sobre a apreciação de provas.

Não há nunca livre apreciação. E se o juiz inventar ou distorcer depoimentos, haverá os remédios decorrentes do contraditório. Não consigo perceber a dúvida que se teria acerca da impossibilidade do livre convencimento. Trata-se de uma questão inerente à democracia. O próprio mundo desmente que possamos "apreciá-lo livremente". Nele nos movemos e acertamos milhares de vezes por dia.

Por que nos autos de um processo poderíamos dizer qualquer coisa, sob o argumento de que o juiz é livre para apreciar? O grande problema, aqui, é a tradição inautêntica. Séculos de filosofia da consciência proporcionaram esse estado de coisas em que o campo jurídico é um dos últimos redutos do sujeito moderno. É um dos últimos lugares em que a barbárie interior não quer ceder aos constrangimentos externos advindos da intersubjetividade. Isso serve tanto para decidir sobre o laudo pericial como para definir se houve ou não legítima defesa.

Pergunta 110

Quer dizer, professor, que nem de longe é possível falar em "princípio do livre convencimento" motivado (ou não motivado)? (D. R.)

Lenio Streck. Correto. É um disparate dizer que o livre convencimento é um princípio. Livre convencimento não é princípio. Não ao menos no sentido que atribuo a esta expressão, inspirado em gente como Ronald Dworkin. Princípio é um argumento normativo (no sentido de que deve ser aplicado) de moralidade política. Posso, herdeiro testamentário, matar o testador para receber a herança logo de uma vez? Não: a comunidade política não aceita esta solução. E o direito é um campo da moralidade política. Logo a resposta jurídica deve estar radicada em princípios que conformam essa moralidade política, comum. Quando o Estado "fala" (dá ordens, proíbe condutas, prescreve direitos e deveres, etc.), essa sua fala deve ser sempre coerente com estes princípios que fazem da comunidade uma comum-unidade. A comunidade política é uma comunidade de princípios.

Se isso é assim – e há boas razões para defendermos que assim seja –, não posso sair por aí dizendo que "livre convencimento" é um princípio. A comunidade política não o endossa. A Democracia não convive com o "convencimento livre" de um agente público, que reivindica a autoridade de sua fala em termos democráticos (igual consideração e respeito, responsabilidade individual por suas próprias vidas). Aliás, "livre"... de quem? Da lei? Da Constituição. Levemos a sério os princípios, pois. É um erro comum e sério confundir a independência judicial (independência do poder político, do domínio econômico, etc.; esse assunto remete, aliás, a outro tema que me é caro: a autonomia do direito) com a "liberdade" de se convencer e de decidir.

Segunda coisa: "livre convencimento" para decidir, certo? Mas a decisão é um ato individual? Não é o produto de um debate público, elaborado com razões públicas, e que vincula as pessoas em nome da comunidade democrática? Veja, não faz sentido algum escrever céus e terras a respeito do direito ao contraditório ou do dever de fundamentar decisões se a decisão é, no final das contas, aquilo que o juiz concluiu, intimamente, que era. O direito é aquilo que os juízes dizem que é? Isso é tão velho...

Note: decidir é agir com responsabilidade política. Responsabilidade de meio (não de resultado), de construir a resposta correta a partir da melhor interpretação possível do material jurídico básico (leis, códigos, precedentes, etc.) e dos princípios que conformam esse empreendimento coletivo (que remetem, por sua vez, a dimensões da dignidade humana). É uma questão de postura, pois, de atitude, diante de um problema jurídico (e não só moral e não só político e não só econômico). Responsabilidade de aplicar o direito corretamente. Uma questão de princípio: garantir os direitos de quem efetivamente os possui.

Dito isso, minha vez de perguntar: será que não é mesmo possível construir um modo de dar racionalidade à apreciação da prova? Veja, não se trata de o juiz achar que a testemunha X falou a verdade, e que a testemunha Y mentiu. Se ele acha isso, ótimo, mas tem validade zero. Só terá validade quando ele conseguir explicitar, de forma pública e racional, as razões que o levaram a concluir desse modo. Ninguém quer e nem pode impedir o juiz de dar maior ou menor crédito à palavra de uma vítima, de uma testemunha, etc. Mas é um ônus dele trazer, para o espaço intersubjetivo (e portanto, controlável pelos interessados), os argumentos que o levaram a decidir desse modo. O que ele definitivamente não pode é dizer: "no meu sentir, a testemunha X mentiu" e ponto. Ou: "A e B disseram coisas conflitantes e, na minha livre apreciação dos fatos, me pareceu mais crível a narrativa de A". Ora, mas por quê?

Pergunta 111

O senhor tem sido um crítico dos enunciados que estão sendo feitos sobre o NCPC. Por quê? (D. M.)

Lenio Streck: Bem, essa resposta exige uma especial atenção, para não gerar mal-entendidos. Até porque há um conjunto significativo de processualistas elaborando enunciados já antes do novo Código de Processo Civil. De modo que minha crítica é acadêmica. Científica. Enunciados, assim como as súmulas, não são um mal em si. Eu já dizia isso antes de 1995, em minha tese doutoral. O problema de enunciados ou súmulas é pensar que elas traduzem respostas antes das perguntas. Enunciados e súmulas fazem mal à democracia quando repristinam pretensões do positivismo clássico do século XIX.

Pensemos no sistema jurídico brasileiro ou no ordenamento como um todo, em como deveria ser a interpretação. Mas pensemos tudo isso como um papel dobrado sobre si mesmo. Só poderemos saber o que está dentro quando o desdobrarmos. Ou seja, *primeiro teremos de abrir o papel*. E isso quer dizer que somente saberemos o conteúdo no seu todo quando terminarmos de lê-lo. Isso é um pouco hegeliano. Mas é importante para podermos dizer que *não podemos adivinhar as coisas e tampouco dar respostas antes que as perguntas sejam feitas*. A ave de Minerva só levanta voo ao entardecer.

Pois parece que os juízes e processualistas em geral que apostam em enunciados têm essa nítida fé na filosofia pré-moderna, reaproveitada pelo positivismo jurídico sintático do século XIX. Isto é, pensam que a filosofia é o espelho da natureza, e o processo é o espelho do direito. Portanto, uma tentativa de fazer isomorfismos, algo como uma espécie de Wittgenstein I *retrô*. Eis a pretensão positivista: transportar a realidade para dentro de conceitos. Na França, isso ficou conhecido como exegetismo. Na Alemanha, como pandectismo ou Jurisprudência dos Conceitos (*Begriffjurisprudence*). Lei e direito sendo a mesma coisa. Não há espaço para a facticidade. É como se fosse possível fazer juízos abstratos.

Pois é isso que estão fazendo os neopandectistas-enunciadores. Pegam o CPC/2015 e dão ou querem dar o sentido antecipado. Uma cautelar de sentidos. *Inaudita factum*. Pior: dão um sentido para além ou aquém do Código. Nítido drible da vaca hermenêutico. Laboram com conceitos sem as coisas. Os conceitos antes dos casos. E quando a realidade é mais forte, transfere-se o poder de decidir para o juiz. Bingo: eis as duas formas principais de positivismo: o primitivo-exegético e o axiologista-voluntarista. Por exemplo, o normativismo kelseniano, pelo qual juiz constrói normas e não há modos de controlá-los, porque juízes não fazem ciência, para Kelsen: fazem política jurídica – aliás, o que são os tais enunciados, senão política jurídica?

Tudo isso, à evidência, é um despropósito com fortes toques de a-historicidade. Duzentos anos de atraso. Além disso, é um desrespeito à autonomia do direito. Consequentemente, é um desrespeito à democracia e conspurca até mesmo a forma como os Poderes são enunciados (e a anunciados) na CF: legislativo, executivo e judiciário. Mas, atenção: o que estou dizendo não quer significar que, pelo fato de estar posto na lei (no caso, o CPC), é que deve ser cumprido. Ledo engano. Isso seria retroceder justamente ao exegetismo. Isso deveria ser óbvio, mas não o é, no entremeio de uma teoria do direito eivada de mixagens teoréticas. Na minha teoria hermenêutica da decisão (CHD) há seis hipóteses nas quais o judiciário pode deixar de aplicar a lei ou um dispositivo legal, isto é, um texto jurídico na linguagem hermenêutica. Assim, se um enunciado – por mais inapropriada que seja a opção por esse modelo-de-enunciados – estiver devidamente fundamentado em uma das seis hipóteses, não será visto como inconveniente ou indevido *stricto sensu*. Ao contrário: como indício hermenêutico-doutrinário, será bem-vindo. Ou seja: terá o papel de doutrina.

Pergunta 112

E como é aquela história de dois juízes que criticaram o senhor por causa de seu artigo sobre os enunciados e usaram, contra o senhor, o Friedrich Müller. E Müller entrou no debate? (R. D.)

Lenio Streck: Sim. Exato. Na ocasião, dois juízes publicaram um texto criticando outro que eu havia escrito criticando a criação de 62 enunciados feitos pela Escola Nacional de Formação e Aperfeiçoamento de Magistrados (Enfam). Os argumentos dos magistrados diziam que eu estaria equivocado ao dizer que não se pode dar respostas antes das perguntas e não concordam com a assertiva que eu havia feito de que enunciados são uma espécie de conceitos sem coisas.

O mais incrível, para mim à época, é que os magistrados basearam suas críticas justamente em Friedrich Müller, um severo crítico do positivismo jurídico que equiparava texto e norma. Müller mostra que o texto não subsiste sem a atribuição de sentido que se faz apenas na concretude. Então sustentei em um novo artigo que a doutrina de Müller não apoiaria a fabricação de enunciados, como queriam os dois articulistas. E, sem minha surpresa, ao entrar em contato com o próprio Müller, sua resposta foi a de que "fixar de antemão um enunciado é incompatível com a moderna metodologia jurídica, uma vez que a norma só é produzida por intermédio do caso e produto dessa concretização metodicamente refletida".

Assim, ao contrário do que o artigo de meus críticos dava a entender, para Müller a norma é construída apenas no caso concreto, como resultado de uma atividade prática, na qual os elementos linguísticos do direito, os textos de normas, adquirem sentido a partir de sua conjugação com os elementos de fato. O termo concretização é usado por ele justamente para se distanciar do uso que a tradição jurídica fez do termo *interpretação*. Um dos fundamentos para tal é o caráter eminentemente prático da atividade interpretativa (e da ciência do direito), ao contrário do conteúdo teórico-abstrato que lhe era atribuído. Tanto que o título original em alemão da obra sobre metódica jurídica é *Juristische Methodik: Grundlegung für die Arbeitsmethoden der Rechtspraxis*.

Além disso, Müller ainda refere que o uso de exemplos ou casos fictícios não autoriza que a moderna teoria do direito fixe antecipadamente os sentidos da lei por intermédio de "enunciados". "Os sentidos de um texto somente surgem na aplicação". Nas palavras do professor alemão: *"Die Verwendung von Beispielen oder fiktiven Fällen erlaubt es nicht, dass die moderne Theorie des Rechts die Sinne des Gesetzes durch "Aussagen" vorab sichert. Die Sinne eines Textes ergeben sich nur in der Anwendung [Konkretisierung]. Daher hat die Herstellung von Aussagen nichts mit meiner Theorie zu tun"*. A última frase me parece muito esclarecedora. Müller diz: "Por isso, a elaboração de enunciados não decorre de [não têm relação com] minha teoria". Pronto. O que mais posso dizer depois das próprias palavras de Friedrich Müller?

Pergunta 113

Professor, o que o senhor tem a dizer àqueles processualistas que estão dizendo que pouco importou a retirada da palavra *livre* do artigo 371? Ou seja, há pessoas sustentando que o livre convencimento continua. (R. D.)

Lenio Streck: Incrível, não? Causa espécie que, apesar da explícita retirada da expressão "livre" do artigo 371 e do resto do CPC, da exigência de fundamentação nos moldes colocados no art. 489 e da obrigatoriedade de que a jurisprudência seja íntegra e coerente (art. 926), ainda haja doutrinadores dizendo coisas como "apesar de o CPC não mais falar em livre convencimento, nada mudou, porque o livre convencimento motivado é da natureza da decisão judicial". Há até alguém que sustente que o livre convencimento seria necessário para o melhor direito, supondo uma "discricionariedade racionalizada" a meio caminho da íntima convicção e as provas tarifadas. Há um belo artigo escrito por um aluno meu, Guilherme Valle Brum, intitulado *Réquiem para o livre convencimento motivado*.

Ora, esse tipo de defesa só teria sentido se o direito estivesse separado da filosofia. Só quem pensa o direito fora dos paradigmas filosóficos é que pode dizer que o livre convencimento é necessário, ignorando dois *linguistic turns* e toda a intersubjetividade que mudou a história do pensamento. Claro, o livre convencimento é necessário se o direito é visto como uma racionalidade instrumental. Mas se o direito é transformador, como o é sob o Estado Democrático, discricionariedade é igual a arbítrio. Insisto: juiz decide; ele não escolhe – ainda que seguido por um raciocínio adjudicador, à moda de "justificação ornamental".

Chega a ser cansativo ter de explicar que um juiz sem livre convencimento (motivado que seja), não é um juiz do século XIX. O juiz da democracia é um juiz que julga por princípios e por seus critérios pessoais. Livre convencimento é igual a julgar conforme o pensamento individual do juiz. Mesmo que se diga "livre convencimento, mas a partir da lei", ainda assim isso é paradoxal. Se o seu convencimento é livre, fatalmente a lei acabará soçobrando. Vou me repetir, exercitando minha LEER: definitivamente, expungir o livre convencimento não equivale à proibição de interpretar.

Para ser mais claro: Eis a "lei da hermenêutica": não se reproduz sentido e nem se o atribui livremente. Lembremos de Gadamer: antes de dizer algo sobre o texto, deve-se deixar que o texto diga algo. Também Müller, Habermas e Dworkin são testemunhas de que nem de longe o mundo é tão simples quanto à divisão entre exegese e não exegese. Falta só aparecer alguém para dizer que onde está escrito "coerência e integridade", no artigo 926, deve-se ler apenas "estabilidade". Aliás, já li um processualista dizer que o artigo 926 é apenas programático.

Nesse sentido, tenho referido de há muito que "não se pode dizer qualquer coisa sobre qualquer coisa no direito". Veja-se que os franceses, para garantir o produto do legislador, tiveram que institucionalizar uma rígida exegese. Mas isso foi no século XIX. Não creio que em plena democracia e na vigência do paradigma do Estado

Democrático de Direito, seja necessário qualquer tipo de "amarração" ao poder arbitrário do intérprete solipsista. Vivemos hoje no paradigma da intersubjetividade. Logo, não há lugar nem para o "dono da lei", nem para o "escravo da lei".

De novo, apelo à literatura. Machado de Assis, no século XIX, já fazia uma dura crítica ao sistema político e ao arbítrio da interpretação, quando escreveu *a Sereníssima República*. Basta lembrar a eleição disputada pelos candidatos Nebraska e Caneca, em que o vencedor foi Nebraska, sendo que, no entanto, pelo fato de, na bolinha onde estava escrito o nome do candidato, ter faltado a última letra do nome Nebraska, o candidato Caneca impugnou, trazendo um parecer de um famoso filólogo. O fabuloso intérprete conseguiu "demonstrar" que quem escreveu Nebraska queria ter escrito, mesmo, a palavra Caneca. Como o personagem Humpty Dumpky em *Alice Atrás do Espelho*, ele deu às palavras o sentido que quis. Assim, negar a extinção do livre convencimento é como transformar a palavra Nebraska na palavra Caneca. Sem tirar nem pôr.

Por tudo isso, é importante referir também o caráter simbólico que representa a retirada da palavra "livre". Como referido, é um salto paradigmático, que deverá trazer sensíveis alterações na doutrina e na jurisprudência. A retirada do livre convencimento do texto do CPC também fará com que se altere, substancialmente, a jurisprudência sobre a "fundamentação nos embargos de declaração". Vedadas, portanto, decisões do tipo: "O sistema normativo pátrio utiliza o princípio do livre convencimento motivado do juiz, o que significa dizer que o magistrado não fica preso ao formalismo da lei levando em conta sua livre convicção pessoal". Do mesmo modo, inadmissíveis de agora em diante decisões como esta: "O juiz, na linha de precedentes do STF, não está obrigado a responder a todas as questões articuladas pelas partes. *As razões de meu convencimento são suficientemente claras. Rejeito os embargos*". Preciso dizer mais?

Pergunta 114

Tenho que insistir no ponto "livre convencimento", professor. Há um livro escrito após a entrada em vigor do CPC-2015 em que três processualistas civis (Guilherme Marinoni, Daniel Mitidiero e Sergio Arenhart) dizem, comentando o artigo 371 (que repete o antigo 131 do CPC/73, só que sem a palavra "livre") que "[...] o juiz apreciará a prova das alegações de fato em conformidade com o modelo de constatação que deve ser empregado para análise do caso concreto levado ao seu conhecimento. Dentro do modelo, apreciará livremente, sem qualquer elemento que vincule o seu convencimento a priori. Ao valorar livremente a prova, tem, no entanto, de indicar na sua decisão os motivos que lhe formaram o convencimento. No direito brasileiro vige, pois, o sistema da livre valoração motivada (também conhecido como sistema da persuasão racional da prova)". O que o senhor tem a dizer sobre essa apreciação? (R. D.)

Lenio Streck. Impressiona-me o modo como parcela dos processualistas enxerga essa questão da "compreensão". Parece que eles falam disso como se não tivesse havido paradigmas filosóficos. Essa conceituação que você acaba de lançar para que eu me posicione não tem qualquer suporte filosófico. Nenhuma tese filosófica poderia ser usada para sustentar esse tipo de afirmação. O que está dito pelos ilustres juristas não tem base teórico-epistêmica-filosófica. Vou explicar isso melhor. Vamos ver se entendi bem. Vamos ler juntos: "o juiz apreciará a prova das alegações de fato em conformidade com o modelo de constatação que deve ser empregado para análise do caso concreto levado ao seu conhecimento. Dentro do modelo, apreciará livremente, sem qualquer elemento que vincule o seu convencimento a priori. Ao valorar livremente a prova, tem, no entanto, de indicar na sua decisão os motivos que lhe formaram o convencimento".

Bem, para começar, se não há nenhum elemento que vincule o juiz no momento de apreciar provas, então como ele – juiz – pode compreender o que significa "prova"? Como ele poderia compreender o que é um processo judicial? Ou até o próprio direito processual? Na verdade, se o processualista levasse de fato a sério sua posição, os autores do enunciado nem sequer poderiam escrever sua própria obra, pois não estariam vinculados a nenhum elemento *a priori* que o faça compreender o que é um livro, um tema jurídico, e o próprio modelo de apreciação judicial de provas.

O problema da afirmação dos subscritores da afirmação se assenta em dois pontos. O primeiro diz respeito a uma contradição entre assumir que o juiz aprecia livremente a prova, "sem qualquer elemento que vincule o seu convencimento a priori", determinando, contudo, que este indique os motivos que lhe formaram o convencimento. Ora, se não há elemento *a priori* que vincule o juiz, não há como exigir a indicação dos motivos pelo simples fato de que já haveria o dever de motivar a valoração, que imporia certos constrangimentos ao juiz na hora de valorar a prova. Ademais, não são todos os motivos que são juridicamente válidos para justificar/legitimar uma avaliação judicial da prova, como o sorteio com uma roleta entre uma série de opções interpretativas, apoiar a versão do autor se o seu time de futebol ganhou (ou a do réu, se o time perdeu), entre muitas outras opções absurdas.

No mais, do ponto de vista filosófico (e não apenas daquele que tenho por mais correto, por uma série de motivos), é impossível que se trabalhe sem qualquer vinculação *a priori*. A partir da hermenêutica gadameriana, inspirada em Heidegger, por exemplo, não há como escapar do conjunto de pré-compreensões que a tradição nos lega. Esse tipo de tese sufragada por Gadamer possui a concordância da maior parte da filosofia. Mas mesmo os que não concordam com Gadamer e Heidegger ou Wittgenstein, jamais sufragariam algo como o que foi dito por Marinoni, Mitidiero e Arenhart. De todo modo, relembro que não podemos interpretar atribuindo sentido (*Sinngebung*) de qualquer forma pelo constrangimento que a tradição nos causa.

Isso ocorre não só na hermenêutica, que fique claro. As teorias críticas assumem, igualmente, o papel de condicionamentos prévios (de índole política e econômica, principalmente) não só na interpretação, mas também em outros âmbitos. Wittgenstein, por sua vez, diria que há jogos de linguagem nos quais estamos inseridos e que afetam o modo como interpretamos dados da linguagem e da realidade.

Aliás, tudo isso tem relação justamente com o problema que o conceito de Estado de Direito busca atacar: que as autoridades públicas não ajam como quiserem, mas estejam constrangidas pelas leis que determinam suas funções e seus poderes. Em relação aos juízes, a quem falta legitimidade democrática, cabe mais uma vez impor maiores controles na sua atividade interpretativa, para que por meio dela não distorçam o conteúdo da lei ou até da Constituição.

Ainda, numa palavra, os referidos autores – e os que pensam desse modo (há muitos processualistas que pensam que o juiz possui livre convencimento e aprecia livremente a prova) – precisam se dar conta de que as interpretações que fazemos da realidade não se dão em uma espécie de ponto arquimediano, fora da história, do tempo e da facticidade. Somente nesse "lugar nenhum" é que não há nenhum condicionamento histórico, político, social, etc., que vincule a decisão do juiz. Trata-se de uma crença injustificada, pois além de indemonstrável, ignora a própria condição humana de estar-no-mundo, ignorando a história. Na verdade, como já falei, livre convencimento tem um nome: solipsismo; filosofia da consciência; subjetivismo. Barbárie moderna.

Ademais, se não há nenhum elemento *a priori* que vincule a decisão do juiz, ele não precisaria "motivar" a sua convicção, já que ele pode livremente escolher como irá decidir. A motivação vira apenas uma formalidade desnecessária. Isso apenas demonstra que posições desse quilate se aproximam das teses do realismo jurídico, que não deixa de ser uma forma de empirismo e, no plano da metaética, uma postura não cognitivista. Isso, é claro, se houvesse possibilidade de alguém poder defender, logica e filosoficamente, que uma pessoa ou um juiz possa "compreender alguma coisa" sem qualquer elemento que vincule o seu convencimento *a priori*.

Seria extremamente relevante se os três processualistas que escreveram o referido comentário ao artigo 371 enfrentassem o problema de frente, dizendo de que modo o livre convencimento é compatível com a democracia e com os demais artigos do CPC. Aliás, se olharmos bem, veremos que todas as vezes em que o velho CPC usava as palavras "livre", não encontraremos correspondência no Novo Código. E isso deve ter alguma importância, pois não? Afora a questão da necessidade de o juiz não decidir a partir de seus pressupostos internos, subjetivos. Afinal, alguém tem dúvida de que "livre convencimento" é irmão gêmeo do particularismo subjetivista de que fala Puntel, para falar apenas deste autor, sem precisar recorrer ao todo da filosofia da consciência? Eis o busílis da questão.

Pergunta 115

Em linhas gerais, como o Novo CPC ajudará a construir decisões judiciais mais sólidas? (R. D.)

Lenio Streck: Dependerá muito da doutrina. O texto do CPC, com exceção da previsão da ponderação de normas, o que é uma excrescência, pode ser um instrumento importante na busca de decisões mais consistentes. Nesse sentido colaborei muito na elaboração do novo CPC, introduzindo a exigência de coerência e integridade no artigo 926 e retirando, na parte das provas, o poder de livre convencimento judicial. Não há mais poder de livre apreciação da prova. Trata-se do silêncio mais eloquente da história do direito brasileiro.

Penso que bem aplicado, o CPC novo pode ser muito útil no plano da decisão judicial. Mas temos que estar atentos. Dia desses li de um processualista civil que o conceito de coerência e integridade – que ele, deliberadamente, ignorou de quem foi a ideia de colocar esses dois princípios no artigo 926 do CPC – não tem nada a ver com Dworkin. Disse que pouco importavam as razões pelas quais "o autor" quis incorporar a coerência e integridade no CPC. Aliás, para ele, Dworkin não tem importância para o direito. Pois é.

Pois eu quero apenas dizer que o conceito de coerência e integridade só tem sentido no seu sentido cunhado pela tradição. Não há grau zero de sentido. O que querem fazer alguns processualistas?

Inventar um conceito de "coerência" pindoramense? Bom, para quem acha que princípio é valor, o que posso dizer? E que a ponderação é um princípio, o que agregar?

Pergunta 116

O novo e o velho, professor. Em Belo Horizonte, no Congresso Internacional de Processo Civil, o senhor chamou a atenção dos juristas acerca do perigo de vermos o novo com os olhos do velho, apontando para o novo Código de Processo Civil. Poderia contar a metáfora que usou? (D. R.)

Lenio Streck: Há um filme que pode nos ajudar a entender a relação do novo com o velho e, sempre, o papel da linguagem, do objetivismo e do subjetivismo. Trata-se da película *Os Deuses Devem Estar Loucos*, em que um piloto de um pequeno avião, sobrevoando uma aldeia de uma tribo "não civilizada", descarta uma garrafa vazia de Coca-Cola. Os nativos olham para esse objeto estranho e não sabem o que fazer com ele. Afinal, não havia um *a priori* compartilhado – uso aqui o conceito que cunhei na *Crítica Hermenêutica do Direito* – acerca do sentido de "garrafa". O estranhamento faz com que haja chutes de sentido. A linguagem surge na falta, pois não? E alguns usam a garrafa para ralar tubérculos, outros assopram e pensam que é um instrumento musical e outro dá o sentido de arma, porque o objeto estranho é atirado e fere um terceiro na cabeça.

Depois dessas tentativas, os nativos decidem se livrar desse objeto estranho não linguisticizado, portanto, não compreendido. E elegem um deles para levar o objeto e atirá-lo para fora do mundo, porque, para eles, o mundo tinha limites, era quadrado, e o tal objeto deveria ser descartado para o abismo do nada. E lá se foi o nativo, correndo para o fim do mundo. Que nunca chegou.

Moral da história: o novo sempre perturba. O NCPC causa frisson. Há dezenas de livros apresentando interpretações. Uns dizem que o Código é perigoso para a magistratura, havendo juízes já de malas prontas para outros países, como me disseram em textos e palestras. Outros preparam o drible da vaca hermenêutico, despistando uma aplicação mais efetiva. Propõem enunciados desviantes, como se os limites hermenêuticos nada valessem. Como os nativos, vão do ralador ao apito. Enfim, como se trata de uma lei, parece que os que se colocam contra o novo CPC e em especial contrários ao dever de fundamentação, gostariam de eleger um jurista para correr até o limite do mundo e descartar o estranho objeto. Há alguns nativos que dizem que o dever de coerência e integridade é apenas uma norma programática, sem normatividade estrita. Outros dizem que a retirada do livre convencimento nada significa. Em seminário de juízes, foi proposta a minimização da não surpresa do art. 10. É incrível como os deuses estão loucos, se me entendem a ironia.

Pergunta 117

Professor, costumeiramente o senhor diz que não se pode dizer qualquer coisa sobre qualquer coisa. Disto, (também) se infere que você é contra o relativismo, correto? Fale-nos um pouco sobre isso. (D. M.)

Lenio Streck: Como diz Gadamer, o relativismo não deve ser combatido; deve ser destruído. Binguíssimo, agora. A hermenêutica está longe do relativismo. Ela acredita em verdades. Eu também. Caso não acreditasse, não poderia conceder esta entrevista. Quando alguém diz "não existem verdades", está se proclamando como automentiroso. A pretensão de verdade faz parte de toda a compreensão. Não me canso de repetir isso. Não estou falando em verdades apodíticas, autoevidentes. Claro que não. Falo em verdade hermenêutica. Como Gadamer. Explico isso em vários livros e artigos.

A propósito, meu caro, para descontrair, trago à baila uma estorinha que me permiti adaptar. É uma estorinha antiga, construída por um autor desconhecido. Confesso que fui atrás e não descobri. Com ela quero mostrar a antítese da verdade, que é a "vontade do poder". É uma espécie de neonominalismo. Ou niilismo, que, para mim, dá no mesmo. A estorinha mostra o problema dessa dessubjetivação que é o relativismo. Tudo é relativo, diria alguém. E eu respondo: se você estiver com a razão, estão caiu em uma contradição performativa, porque se tudo é relativo, inclusive isso que disse é relativo. Consequentemente, como vou acreditar em você? Bem, vamos à estorinha, advertindo que qualquer semelhança com o que ocorre em decisões judiciais não é mera coincidência.

Num dia lindo e ensolarado, o coelho saiu de sua toca-tríplex com o notebook e pôs-se a trabalhar, bem concentrado. Usava óculos de aros grossos, o que lhe dava uma aparência séria e intelectual. Pouco depois, passou por ali a mestranda raposa (ela fazia dissertação sobre o "relevantíssimo" tema *"O Papel dos Embargos dos Embargos na Pós-modernidade: Um Olhar Retrospectivo"*), e viu aquele suculento coelhinho, tão distraído, que chegou a salivar. No entanto, ela ficou intrigada com a atividade do coelho e aproximou-se, curiosa:

R – Coelhinho, o que você está fazendo aí tão concentrado?

C – Estou redigindo a minha tese de doutorado – disse o coelho sem tirar os olhos do trabalho, apagando o cigarro nervosamente.

R – Hum... E qual é o tema da sua tese?

C – Ah, é uma teoria provando que os coelhos são os verdadeiros predadores naturais de onívoros como as raposas.

R – Ora! Isso é ridículo! Nós é que somos os predadores dos coelhos! Isso está em qualquer livro que trata do assunto, como, por exemplo, o recém-lançado *"Manual da Cadeia Jurídico-Alimentar para Estagiários"*. Há, ainda, um outro, chamado *"Manual da Improbidade Intelectual"*. Mas, diga-me: qual é a sua teoria de base? Sua matriz teórica?

C – Minha tese está sustentada na Jurisprudência dos Interesses. Embora a lei diga que as raposas são os predadores dos coelhos e outros animais, fui buscar, a partir de uma análise sociológica, os interesses que moveram o legislador. Li Philipp Heck e lá encontrei a solução a partir da *Abwägung* (sopesamento, ponderação de interesses; na verdade, aludiu, descobri também que foi ele quem cunhou a expressão *Abwägung* no direito, mais de setenta anos antes de Alexy). E, bingo. Cheguei a essa conclusão. De todo modo, vou detalhar isso melhor. Venha comigo à minha toca-biblioteca, que lhe mostrarei toda a bibliografia original (esse coelho era "metido"!).

O coelho e a raposa entram na toca-biblioteca. Livros à mancheia. Poucos instantes depois, ouvem-se alguns ruídos indecifráveis, alguns poucos grunhidos e depois silêncio. Em seguida o coelho volta, sozinho, e mais uma vez retoma os trabalhos da sua tese, como se nada tivesse acontecido. Meia hora depois passa um lobo, recém-formado. Levava debaixo do braço sua mais recente aquisição, um grosso livro chamado *"Como Aprender Direito Através de Raciocínios Pequeno-gnosiológicos"*. Ao ver o apetitoso coelhinho tão distraído, agradece mentalmente à cadeia alimentar por estar com o seu jantar garantido. No entanto, o lobo também acha muito curioso um coelho trabalhando naquela concentração toda, manejando o seu flamante *Apple*. O lobo então resolve saber do que se trata aquilo tudo, antes de devorar o coelhinho:

L – Olá, jovem coelho. O que o faz trabalhar tão arduamente?

C – Minha tese de doutorado, bacharel Lobo – e acendeu mais um *Parliament* (ele era politicamente incorreto). "É uma teoria que venho desenvolvendo há algum tempo e que prova que nós, coelhos, somos os grandes predadores de vários animais carnívoros, inclusive dos lobos".

O lobo não se contém e cai na gargalhada com a petulância do coelho.

L – Apetitoso coelhinho! Isto é um despropósito. Nós, os lobos, é que somos os genuínos predadores dos coelhos. Até aquele livro, *"Direito dos Animais Descomplicado"*, que já vendeu mais de 20 edições, diz isso. Também o livro *"ABC da Predação das Espécies"* aponta nessa direção. Tem também as publicações plastificadas que explicam bem isso. Diga-me: qual é a sua matriz teórica?

C – Minha tese – e fez uma pausa para uma longa tragada – está fulcrada na Jurisprudência dos Valores. Sim, a *Wertungsjurisprudenz* (era terrível esse coelho; agora já esta lançando mão de outro aporte). Por debaixo da lei que diz que vocês, lobos, são os nossos predadores, estão os valores da sociedade. São esses valores que devem guiar o intérprete no momento da aplicação do direito. E eu os descobri. A lei é apenas a ponta do *iceberg*. O *ius* difere da *Lex*... O barco do positivismo exegético bate na parte invisível do *iceberg* (neste instante, seu olhar de superioridade parecia insuportável para o Bel. Lobo). A propósito, se você quiser, eu posso apresentar a minha prova. Você gostaria de me acompanhar à minha toca-biblioteca, para um chá, um charuto e uma discussão teórica de alto nível?

O Lobo não consegue acreditar na sua boa sorte. Ambos desaparecem toca-biblioteca adentro. Alguns instantes depois, ouvem-se uivos desesperados, ruídos de mastigação e... Silêncio. Mais uma vez o Coelho retorna sozinho, impassível, e volta ao trabalho de redação da sua tese, como se nada tivesse acontecido... Ao invés do cigarro, mastiga um *Partagás*, cuja cinza ameaça cair a todo instante...

No dia seguinte, passa um Coiote, este cursando mestrado profissionalizante. Seu trabalho de conclusão versaria sobre "Como Construir Petições no *Twitter* – um (novo) Olhar Gestional" (genial ele, não?). Mesma história. Diálogo parecido. E o Coiote, rolando de tanto rir, faz a mesma pergunta: e em que você se baseia? Não me venha com churumelas. Li tudo a respeito no livro *"Como Aprender O Direito Natural dos Animais em 15 minutos"*, já em sua 30ª edição. E o Coelho responde: baseio-me na "ponderação de princípios" (ou valores, porque princípios são valores – pelo menos para os adeptos do caráter teleológico dos princípios). Na verdade – e, com isso, o doutorando Coelho já estava na sua terceira matriz teórica – "fiz um sopesamento e facilmente cheguei à conclusão de que, entre os valores em jogo, facilmente se conclui que são os coelhos os predadores dos coiotes. Mas, veja bem (neste instante, tomou um pequeno gole de *Brandy*)... Fiquei pensando qual seria a teoria que eu adotaria, para sustentar minha tese. Poderia, por exemplo, ter adotado 'o lado b' da teoria kelseniana, constante no capítulo oitavo da *Teoria Pura do Direito*. Calma, calma, já explico. Como se sabe, Kelsen fez a *TPD* sob os influxos das influências do positivismo lógico praticado pelos filósofos que participaram do chamado 'Círculo de Viena' (neste momento, o Coelho fez várias citações para mostrar ao seu incauto interlocutor como Kelsen produziu sua teoria no entroncamento de duas grandes tradições: o neokantismo da escola de Marburgo e o positivismo lógico). Nos termos do que postulava esse movimento teórico, a construção de uma ciência – com uma linguagem rigorosa – dependia da construção de uma metalinguagem sobre a linguagem objeto. A ciência do direito é da ordem da metalinguagem (essa é a TPD): resolve os problemas lógicos que a linguagem objeto – no caso o direito e suas práticas cotidianas – produz (que chato esse coelho... Precisava explicar isso desse modo para o Coiote, um pobre *Canis latrans* que estava preocupado com a pragmaticização do direito?)".

É por isso que, para Kelsen, continuou o doutorando Coelho, "a aplicação judicial/interpretação do direito é um ato de vontade (e citou, de cabeça, vários livros e autores que dizem isso), sendo que a interpretação da ciência do direito é um ato de conhecimento. Veja como Kelsen é um autor complicado. Ao mesmo tempo em que pretende uma TPD, no plano aplicativo se rende ao fato de que os juízes fazem política jurídica. Eis aí o 'ovo da serpente' do decisionismo...". Pensei, pensei – concluiu o *Kaninchen* – "e optei pela ponderação que vem sendo trabalhada pelas teorias da argumentação. Afinal, discricionariedade por discricionariedade, mormente como ela é aplicada em *terrae brasilis*, preferi a ponderação, a 'pedra filosofal da interpretação'. É mais charmosa... Pego um princípio (ou um valor) em cada 'mão', pondero, e, pronto... Ai está a solução. E nem preciso construir a regra *adstrita*".

Mas o Coelho aspirante ao doutoramento não parou por aí. Empolgado – enquanto acendia mais um cigarro – ainda completou: "confesso que até fiquei tentado a usar algumas teses pragmaticistas--realistas, retiradas do direito norte-americano. Daria no mesmo". E, fazendo ar de desdém, deu por encerrada a discussão, não sem antes convidar o visitante a visitar a sua imensa toca-biblioteca.

Na sequência, ambos – coelho e coiote – desaparecem toca-biblioteca adentro. Alguns instantes depois, ouvem-se uivos desesperados, ruídos de mastigação e... Silêncio. Mais uma vez o Coelho retorna sozinho, impassível, e volta ao trabalho de redação da sua tese, como se nada tivesse acontecido... Seu olhar, agora, era *blasé*. Como se tivesse pena do mundo.

Na cena que só pôde ser vista em circuito fechado, dentro da toca-biblioteca do coelho, vê-se uma enorme pilha de ossos ensanguentados e pelancas de diversas ex-raposas e, ao lado desta, outra pilha ainda maior de ossos e restos mortais daquilo que um dia foi de lobos, além de ossos de coiotes... Ao centro das duas pilhas de ossos, charutos cubanos e garrafas de *Dom Perignon*, um enorme Leão, satisfeito, bem alimentado e sonolento, a palitar os dentes...

Qual é a moral da estória? Podemos tirar várias lições, dentre as quais:

- Não importa quão absurda é a tese (ou causa) que você pretende sustentar;
- Não importa se você não tem o mínimo fundamento científico;
- Não importa o tipo de livro que você está lendo;
- Não importa se os seus experimentos nunca cheguem a provar sua teoria;
- Não importa nem se suas ideias vão contra o mais óbvio dos conceitos cunhados pela tradição da teoria (no caso, do direito)...
- O que importa, mesmo, é o poder (discricionário), é o subjetivismo, é o solipsismo que está por trás do seu argumento (ou quem seja o seu orientador, se estivermos a tratar de uma tese...). O que importa é a "vontade do poder"; o que importa é que a "interpretação seja um ato de vontade", seja essa "vontade" entendida como poder discricionário, arbitrário, busca dos interesses, dos valores, etc. (se estivermos a tratar de uma decisão judicial...). O que importa é que a decisão seja produto dos subjetivismos. Com isso, sempre se terá a resposta que se quiser. Afinal, sob o pretexto de superarmos as teses objetivistas, caímos no império dos axiologismos e subjetivismos. Ficamos reféns do PCJ.

Veja: metáforas, estórias, histórias, metonímias, etc., servem para ajudar a entender a realidade. Conto essa estorinha como uma ode à Justiça e à magistratura. Na verdade, uma homenagem. E não há qualquer ironia nisso que estou dizendo. Todos os meus textos e livros – e não são poucos – defendem a Jurisdição (Constitucional). Chego a dizer que mesmo se esta Constituição for retalhada, erodida, poderemos resistir – nós, juristas em geral – para sustentar a democracia, porque os princípios constantes na Constituição são inamovíveis. Um Judiciário democrático poderá ajudar na resistência. Acho que mais não preciso dizer do meu amor pelas Instituições e do respeito que por elas nutro.

Por que sou antirrelativista? Simples. Queremos, todos, uma sociedade democrática. E, fundamentalmente, instituições democráticas. Um judiciário democrático. Um Ministério Público democrático.

Que as decisões de ambos *não* sejam fruto de opiniões pessoais. Que as decisões *não* sejam fruto do subjetivismo ou voluntarismo. Ninguém é neutro. A neutralidade é uma fraude. Não é disso que se trata. Decidir não é o mesmo que escolher. Por isso, a necessidade de cobrarmos a responsabilidade política das decisões, como explico em *Verdade e Consenso*. É o que chamo de *accountability* hermenêutica.

Por tudo isso é que temos de acabar com essa sanha relativista em *terrae brasilis* (como eu gosto dessa expressão!). A metáfora do coelho é uma crítica ao relativismo, que é uma praga contemporânea. Relativismos geram paradoxos. E paradoxos são coisas sobre os quais não posso decidir. Deles só é possível sair de forma artificial, a partir de uma metalinguagem. Sim, existem respostas melhores que outras. E decisões corretas (adequadas à Constituição) e respostas incorretas (não adequadas). Portanto – e permito-me repetir esse meu antigo jargão – *não se pode dizer qualquer coisa sobre qualquer coisa* e depois buscar a justificativa, como fez o "doutorando-coelho".

Ainda para arrematar: que não se venha a dizer que "temos que respeitar qualquer opinião, por mais absurda que seja", ou "cada um tem o direito de dizer o que quer...". Ou, ainda, que "Amado Batista é tão bom quanto Chico Buarque", "que Claudia Leite é genial", "que aquele livro sobre 'direito simplificado ou descomplicado' é tão bom quanto o do Celso Antonio Bandeira de Mello ou do Paulo Bonavides'", "que gosto não se discute", "que cada um interpreta como quer", "que direito é coisa simples", "que direito é prática", que "sentença vem de *sentire*". Há coisas sobre as quais não se deve falar. Há limites no que se pode dizer. Por isso existe a cultura. Por isso existem teorias. Por isso o direito é alográfico. Caso contrário, o marceneiro ou o pipoqueiro poderiam "ler a lei", embora juristas possam vender pipocas, é claro. Por isso, não é qualquer um que pode se meter a escrever um livro sobre direito pretendendo ensinar aos outros aquilo que nem ele sabe. Ou "ensinar" aquilo que retirou, a partir de um "recorta e cola", do *Dr. Google*. Ou um livro que repete o que diz a lei. Não, não é qualquer um que pode se arvorar no direito de gastar papel para escrever textos epistemo-caricaturais. Isso tem que ser dito. Temos que ter coragem de dizer isto. No mínimo para preservar o meio ambiente.

Pergunta 118

> Professor, seria adequado então afirmar que o problema do relativismo e de uma "livre" disposição dos sentidos está umbilicalmente relacionada à questão da discricionariedade judicial, e por isto faz-se necessário um enfrentamento filosófico nesta discussão. (D. M.)

Lenio Streck: Penso que sim. Um dos textos mais interessantes que li da literatura brasileira é *Ideias de Canário*, de Machado de Assis. Trata-se da demonstração do significado da linguagem e dos perigos do solipsismo. Lendo esse conto machadiano, compreendemos os perigos da linguagem privada e o acerto de Wittgenstein II, Heidegger e Gadamer, para falar apenas estes que forjaram o giro ontológico-linguístico.

Vejam: quando o texto foi escrito, não se sabia ainda do valor da linguagem como condição de possibilidade. Tínhamos Hamann, Herder e Humboldt, este último mais enfático, conforme explicito em *Hermenêutica Jurídica e(m) Crise*. O *linguistic turn* estava ainda muito distante. A genialidade de Machado fez um adiantamento de sentido na história da filosofia da linguagem e na hermenêutica.

Observemos a noção de imaginário neste conto que, de tanto contar por aí, decorei. Ei-lo: um homem, Sr. Macedo, vê um canário em uma gaiola, pendurada em uma loja de quinquilharias. Ao indagar em voz alta quem teria aprisionado a pobre ave, esta responde que ele estava enganado. Ninguém o vendera. O Sr. Macedo perguntou-lhe se não tinha saudade do espaço azul e infinito, ao que o canário perguntou: – *"que coisa é essa de azul e infinito"*? Então o homem afinou a pergunta: – *"que pensas do mundo, oh canário"*? E este respondeu, com ar professoral: *"o mundo é uma loja de quinquilharias, com uma pequena gaiola de taquara, quadrilonga, pendente de um prego; o canário é senhor da gaiola que habita e da loja que o cerca. Fora daí, tudo é ilusão"*. E acrescentou: *"Aliás, o homem da loja é, na verdade, o meu criado, servindo--lhe comida e água todos os dias"*. Encantado com a cena, o Sr. Macedo comprou o canário e uma gaiola nova. Levou-o para a sua casa para estudar o canário, anotando a experiência. Três semanas depois da entrada do canário na casa nova, pediu-lhe que lhe repetisse a definição do mundo.

– O mundo, respondeu ele, é um jardim assaz largo com repuxo no meio, flores e arbustos, alguma grama, ar claro e um pouco de azul por cima; o canário, dono do mundo, habita uma gaiola vasta, branca e circular, donde mira o resto. Tudo o mais é ilusão e mentira.

Dias depois, o canário fugiu. Triste, o homem foi passear na casa de um amigo. Passeando pelo vasto jardim, eis que deu de cara com o canário.

– "Viva, Sr. Macedo, por onde tem andado que desapareceu"?

O Sr. Macedo, pediu então que o canário lhe definisse de novo o mundo. O mundo, concluiu solenemente, é um espaço infinito e azul, com o sol por cima.

Indignado, o Sr. Macedo retorquiu-lhe. – "Sim, o mundo era tudo, inclusive a gaiola e a loja de quinquilharias...". Ao que o canário disse: – Que loja? Que gaiola? Estás louco?

O conto dá uma tese. Vejam a linguagem privada do canário. Presente o imaginário solipsista. O mundo está limitado pela linguagem que possui o canário. A filosofia funciona como espelho da natureza. O mundo para o canário é o que ele vê. A realidade existe a partir de sua percepção. Quantos juristas se comportam como o canário do conto de Machado? Antes de Wittgenstein, Machado já mostrava a (im)possibilidade e os limites da linguagem privada. Como diria Carlos Drummond de Andrade, mundo, mundo, vasto mundo... Se se chamasse Raimundo, seria uma rima, mas não seria a solução.

Pergunta 119

Nessa linha do relativismo e do antirrelativismo, diz-se que a hermenêutica – consequentemente, a sua CHD – por abolirem o método ou os cânones, exatamente por isso cairia no relativismo. O que o senhor tem a dizer sobre isso? (B. A.)

Lenio Streck: Excelente pergunta. Já tratei disso em *Hermenêutica e(m) Crise* e no *Jurisdição Constitucional e Decisão Jurídica*, como uma defesa prévia ante a esse tipo de acusação. Os que pensam assim estão equivocados. Aliás, esse é, talvez, o maior equívoco cometido pelos críticos da hermenêutica filosófica e, portanto, da CHD. Pela enésima vez, digo: sempre deixei claro que a hermenêutica que defendo e propugno não abre espaços para arbitrariedades, relativismos, decisionismos e discricionariedades. E nem o juiz está proibido de interpretar. Dentre estes críticos da hermenêutica destaco o jusfilósofo Matthias Jestaedt. Que escreveu, entre tantos livros, *Verfassungsgerichtspositivismus: Die Ohnmacht des Verfassungsgesetzgebers im verfassungsgerichtlichen Jurisdiktionsstaat* (Positivismo Constitucional – a impotência do legislador constitucional na jurisdição constitucional estatal), publicado pela Duncker & Humblot. No livro, Jestaedt afirma que as decisões criativas (ativistas ou "intervencionistas") do Tribunal Constitucional Alemão (e todos conhecemos a dimensão desse poder criativo) são positivistas porque a interpretação da Lei Fundamental, institucionalizada na sua jurisprudência, substituiu a própria Lei Fundamental. Ele compreende, assim, o paradigma juspositivista como aquele que possui a capacidade de determinar o que é "positivo", nesse deslocamento do legislador para o Tribunal. Assim, para ele, a dogmática constitucional alemã se rendeu ao positivismo jurídico aplicado ao Tribunal Constitucional, uma vez que de há muito que ela, a dogmática, já não se remete à *Grundgesetz*, mas, sim, à coleção de sentenças. Um parêntese: aqueles que criticam meu conceito jusfilosófico de positivismo não concordariam com a acepção de positivismo usada por Jestaedt. Só que neste ponto Jestaedt está correto. Mas só neste.

Sigo, porque não quero me perder nesse emaranhado complexo de conceitos, para dizer que a "culpada" por esse positivismo seria a hermenêutica de matriz gadameriana-heideggeriana (às vezes denominada por ele de filosofia hermenêutica e, em outras, de hermenêutica filosófica, como se fossem a mesma coisa). Para o jusfilósofo alemão o Tribunal Constitucional vem fazendo uma "jurisprudência da concretização", tese que giraria ao redor do pensamento fundamental da hermenêutica filosófica. E por que ele diz isto? A resposta de Jestaedt é que, por não existir – na hermenêutica – uma compreensão sem aplicação, o que deve ser compreendido somente se materializa no processo de aplicação. Entendem a complexidade? Assim, diz ele, a ideia de uma *lex ante casum preexistente*, que se possa expressar unicamente descobrindo o que foi "posto nela", resultaria em uma quimera (*sic*) no plano da teoria do conhecimento, uma vez que a "interpretação significa sempre concretização". A interpretação se explica como "produção do direito", por meio da concretização criativa das normas.

Jestaedt repete essa crítica ao "positivismo hermenêutico" em um artigo publicado na Colômbia – *La ponderación en el derecho*, publicado na Colômbia. Observe-se: Jestaedt, mais do que isso, "equipara" a hermenêutica filosófica, que estaria na raiz da "jurisprudência da concretização", com a "jurisprudência do discurso" habermasiana, momento em que equipara também a jurisprudência do discurso com a ponderação, o que, por si só, já representa um complexo problema, na medida em que a teoria habermasiana e a alexiana, de onde deriva a ponderação, são absolutamente antitéticas.

Para mim, essas conclusões de Jestaedt ocorrem em virtude de uma equivocada leitura de Heidegger e Gadamer, mormente deste último. Com efeito, quando Gadamer afirma que interpretar é aplicar, portanto, superando as três *subtilitas* (*intelligendi, explicandi e aplicandi*), não quer dizer que ele tenha substituído a interpretação pela aplicação ou a compreensão pela concretização.

Parece que nisso reside o equívoco de autores como Jestaedt. O que Gadamer sustenta é que não há como cindir a interpretação da aplicação. Mas sua complexa hermenêutica está sustentada no círculo hermenêutico e na tradição. Fica sem sentido dizer que, na hermenêutica, a lei (*ante casum*, ou seja, o texto da lei) seria uma quimera (*sic*). Mais ainda, é preciso ficar claro que Gadamer não desloca o "polo de tensão" para a concreção; a concretização (*applicatio*) não é um ato que ignora a *lex ante casum*; ao contrário, isso transformaria Gadamer (ou a hermenêutica por ele professada) em uma postura pragmaticista/nominalista.

Vou dizer isso de modo diferente: se pensarmos que a hermenêutica é esse modo "concreto" de chegar a um sentido ignorando (até mesmo) o texto, estaremos sepultando um dos teoremas fundamentais da filosofia hermenêutica que redundou na hermenêutica filosófica, a diferença ontológica entre ser e ente. O ser só é no ente e o ente só é no seu ser. A hermenêutica não guarda nenhuma relação com relativismos ou niilismo. Aliás, é de Gadamer a frase – que aqui repito e cito no original – expressa em *Wahreit und Methode: wer einen Text verstehen will, ist vielmeher bereit, sich von im etwas zu sagen lassen* (se queres dizer algo sobre um texto, deixe primeiro que o texto lhe diga algo).

Na verdade, se Jestaedt estiver certo, jogaria a hermenêutica nos braços do niilismo de Rorty e Vattimo.

Pergunta 120
Pode explicar essa última parte? Complexa, não? (D. R.)

Lenio Streck: Sim. Isso é bem complexo. Há um conjunto de teses e teorias que parecem estar de acordo de que não existe possibilidade da existência de verdades encontradas a partir de um *a priori* compartilhado, onde entra a tradição, o círculo hermenêutico, a fusão de horizontes, etc. De certo modo, retomo aqui uma resposta que dei sobre o positivismo e a aproximação das teses de Putnam com a hermenêutica. Acho que isso fica perceptível, certo? Um dos problemas centrais dessa negação decorrem da interpretação niilista feita da hermenêutica, como fazem, por exemplo, Gianni Vattimo, Richard Rorty e Matthias Jestaedt. Esta tese é compartilhada por um jusfilósofo espanhol com quem simpatizo muito, Manuel Rodrigues Puerto, que escreveu um belo livro chamado *Interpretación, derecho, ideologia*. E ambos concordamos com outro espanhol, Ramón Rodrigues (*Del sujeto y la verdad*), um antirrelativista notório, que diz que o rechaço a um pensamento metafísico baseado na coisa em si não conduz necessariamente ao desaparecimento da verdade. Isto porque a coisa da qual fala a hermenêutica integra a experiência pré-teórica do mundo e desvela uma pretensão de verdade. Ou seja, ainda que não haja uma relação direta com a coisa mesma, toda a interpretação fala de algo que já está no fenômeno. Este sentido de verdade atua como critério regulativo da interpretação. Assim, a diversidade e o conflito de interpretações, que, concordamos todos, é inevitável diante de uma verdade decorrente de uma filosofia que seja o espelho da natureza, não se disputa entre vontades de poder que intentam adaptar as coisas ao seu projeto interpretativo, senão uma discussão crítica entre pretensões de verdade.

Também rechaço as teses que, de um modo ou de outro, acabam chegando à mesma conclusão: a de que o justo, no direito, é o que, de fato, um grupo considera como tal. Explicarei isso na sequência desta resposta. No fundo, o empirismo de autores como Stanley Fish acaba se encontrando com o realismo de Alf Ross e este com outros autores das próprias teorias analíticas, como as teorias discursivas e da argumentação. O perigo é o de a interpretação desembocar em psicologismos e sociologismos, lembra bem Rodrigues Puerto.

E pergunto eu: o que é realismo senão um sociologismo tardio? Por outro lado, como contraponto, se remetemos a justificação das pré-compreensões a um consenso formulado de acordo com regras racionais mais ou menos ideais baseadas na igualdade dos participantes, nos encontraremos no campo de atuação de autores como Karl-Otto Apel e Jürgen Habermas. Como de novo adverte Rodrigues Puerto, o estabelecimento desse tipo de racionalidade procedimental com pretensões de universalização se contrapõe à radicalidade histórica da hermenêutica. Aqui temos uma clara diferença entre o conceito de tradição na hermenêutica e nas teorias discursivas, como de Habermas.

Acrescento que essas diferenças ou, se quisermos, oscilações ocorrem nas e das diversas teorias críticas sobre a sociedade e o direito. É difícil explicar esse problema do "consenso". A verdade não é condição para que haja consenso. O consenso pode ocorrer sem qualquer pretensão de verdade. E isso, no direito, é um grande problema, que distancia a hermenêutica das diversas teorias argumentativas. Puerto chama a atenção também para a porosidade que existe nas concepções que tratam de consenso.

Por exemplo, é bem indicativo a circunstância de que as teorias da argumentação também tenham aceitado a existência prévia de um horizonte valorativo comum para completar suas construções, como se pode ver em Aulis Aarnio, Robert Alexy e Aleksander Peczenik, que propõem teorias discursivas baseadas em regras formalmente racionais, porém – e aí está o busílis da questão – combinadas com elementos como a "aceitabilidade racional". Mas o que é isto, a aceitabilidade racional? Difícil definir. A saída é a remessa que tais teorias e autores fazem remetendo o conceito a uma coisa chamada "valores compartilhados". Sem dúvida, é mais fácil obter essa adesão aos tais valores compartilhados dentro de uma sociedade com uma sociedade mais igualitária, questão que se complica profundamente em países desiguais como o Brasil.

E qual é o problema? Simples e complexo, porque a justificação de base comunitária vai depender das ideologias dominantes. Ora, no que isso se diferencia do realismo de Alf Ross? Ou do positivismo jurisprudencialista da dogmática jurídica brasileira? Veja-se como o problema é paradigmático. Ao fim e ao cabo, corre-se o risco de um retorno ao realismo jurídico ou uma de suas várias facetas. E reforça-se o PCJ (privilégio cognitivo do juiz), mesmo que algumas correntes realistas procurem no empirismo uma base de apoio, circunstância que não os liberta do protagonismo dos juízes. Por isso a minha insistência no sentido de que a teoria do direito somente é possível, ao menos criticamente, se levar em conta os paradigmas filosóficos, d'onde, por exemplo, parece óbvio ligar o esquema sujeito-objeto ao PCJ.

Pergunta 121

Por falar em Privilégio Cognitivo do Juiz (PCJ), o que o senhor tem a dizer sobre o conceito de interpretação operativa? Esse conceito tem relação com o ativismo? (R. D.)

Como tenho referido à saciedade, a interpretação jamais está à disposição do intérprete. Não há privilégio cognitivo. Aliás, no plano da metaética, privilégio cognitivo redunda em um não cognitivismo. Dizer que a interpretação não está à disposição do intérprete, seja ele quem for, é uma advertência elementar. Aqui quero responder a essa questão relacionada ao que denomina de "operação operativa". Sob pretexto de superarem o velho formalismo ou positivismo clássico--exegético, colocam no lugar um juiz operoso e/ou operativo. Na verdade, um voluntarista. Quem fala disso no Brasil é Hermes Zaneti, no livro *O Valor Vinculante dos Precedentes*. Para ele, diante de textos vagos e ambíguos, os juízes proferirão decisões interpretativas sobre o significado da norma legal, havendo, nesses momentos, a chamada *interpretação operativa*.

De minha parte, deve ficar claro que interpretação não é uma atividade excepcional que somente deve ocorrer diante de textos vagos e ambíguos. Ela ocorre sempre, por uma questão ontológica, antropológica. Não há como não interpretar, à luz das nossas próprias pré compreensões, constitutivas de nós mesmos. O que não significa que não haja interpretações equivocadas, pré-conceitos inautênticos, etc. Afinal, como tenho referido em vários textos, não se pode dizer qualquer coisa sobre qualquer coisa. Só não podemos ser ingênuos a ponto de acreditar que não cairemos nas armadilhas hermenêuticas da nossa própria condição de ser de linguagem. Isso é, aliás, o que Gadamer chamou de consciência histórica. E que pode se alargar por meio da reflexão e da fusão de horizontes.

Interpretação, pelas mesmas razões ontológicas-antropológicas, não é uma questão de autoridade, como bem lembra em vários textos o jusfilósofo Marcelo Cattoni. Inclusive de uma suposta autoridade, seja autoral, seja mesmo da própria tradição da qual o texto faça parte. Em face do seu texto, um autor também se torna intérprete, assim como, por meio da fusão de horizontes, uma tradição pode aprender sobre si mesma em diálogo com outras tradições. Tanto um autor quanto uma tradição têm algo a dizer sobre os textos, mas seus leitores, comentadores e críticos também. Ou seja, tanto Zanetti, quanto outros autores que instrumentalizam a linguagem, ainda estão presos ao contexto da crise do positivismo, seja por ligar interpretação ao problema da indeterminação, seja por pretender lidar com esse problema como uma questão de autoridade.

De toda forma, é necessário recuperar Dworkin para auxiliar a esclarecer esses equívocos. Não apenas na diferença que faz entre a interpretação conversacional, científica e criativa, mas quanto ao modo com que ele se posiciona ao menos em *Law's Empire* em relação ao debate Gadamer e Habermas. Qual, então, o sentido da interpretação? Essa é uma questão não apenas semântica, mas pragmática. O que, então, fazemos ao interpretar um texto doutrinário ou um texto legal ou judicial? Será que atribuímos o mesmo sentido a esses textos? Assim como a própria percepção do texto como vago e ambíguo já implica interpretação, a própria diferença entre texto doutrinário e legal ou judicial implica certas pré-compreensões às quais reconhecemos alguma autoridade quanto a o que é certo ou errado. A questão é: sob quais critérios?

Do mesmo modo que Dworkin, não é possível dar uma resposta convencionalista. Embora essas diferenças e critérios sejam inicialmente "dados" na própria interação linguística concreta, ou seja, só possam ser compreendidas de forma imanente, não se trata apenas de uma questão "de fato". Embora sempre partamos de tradições e, eis a complexidade, muitas vezes diversas, nem as diferenças, nem os critérios que nos permitem considerá-las enquanto tais devem ser reduzidos ao sentido prevalente de uma dada tradição, porque, pós--metafisicamente falando, embora todo sentido seja construído na sua historicidade, não há uma dicção absoluta, dirá Gadamer em relação a Hegel, entre história e verdade.

Ou seja, por mais paradoxal que isso aparente ser, justamente em razão da finitude da condição humana, a construção de sentido não tem fim, está sempre aberta a novas experiências. Daí a questão acerca dos critérios sob os quais se possa diferenciar o certo do errado ser uma questão de princípio. Ao mesmo tempo polêmica, ao mesmo tempo irrenunciável. Pressupõe um processo de aprendizado social, ao mesmo tempo em que não se deixa reduzir ao mero existente. Aqui, enquanto aprendizado permanente, entra a virtude da integridade como forma de mediação de sentido. Mas como forma de mediação de sentido que se sabe "precária". Não por outra razão é ela a virtude subjacente à sociedade democrática, em Dworkin, compreendida como comunidade de princípio e de cooperação (*paternship Democracy*). Em que o direito, como prática social interpretativa, é, assim, um empreendimento público, nesse sentido político, e intergeracional.

O que quero dizer é que, quando se vai ao judiciário, por exemplo, não se quer saber o que se passa no âmbito privado da linguagem do intérprete-juiz. A interpretação, que é sempre *applicatio*, que se busca é produto de um empreendimento público. É nesse sentido que aparece a ruptura hermenêutica com o esquema sujeito-objeto. Todas as formas de assujeitamento de textos – e textos são eventos, como lembra Gadamer – repristinam as aporias da subjetividade moderna. A interpretação somente se emancipa se superar todas as formas de instrumentalização da linguagem. A interpretação não pode – e não está – à disposição do intérprete. Pela simples razão de que o próprio intérprete fala do interior da própria linguagem.

Pergunta 122

Professor, o que mais lhe irrita ou lhe deixa chateado nesse mundo jurídico? Por vezes vejo em conferências alguns professores ligados aos cursinhos ou que escrevem livros simplificadores fazerem críticas ao senhor. (D. R.)

Lenio Streck: O que me chateia é o tipo de crítica que alguns manualeiros ou professores que escrevem livros do tipo "como passar em concursos" dizem em palestras. Eles não têm coragem e nem competência teórica para escreverem críticas ao que eu digo. Alguns deles teriam dificuldades até mesmo de escrever algo mais complexo, já que sua vida e obra se resume a dizer coisas como "o direito é simples", "o novo CPC pode ser explicado em quinze minutos" ou que a "teoria não serve para nada" ou que "Lenio Streck diz coisas que ninguém entende" e que "Lenio é um chato que fica todo o tempo falando contra o ativismo". Esse tipo de "operador jurídico *lato sensu*" representa uma espécie de curandeirismo jurídico, algo como "enquanto a medicina avança a passos largos com cirurgias absolutamente complexas como transplante duplo ou triplo de órgãos, alguns 'médicos' desdenham da técnica e acham que ministrar Bactrim ou Biotonico Fontoura cura tudo que é doença". Não vale a pena responder a esse tipo de crítica, porque fazem parte de um senso comum que se contenta com raciocínios pequeno-gnosiológicos. *And I rest my case*. Mas também me irritam certos doutrinadores que acham que podem fazer doutrina sem os paradigmas filosóficos.

Pergunta 123

Qual é o futuro da teoria do direito? Não é ela uma espécie de Babel, em que cada um quer ser mais crítico do que o outro? O senhor tem dito que há muita mixagem nas teorias jurídicas. Pode falar sobre isso? (D. M.)

Lenio Streck: No painel do qual participei no congresso do IBCCRIM em agosto de 2015, chamei a atenção para a necessidade da construção de uma teoria da decisão, tecla na qual bato de há muito, como sabem. Sei que esse assunto desagrada parcela consideravel de juristas. Alguns, por ignorância (no sentido de *ignorare*, portanto, sem ofensa), não se dão conta de que o problema do protagonismo judicial, vitaminada por discricionariedades, livre convencimento, etc., é um problema da própria democracia. Outros atendem a uma espécie de razão cínica, sendo subdividos em grupos.

Vou tentar mostrar isso em poucas palavras. Primeiro, há os que são contra porque acham que "isso é assim mesmo" e que não temos como fugir do solipsismo, suas derivações ou vulgatas. Contentam-se em lidar com isso a partir de uma falácia naturalista. Há outro grupo, cujos integrantes são assumidamente pragmatistas ou pragmaticistas, achando que cada decisão é um grau zero de sentido e que o que importa mesmo é "resolver problemas". Na verdade, resolvem um problema e criam dezenas. Há ainda um terceiro grupo. Seus componentes não concebem que o direito tenha um elevado grau de autonomia. Sim, para estes, tudo vira sociologia, economia ou política, estando ali enquadrados adeptos de um certo tipo de marxismo baseado, grosso modo, em Althusser.

Aqui um parêntese: como diz Marcelo Cattoni, temos de fazer uma leitura diferente daquela que os funcionalistas fazem de Marx. Sartre também pode ajudar, com seu *Questão de Método*, que está na Coleção *Os pensadores* e que foi publicado como ensaio introdutório à *Crítica da Razão Dialética*. Aqui vale a pena ler – e a sugestão é do Cattoni – um texto denominado *A Mudança de função da lei no direito da sociedade burguesa*, do marxista frankfurtiano Franz Neumann. Neumann critica o nazismo em face, justamente, da ideologia das cláusulas gerais e da livre apreciação judicial! E relê Weber com os olhos postos em Marx, vendo uma dimensão emancipatória, garantista e compromissória na tradição do direito racional burguês positivado, perpassado por uma tensão permanente entre soberania e liberdade.

Mas, não vamos perder o fio da meada. Fazem parte deste terceiro grupo também outras correntes críticas não marxistas, como alguns sistêmicos que não entenderam corretamente Luhmann no ponto do protagonismo judicial. Não esqueçamos daqueles que Lyra Filho chamava de positivistas psicologistas, que, segundo ele, desempenham o papel de inocentes úteis, porque neles o "espírito do povo" não fica pairando na sociedade: baixa na cuca de um ou mais sujeitos privilegiados, que pretendem: (a) haver descoberto o "direito livre" dentro de suas "belas almas", revelando um "sentimento do direito" (pensemos nos pamprincipiologistas atuais); ou, (b) que deferem aos juízes, como no *judge-made law* (o direito criado pela magistratura), de certas ideologias norte-americanas, o poder judicial de construir normas (escopos processuais, livre convencimento, etc.), além e acima do que está nas leis: um direito mais rápido, "realista" (tudo está na decisão) e concreto do que o dos códigos.

Estes últimos três grupos dizem que a busca da construção de uma teoria da decisão é bobagem, porque-as-forças-sociais e/ou outros componentes, como os psicológicos, etc., derrubam qualquer possibilidade disso. Algo como "somos terceiro mundo e, de fato, pouco resta para o direito fazer...". Ou dizem coisas como "alguém tem de decidir e temos de apostar nesse sentimento de busca de justiça". De minha parte, permito-me dizer, ironicamente, como contraponto crítico: ora, nem sei porque ainda existem pesquisas no e sobre o direito. Poderíamos, na visão de parcela dos próprios juristas, transformar os cursos de direito em cursos de economia política, relações de poder, gestão, estratégia, etc. O que interliga esses três grupos? Simples e complexo. Mas, em uma frase, o fio condutor é o fato de que transferem o polo de tensão do direito para a decisão. Pronto. O problema é que, ao fazerem isso, correm o risco de se transformar em profetas do passado, como se o tempo fosse uma sucessão de agoras.

É certo que não podemos desconsiderar a práxis, como se o direito fosse um amontoado de conceitos sem coisa. Também é certo que a falta de pesquisas empíricas tende a gerar uma doutrina vazia, puramente especulativa. Mas o outro extremo, a "empiricização", pode levar a um direito cego, sem imaginação institucional, sem horizonte. Uma pessoa sem horizontes é aquela que não consegue ver nada além das coisas imediatas. Ela diz: "é assim mesmo".

Pergunta 124

Há chance de vencer o fatalismo e o senso comum teórico? (R. D.)

Lenio Streck: A *Crítica Hermenêutica do Direito* que fundei é uma das matrizes jurídicas que tenta acabar com esse abismo entre teoria (vazia) e prática (cega). A teoria não nasce do céu dos conceitos, desenhada numa prancheta, pois é desde sempre mergulhada no mundo prático. Só que a prática também não existe "em si", mas articulada num universo interpretativo. Sendo assim, a teoria também importa! Precisamos dela para organizar os sentidos, para projetar um horizonte. Para resumir de um modo simples: a ambição descritiva não pode sufocar a prescritiva.

Não vamos esquecer, na esteira do que já respondi anteriormente, que esses diversos axiologismos e pramagticismos ou o *mix* a-teórico que domina a dogmática jurídica brasileira não deixa de ser uma forma de um empirismo tardio ou mal praticado, ficando num limbo teorético. Por vezes se autodeclaram neoconstitucionalistas, argumentativistas, axiologistas que buscam os valores que estão por debaixo das leis ou até mesmo para além da Constituição e outras denominações. Difícil enquadrá-los. O que os une é a forma de decidir sem critérios e a ode ao protagonismo judicial. Esse é o ponto de estofo que liga essas teorias baseadas na vontade. Talvez o mais fácil seja enquadrá-los no plano da metaética: são cognitivistas em um discurso de primeira ordem e, em segundo momento, não consideram nenhum fator objetivo que possa demonstrar a correção de seus juízos, sendo por isso não cognitivistas. Nesse sentido, pelas suas peculiariedades, parcela considerável da dogmática jurídica pode ser enquadrada nessa definição de duas ordens.

Como também já referi, paradoxalmente, embora minha filiação à hermenêutica, portanto, longe da analítica, o que mais respeito é o positivismo exclusivo, do qual já falei. O conceito de preempção de Joseph Raz pode ser muito útil, inclusive para combater as posturas voluntaristas que compõem o universo jurídico brasileiro, especialmente. Na verdade, até cunhei uma expressão: "positivismo exclusivo desde que". Este é o positivismo que tenho simpatia. Trata-se do positivismo de Raz e Marmor, desde que abandonasse seu ponto de vista meramente externo e descritivista e trouxesse a normatividade do positivismo austiniano ou benthamiano. Mas isso poderia complicar o próprio positivismo exclusivo de Raz e Marmor. De todo modo, isso não é um problema meu (risos). Sei que Bruno Torrano tenta resolver esse problema a partir de uma perspectiva prescritica do positivismo. Em outras respostas já falei disso.

Pergunta 125

Sem querer reincidir em perguntas, mas o senhor tem dito aos seus críticos que eles não entenderam muito bem as suas teses, principalmente quando o acusam de positivista exegético, originalista ou coisas do gênero e que quer proibir os juízes de interpretar. O senhor não se cansa de responder a eles? (D. R.)

Lenio Streck: Não, não me canso. Apenas me aborrece um pouco as críticas provenientes de pessoas que criticam por criticar e que não leram nada do que escrevi. Não se pode ler a orelha de um livro meu e sair por aí palestrando e derramando críticas. Dia desses li no Conjur um comentário de um juiz que representa simbolicamente muitas das críticas: a de que critico e não proponho soluções. Ora, só um alienado pode dizer algo desse jaez. E paro por aqui.

Mas, vamos seguir. Não esqueci da pergunta. O que tenho dito em minha teoria da decisão que devemos, fundamentalmente, evitar que a decisão seja dada por ideologia, subjetividade ou por interesses pessoais, porque esse é o espaço em que entra o sujeito solipsista mais especificamente – sim, aquele "sujeito-viciado-em-si-mesmo e que continua infernizando o que resta da modernidade. De todo modo, tranquilizemo-nos: o juiz não é uma figura inerte, neutra. Não, não quero – e jamais pretendi – proibir os juízes de interpretar, como alguns, equivocadamente, vivem apregoando. Portanto, não há dúvida de que pulsa um coração no peito dos juízes. Mas não é disso que se trata. Tenha-se claro, mas muito claro mesmo, que discutir teoria da decisão não tem absolutamente nada a ver com o repristinamento do juiz boca da lei ou outras coisas rasas como essa. E não percamos mais tempo com essas aleivosias.

Pergunta 126

Qual foi o maior fracasso brasileiro na teoria do direito? (B. A.)

Lenio Streck: Curto e grosso: a maior prova do nosso atraso e, portanto, de nosso fracasso, foi o sucesso que a ponderação – ou a sua vulgata – fez em Pindorama. Difícil aguentar essa ladainha: "regras é no tudo ou nada, princípios é na ponderação". Incrível como os juristas se transformaram em um misto de anorexia e bulimia epistêmicas. Não digerem reflexões mais críticas; e quando alguma consegue passar pelo senso comum que os impregna, vomitam-na. Querem ver o nível da reflexão no campo jurídico? Vejam o que os livros escrevem sobre a relação direito-moral. É de chorar. E sobre a verdade no processo? A moda agora são os relativistas. Dizem: não há verdades; tudo é relativo. E eu vou estocar comida.

Pergunta 127
>Professor, alguns juízes dizem que o senhor os critica muito e que o faz porque não foi juiz. Dois juízes, no Facebook de 29 de dezembro de 2016, chegaram a dizer que o senhor, por nunca ter proferido uma sentença ou acórdão, não poderia falar em decisão judicial. Já sei a resposta, mas o senhor pode fazer um repto a isso? (D. M.)

Lenio Streck: Veja. Em um intervalo de um congresso, um juiz (de segundo grau) se aproximou de mim – já o conhecia há anos por pertencer a uma família de juízes e membros do MP – e me disse, com ar superior: tudo isso que vocês falam e citam não tem nenhuma importância. "Não existe isso de Constituição" (*sic*). Não abro um livro desde que entrei na magistratura. E decido muito bem. Dificilmente erro. Faço justiça. Independentemente da lei, o que quero é justiça. Decido conforme acho que deve ser. Depois vem o recheio das decisões. Mas autores de doutrina, só aqueles que me lembro, tipo Damásio e Mirabete. Vocês ficam falando de como deve ser uma decisão, mas nunca decidiram nada. O "degas" aqui é quem decide. Diante de tamanha erudição, quedei-me silente, porque seria a mesma coisa que tentar convencer a alguém da direita norte-americana que Barack Obama é americano, e que sua mulher não é transexual ou que os peixes do Oceano Pacífico ainda existem e que não é verdade que a imprensa vem omitindo esse fato. Pedi mais um café e disfarcei, fazendo de conta que atendia um chamado no celular.

Pois essa conversa, alguns meses depois, foi repetida, *mutatis mutandis*, por dois juízes no Facebook, a propósito de minha coluna sobre o *ranking* das doze decisões que mais fragilizaram o direito em 2016. Um juiz de direito, de Minas Gerais, em comentário à minha coluna sobre o referido *ranking*: "que minhas críticas ao ativismo só atrapalham". "Que sou um juiz frustrado". "Meus textos críticos são mal vistos por ele e a maioria dos juízes". "E que tenho a petulância de querer ensinar os juízes a decidir, mesmo sem nunca ter proferido uma sentença: É como um padre casto querendo ensinar educação sexual pelo que leu nos livros. Como diz o ditado, quem sabe faz, quem não sabe, ensina". (*sic*) Bem assim. Pior: Seu *post* foi aplaudido por um colega seu, juiz, que acrescentou: "Podia prestar concurso para a magistratura e mostrar como se faz. Que tal?" (*sic*)".

Bom, eu poderia usar o mesmo tipo de argumentação contra o primeiro juiz, chamando-o de vereador ou deputado ou prefeito frustrado. Ou Procurador eleitoral frustrado. Afinal, quem sabe faz, quem não sabe, ensina, certo? (*sic*) Digo isto porque visitei a página no Facebook de Sua Excelência. E lá vi sua "frustração" (veja-se que pau que bate em Chico...) com os governos Lula-Dilma. O juiz de direito mineiro mostra, ali, na sua página, para o mundo, sua frustração com a política. De forma virulenta, chamou o governo Dilma de populista e mentiroso. Em outro *post*, chamou de corrupto, incompetente e irresponsável. Até exemplo da Venezuela tirou para que o povo brasileiro abrisse os olhos (*sic*). Uau. Mas ele não é juiz? Nunca foi governante. Nunca foi prefeito. Nunca foi parlamentar. Como pode, então, falar mal da política desse jeito? Se Hart, Dworkin e eu não podemos falar de decisão porque nunca demos uma, por que ele pode falar assim da política? Quem sabe faz, quem são sabe, ensina, Excelência? Pois é. Trata-se do efeito bumerangue. Viu quanto dói uma saudade? Além do mais, sua Excelência foi (ou é) juiz eleitoral. Isso não exige um afastamento minimamente desejável das opiniões ideológico-partidárias? Lenio, em sânscrito clássico, quer dizer: "aquele que está atento", se me entendem o sarcasmo.

Mas, ao referido magistrado, quero dizer que fique tranquilo. Sou democrata, hermeneuta e republicano (o que é uma redundância, cá para nós!). Não tenho problemas com juízes ou promotores que se posicionem politicamente, desde-que-não-ofendam-ideologicamente-os-adversários. Aliás, como sou republicano, não faz muito lutei, fazendo parecer jurídico, em favor de colegas seus, juízes do Rio de Janeiro, que fizeram manifestação contra o *impeachment*. Claro: no caso do Rio, eles não usaram esse baixo calão nas críticas. Mas, se necessário, faria parecer em favor do juiz Eduardo. Voltaireanamente.

Sigo. Para dizer que, sim, sei os dois juízes do Facebook não representam o pensamento da magistratura pátria. Sei que o juiz que me encontrou no congresso também não. Mas que isso é grave, é, uma vez que já não se tem qualquer pudor de assumir que juízes não precisam prestar *accountabillity*. Que decidem porque estão autorizados para tal. E que estão imunes à crítica.

Fiquei pensando: fazendo uma *recherche*, Miguel Reale, Nelson Nery Jr., Jose Medina, Georges Abboud, Marcelo Cattoni, Rafael Tomás de oliveira, André Karam Trindade, Francisco Borges Motta, Luiz Alberto Warat, Fredie Didier, João Mauricio Adeodato, Jacinto Coutinho, Fernando Scaff, Luiz Alberto David de Oliveira, Dierle Nunes, nenhum deles prolatou decisões; os grandes positivistas como Hart, Raz, Shapiro, Coleman, Waluchow – a maioria deles – talvez nem tenham passado perto de um fórum ou de uma bancada. Dworkin nunca elaborou uma sentença; Alexy, o adorado dos juízes, nunca decidiu nada; Savigny também não. Paulo Bonavides, Tercio Sampaio Ferraz Jr., Ovídio Baptista da Silva, Micheli Taruffo, Friedrich Müller não laboraram nesse ramo sentencial. E, interessante, Kelsen, embora tivesse sido juiz constitucional, nunca prestou concurso; no nosso STF a grande maioria não foram juízes; foram indicações, sem passar pelo concurso. Pergunto: Nenhum dos grandes teóricos e processualistas citados não poderiam ter escrito ou não podem escrever sobre decisão judicial ou de como os juízes devem decidir, porque, como celibatários, não pode(ria)m dar conselhos sobre casamento?

Todos os teóricos do direito, processualistas, constitucionalistas citados acima nunca foram juízes. Eu nunca fui juiz. Mas fui membro do Ministério Público durante 28 anos e fiz denúncias e pareceres durante essas quase três décadas, depois de ter passado por um concurso público do mesmo nível da magistratura. E escrevi mais de 50 livros (dentre eles, um em inglês e seis em espanhol, com mais dois com tradução feita e um em alemão no prelo – todos sobre decisão e hermenêutica) e publiquei mais de 200 artigos em várias línguas.

Devemos parar com mesquinharias. Está na hora de sermos republicanos. Há uma coisa maior do que nossas veleidades. Existe uma Constituição que temos que cumprir e que todos os dias está sendo vilipendiada. Aliás, a Constituição já foi substituída pelas decisões voluntaristas de parte da magistratura, apoiada por membros do MP que pensam, uma parcela, como Eduardo e Sergio. Como aquele juiz do trabalho de São Paulo, que disse que se tiver que fundamentar as decisões conforme o NCPC se mudará para Zimbawe. E assim por diante. Neste momento, deveríamos nos preocupar com o que o direito pode fazer pelo país. Estão desmontando o já tênue estado social (art. 3º da CF); vem aí uma reforma trabalhista que joga o Brasil no século XIX; decretamos a inconstitucionalidade das "coisas prisionais" (Estado de Coisas Inconstitucional) e de nada adiantou (vejam-se as mortes nos presídios). E onde está o direito, que não responde? Sabem por quê? Porque o (des)moralizamos. Paradoxalmente, desmoralizamos o direito no momento em que o substituímos por juízos morais e políticos. Futebolizamos o direito. Está na hora de recuperarmos o direito. E mais não preciso dizer.

Pergunta 128

O senhor diz que, à semelhança de Dworkin, se considera um ouriço, ficando longe das raposas. Pode explicar isso? (D. R.)

Lenio Streck: Essa estória de ouriços e raposas vem de longe. Dworkin intitula sua penúltima obra de *Justiça para Ouriços*. Em síntese, a ideia deste título seria identificar-se como um ouriço que, ao invés de saber muitas coisas (raposa), sabe apenas uma – e a mais importante – que seria a unidade do valor. O valor unificaria/integraria, coerentemente, toda a nossa experiência moral/ética numa interdependência.

Esta diferença entre ouriços e raposas remonta a uma frase do poeta grego Arquíloco de Paros do século VII a.C., que assim escreveu em seu fragmento 103: "A raposa conhece muitas coisas, mas o ouriço conhece uma única grande coisa". Esta afirmação é retomada por Isaiah Berlin no ensaio *The Hedgehog and the Fox: An Essay on Tolstoy's View of History*. Neste, Berlin divide os pensadores em duas categorias básicas: os ouriços, que compreendem o mundo a partir de uma ideia fundante (ex. Platão, Lucrécio, Dante, Pascal, Hegel, Dostoievsky, Nietzsche, Ibsen, Proust, e Fernand Braudel); e as raposas, que entendem que a realidade não pode ser resumida a uma única ideia (ex. Herodotus, Aristóteles, Erasmus, Shakespeare, Montaigne, Molière, Goethe, Pushkin, Balzac, Joyce, Anderson).

Para os ouriços haveria uma única visão central, um princípio organizador universal que baseia e dá sentido ao mundo; já as raposas perseguem vários objetivos que comumente não estão relacionados e podem até mesmo serem contraditórios. Como resultado, seu pensamento é plural, diverso\difuso, movendo-se em muitos níveis sem apontar para um fundamento último. Para Berlin, Tolstói seria um caso híbrido, uma raposa por natureza e um ouriço por convicção. Isto fica mais claro quando pensamos nestas categorias para a Literatura.

Os escritores-raposa tendem a dispersar-se em inúmeras personagens e temas; aqueles cujos livros são sempre diferentes não havendo uma unidade de interesses. Já os escritores-ouriço, seriam aqueles que por mais que escrevam, não escrevem senão acerca de uma única verdade, ou com um único objetivo de fundo, procurando recorrentemente unificar, sob a força gravitacional desta/deste, toda a sua produção literária.

Tolstói, em *Guerra e Paz*, escreve a partir de uma concepção fatalista da História o que seria a perspectiva de um ouriço, porém de um modo fragmentário, aparentemente "desunido", sem uma linearidade narrativa, típico de uma raposa. Por isso o escritor russo seria um caso à parte.

Traduzindo tudo isso, considero-me um ouriço no tocante à teoria do direito. As raposas sabem um pouco de muitas coisas. Já os ouriços sabem uma grande coisa. Amo os ouriços. São animais da minha espécie. Penso que a questão da filosofia no direito, ultrapassando a filosofia do direito, é uma questão fundamental para uma viravolta no direito do Estado Democrático. Mostrar que o ponto de estofo da teoria do direito está exatamente na questão da incidência dos paradigmas filosóficos é um problema para ouriços. Neste caso – e desculpem a minha falta de modéstia – fico alisando meus longos espinhos!

Pergunta 129

Talvez devêssemos ter perguntado no início, mas como o senhor pegou gosto pelo direito e como foi sua trajetória. Ou, como o ensino e o direito entraram na sua vida? (D. R.)

Lenio Streck: Nasci no interior de um pequeno município chamado Agudo, onde o mato não tem fecho, parafraseando Guimarães Rosa. Meus pais eram agricultores. Pequenos agricultores, para ser mais exato. Desde pequeno trabalhei. E muito cedo fiquei longe dos pais para "me virar", como se diz na linguagem popular. Eu cursei a faculdade de direito com meia dúzia de livros. Era o que se tinha, além das xerox que desbotavam. Anos 70 do século XX. Cursei direito com muita dificuldade. Ouvi falar de Kelsen quando fiz pós-graduação em teoria geral do direito, antes do mestrado.

Mas tenho boas lembranças da faculdade de direito. Tive bons professores. Larguei o futebol para estudar e trabalhar. O direito pareceu-me adequado ao que eu pensava sobre a sociedade, a ditadura militar. Achava que o direito era o modo de enfrentar isso. E, claro, de ganhar algum dinheiro. Quando eu era criança, meu pai me ensinou a dizer, em alemão, que eu queria ser advogado para tirar o dinheiro dos trouchas. Em todo lugar, ele me chamava e perguntava: o que tu vais ser quando crescer? E eu declinava a ladaínha. "Quando eu for grande...". Decorei e era mais ou menos assim: *Wenn ich gross bin, möchte ich ein Avokat sein, zu die Dummen das Geld abnehmen*. Dizia "*Avokat*" em vez de *Anwalt*. E a frase nem estava bem correta. Mas foi a que decorei.

Pelo meu interesse pela política estudantil, desde cedo fui atrás de livros sobre filosofia, ciência política, sociologia, muita coisa ligada ao marxismo. Muitos livros sobre a União Soviética, Cuba, Argélia. Terminando a faculdade, enfronhei-me mais com a literatura latino-americana, a produção da Cepal e literatura que denunciava o autoritarismo. Tudo isso quase me custou a entrada no Ministério Público. Anos mais tarde, encontrei nos arquivos do MP informações prestadas "sigilosamente" por autoridades locais apontando o perigo que um sujeito como eu representava, "com ideias vermelhas". Tudo isso antes da Constituição, é claro.

Antes de ingressar no Ministério Público, cursei mestrado em direito na Universidade Federal de Santa Catarina. Em 1995, defendi minha tese de doutorado. Em 1999-2000, fiz pós-doutorado na Europa. Comecei a lecionar aos 16 anos, quando fui aprovado em concurso público para professor no ensino fundamental. Depois fui vítima de tentativa de homicídio e fui embora da pequena cidade de Agudo e fui tentar a vida em Santa Cruz do Sul, passando antes por Santa Maria. Também fui jogador de futebol por um período. Leciono no ensino superior desde 1981. Ajudei a fundar o mestrado em Desenvolvimento Regional da Unisc de Santa Cruz do Sul. Também trabalhei praticamente *pro bono* no mestrado em direito da mesma Unisc, que igualmente ajudei a fundar, juntamente com os professores Leonel Severo Rocha, Luis Ernani Bonesso de Araujo e Jose Luiz Bolzan de Morais. Sou fundador do mestrado e do doutorado em direito da Unisinos, juntamente com Mauricio Batista Berni, Bolzan de Morais, Luis Alberto Warat e Leonel Severo Rocha. Ajudei a fundar o mestrado e mais tarde o doutorado em direito da Unesa, do Rio de Janeiro, juntamente com o professor Vicente de Paulo Barreto. Também apadrinhei mestrados como o da Universidade de Passo Fundo, Pouso Alegre-MG e Guanambi-BA. E juntamente com Jacinto Coutinho, Luis Alberto David de Araujo e Fernando Faccury Scaff, como membros do Comitê de Área da CAPES, auxiliamos diversos programas de pós-graduação em direito a fazerem reformulações em seus *curriculuns*, linhas e área de concentração. Leciono, hoje, na Unisinos e na Unesa.

Pergunta 130
Uma mensagem final, professor? (D. R.)

Lenio Streck: Estou convicto que um dos problemas fulcrais da crise do ensino jurídico e da operacionalidade reside na má-compreensão acerca da teoria do direito e seus conceitos fundamentais, como positivismo, pós-positivismo, verdade, relativismo, pragmatismo, neoconstitucionalismo, etc. Talvez por isso tenhamos uma tão errônea compreensão sobre o papel dos princípios, transformados em álibis para sustentar qualquer decisão (como as do coelho). Como bem disse outro dia Luis Fernando Verissimo: rios são metáforas fortes. Daí o mistério de buscar a nascente dos rios. Imagine-se a emoção dos exploradores da *National Geographic* quando descobriram os pingos da geleira do Nevado Mismi, no Peru, onde aparece o filete d'água que se transforma no Amazonas. E a alegria de Joseph Conrad quando encontrou os primeiros pingos do Nilo, no coração escuro da floresta do

Congo. Diz Verissimo: as nascentes são metáforas mais obscuras: do começo e da razão profunda de tudo. Do primeiro mistério.

Concluo com Guimarães Rosa: "só na foz dos rios é que se ouvem os murmúrios de todas as fontes". Talvez o que falte para o direito é buscar a nascente. Sim. Encontrar os primeiros pingos. Os primeiros filetes. Sim, eles estão lá: na história. No nascedouro do positivismo. Desvendando esses segredos, talvez possamos compreender as pororocas no interior das quais procuramos sobreviver na contemporaneidade. Penso que o direito é um fenômeno tão complexo como um manancial que nasce dos pingos e se transforma em enchente. Por isso, de novo Guimarães Rosa: "essa água que não para, de longas beiras".

Ou, como diz o poeta Eraclio Zepeda: quando as águas das enchentes cobrem a tudo e a todos, é porque de há muito começou a chover na serra; nós é que não demos conta.

Parte V
Sobre a crise, sobre democracia, sobre a autonomia do direito

Pergunta 131

Professor, é impossível começar a entrevista de outro modo. Estamos, afinal, em uma época... interessante. Temos uma infinidade de livros por aí que têm falado sobre a crise da democracia, a morte da democracia, o fim da democracia... A democracia está em crise? (G. M.)

Lenio Streck: Essa é uma pergunta da qual não se pode escapar mesmo. Mas penso que a resposta é mais complexa do que pareça assim de primeira. Há muitos fatores que apontam a uma crise da democracia; claro, esses livros citados por você não são por acaso. Mas a questão fundamental, para mim, enquanto jurista, é a seguinte: se a democracia estiver em risco, é só o direito que segura. Porque veja: por que é que sempre falei tanto em autonomia do direito? Porque, na democracia, é o direito que filtra a política, a moral, a economia... não o contrário. Na democracia, é o direito que pode oferecer o elemento contramajoritário sem o qual a democracia vira barbárie.

Gilberto, constituições, sempre digo, são remédios contra maiorias. Democracia, o Dworkin já dizia isso, é muito mais do que contar cabeças. É uma questão de princípio. Fosse só uma questão quantitativa, nada existiria entre nós e um utilitarismo. Pior: um utilitarismo *ad hoc* sem epistemologia. Democracia é a vontade da maioria? É. Mas uma vontade institucionalizada, filtrada e ajustada pelo direito. Esse é o busílis da coisa toda. E esse é o grande erro das teorias políticas, venham elas da esquerda ou da direita, que negligenciam o direito. É o erro da esquerda que acha que o direito é nada mais que uma superestrutura, instrumento de poder do Estado burguês. É o erro de uma direita reacionária que nunca teve apreço pela democracia. Na democracia, a democracia de verdade, o direito é que nos funda. A politização, a moralização, isso nos... afunda.

Só que, veja bem, e isso é importante: o ponto também vale pro outro lado. Se o direito segura a democracia, pode ajudar a derrubar também. O direito pode matar a democracia por dentro. Ativismo judicial é antidemocrático. *Lawfare* é antidemocrático.

Pergunta 132
O senhor pode falar mais sobre essa questão do *lawfare*? Parece-me que esse é um ponto que tem aparecido em suas críticas mais recentes. (G. M.)

Lenio Streck: Sempre brinco que o *lawfare* é o direito contra o direito. É o direito que vira arma política. Mas se engana quem pensa que *lawfare* é só uma perseguição evidente. O *lawfare* está aí todos os dias. Porque o direito brasileiro é com muita frequência usado como arma política.

Lawfare é o tal explanacionismo, uma tese jurídica proposta pelo Ministério Público Federal no sentido de que a tese acusatória, para ser verdadeira, basta que seja a que "melhor explica" as evidências. É o direito penal trabalhando a partir de probabilidades. Falam sempre em "dúvida razoável". Mas o que exatamente é uma "dúvida razoável"? É a abertura pela qual se introduz o *lawfare*. O que é garantia em todo lugar do mundo – *reasonable doubt* –, aqui, é usado contra o réu. Não é *lawfare*? Não é o direito servindo de arma?

Explorar os riscos que a *lawfare* representa para uma comunidade democrática não exige um grande ônus argumentativo. Um jurista, contudo, tem o dever de abordar a gravidade disso também a partir da ameaça que essa realidade representa *ao próprio direito*. Portanto, a *lawfare* está umbilicalmente ligada com o papel dos predadores do direito. Afinal, repito, é como eu sempre falo: se a moral e a política corrigem o direito, quem corrige a moral e a política? É esse o ponto. *Lawfare* transforma o Direito em um jogo de cartas marcadas. Faz com que, por exemplo, a teoria da prova no processo penal regrida às ordálias. *Lawfare* é antiacusatório. Quando aceitamos que o direito não exerça o elevado grau de autonomia que a democracia dele exige, aceitamos que ele seja filtrado por seus predadores externos. E essa autonomia deve ser entendida como sua própria condição de possibilidade. Não tem sido assim. *Lawfare* tem sido a regra.

Basta ver o *Caso Intercept*. Não é *lawfare* o que está sendo ou o que já foi revelado?

Pergunta 133

Também disso é impossível fugir, não é, Professor? Porque, por mais que se procure evitar, digamos "temporalizar" a discussão que fica em um livro, para que não se corra o risco de tornar certas perguntas datadas, o Caso Intercept é algo grande demais para ficar de fora. Peço que o senhor comente essa questão. (G. M.)

Lenio Streck: Claro. E não se preocupe, entrevistador: isso não fica datado. Em 2019 ou 2029. O direito brasileiro é *AI/DI*: antes do *Caso Intercept*, depois do *Caso Intercept*.

Mas se sua preocupação é essa, vou ajudar: leitor de 2029 que já esqueceu... olha, espera. Você tem razão. Somos um país de memória curta, não? Vou recapitular. No longínquo 2019, leitor do futuro, o portal *The Intercept Brasil* revelou mensagens vazadas envolvendo procuradores da Operação Lava Jato, Deltan Dallagnol e o então juiz-que-depois-vira-ministro Sérgio Moro. É, e uso a expressão muito tranquilamente, um escárnio: juiz interferindo em operações da polícia judiciária, indicando testemunhas à acusação, procuradores perseguindo alguns membros da Suprema Corte, trocando ideias com outros... algo inimaginável em um país de institucionalidade mais robusta.

Alguém, depois de tudo, ainda tem dúvida de que o agir (estratégico) de Moro e Dallagnol, enfim, da *Lava Jato* como um todo, foi um exercício de *lawfare*, o uso político do direito contra inimigos? E o pior é o seguinte: ideologizaram o direito, de modo que isso se torna defensável. Defensável a depender do inimigo. O direito fica em segundo plano. É uma vergonha. E eu sempre uso o Anthony Appiah para dizer que, neste ponto, só a vergonha nos salva. Deveria envergonhar a todos o fato de que juristas, jornalistas, jornaleiros, muitos justificam as práticas de Dallagnol e de Moro depois que estes acabaram com o princípio da imparcialidade judicial. Deveria envergonhar-nos o fato de um juiz sugerir ao MP o tipo de prova que deveria produzir. Ou avisá-lo acerca do fim do prazo processual.

Vivemos uma espécie de tenentismo jurídico, e isso deveria envergonhar-nos, porque estamos canibalizando aquilo que foi feito para nos proteger. E esse tenentismo é o *lawfare* num caso paradigmático. Um *paradigmatic case*.

Pergunta 134

Um caso paradigmático que revela outros aspectos denunciados já há anos pela Crítica Hermenêutica do Direito, certo? (G. M.)

Lenio Streck: Sem dúvida. A que salta aos olhos é a questão do papel das instituições. E volto à questão da democracia: é inadmissível que, em uma democracia, as instituições digam não ser razoável esperar isenção do Ministério Público. Ora, um órgão do Estado não pode agir estrategicamente como se advogado fosse. É algo que está muito presente no direito alemão, é algo que está no Estatuto de Roma: o Ministério Público tem a obrigação – obrigação institucional, acrescento eu – de fazer valer *o direito*. Não interessa se para a acusação ou para a defesa. Se o MP fizer agir estratégico, comporta-se como advogado. Mas, ao agir como advogado, por óbvio, equipara-se a este, e não ao magistrado. Ora, como o juiz, também o Ministério Público, ao oferecer uma denúncia, também decide e não escolhe. E, se escolhe, faz ato de poder. Deixa de agir por princípio. Se estiver imbuído de *lawfare*, já não há autonomia do direito. Você vê com isso que está tudo interligado. Ministério Público é instituição. Faz parte da responsabilidade institucional agir sempre por princípio, nunca por política.

E o papel do juiz? Quero dizer, como pode estar evidenciado que um juiz deu conselhos para acusação, incluindo aí indicação de testemunhas e recomendação de notas à imprensa, e ainda assim dizer-se por aí que não há suspeição? Quanto o Código de Processo Penal não poderia ser mais claro no sentido de que é suspeito o juiz que aconselha qualquer das partes?

E aí o acerto de sua pergunta: o caso revela várias outras coisas contra as quais já luto de há muito. Falei do MP, falei do juiz, mas tem muito mais. A espetacularização do direito, que torna aceitável que um juiz "faça justiça" a qualquer custo, nem que para isso atropele a lei. Só falta dizer que justiça é essa, e para quem.

Pergunta 135

O que me leva a outro ponto: os desacordos. (G. M.)

Lenio Streck: Boa. Essa é uma pergunta boa. Cada vez mais os filósofos têm trabalhado essa questão dos desacordos. Aborto, justiça social, cotas, *etc*. Discordamos muito em sociedade. Os filósofos morais querem saber se é tudo questão de opinião ou se existe uma resposta certa, se há objetividade moral independente da mente humana... enfim.

Pessoalmente, acredito em verdade. Acredito em respostas certas. Mas não sou um realista moral *hardcore*, digamos assim. Acho que a chave para a resposta correta está nos critérios a partir dos quais essa resposta será correta. E isso é o que me leva ao ponto fundamental: os critérios.

Veja, embora eu acredite em objetividade, nem é essa a questão. Eu sou jurista. Importam-me os critérios. E se temos desacordos, precisamos de um critério. Na democracia, o direito é o critério. Esse é o grande ponto que me leva de novo à sua pergunta sobre a crise da democracia. Uma democracia de verdade tem de respeitar a maioria.

Mas não é só isso. Porque, se for só isso, somos reféns das circunstâncias. Tem de haver um modo de, quando as maiorias se comportam como turbas, o teórico olhar e dizer: "não pode ser assim!". É nesse "não pode ser assim" que está o papel do direito na democracia. Para quando um político ultrapassa suas funções, para quando um juiz pensa ser legislador, para quando um Parlamento legisla sem observar os procedimentos democráticos. Quando um grupo não respeita direitos sociais, direitos humanos, quando as maiorias esmagam as minorias. O direito vem e diz: "não pode ser assim". Porque o direito é o critério. Nem tudo é questão de opinião. Você pode ter a opinião que quiser, mas ela deve ser filtrada e ajustada institucionalmente. Porque, se assim não for, somos bárbaros. Gilberto, é o direito que permite que discordemos sem que isso vire uma barbárie. Daí uma sacada boa de um cara como o Hobbes: o direito é esse Leviatã que impede o estado de natureza do homem lobo do homem. Mas, felizmente, não precisamos comprar o Hobbes na íntegra. Ele vai parar na *auctoritas*. Em Hobbes, não é a verdade, mas a autoridade que faz a lei. Na democracia, a verdade faz a lei, e a lei é a autoridade. E a verdade não é uma questão de ontologia moral. É verdade fundamentada pelos critérios que a própria tradição oferece.

[Alasdair] MacIntyre, o escocês, fala muito na praga que é o emotivismo. As respostas de cada lado nos desacordos são frequentemente dadas como se fosse tudo uma questão de preferência subjetiva, de opinião. "Eu acho", "eu penso". Daí meu ponto: não importa o que você acha. Importa o que o direito acha. E eis aí o risco de tornar o direito mera questão de opinião. É emotivizar o critério que nos tira do emotivismo. Isso vai na mesma linha do que eu falava do *lawfare*. É o relativismo moral que invade a esfera do direito.

O [Jeremy] Waldron é um que fala muito nisso. *Disagreements*. O direito resolve.

Pergunta 136

Mas o senhor guarda divergências com relação à proposta de Waldron, certo? (G. M.)

Lenio Streck: Sim. Gosto do autor, mas penso que ele deposita fé demais no Parlamento. É um ativista às avessas, e também isso pode ser um problema. Ele diz mais ou menos assim: o Parlamento é que decide, juiz não tem legitimidade para vir e dizer que determinada cláusula constitucional – liberdade de expressão, digamos – tem uma interpretação diferente, correta, daquela que fez o legislador. Por isso, Waldron é contra o *judicial review*.

Acho que ele acerta na questão da legitimidade democrática, mas penso que, com isso, acabe negligenciando a importância de um elemento contramajoritário no direito. Porque, como eu falei antes, isso segura a própria democracia. Daí o acerto do Dworkin, em alguma medida. Existe uma questão de princípio. As Cortes têm um papel importante na democracia. Para que não capitulemos diante de um ceticismo que nos obriga a contar cabeças, contar votos, e *que sera sera*.

Talvez, sempre brinco, eu pensasse como o Waldron se vivesse na Nova Zelândia (risos). Mas aqui, as Cortes têm um importante papel a cumprir. Claro que eu também não vou com o Dworkin até o fim. Repito: o Brasil não é a Nova Zelândia. E aí o Waldron acerta quando diz "veja bem, você pode atér ser cético quanto ao Parlamento, mas não pense que as Cortes serão necessariamente a oitava maravilha do mundo". Ambos têm sua certa dose de razão. Eu gosto do Waldron. Se eu fosse um positivista, eu seria próximo a Waldrom. Mas acho que ele radicaliza demais, talvez por não conhecer nossa política. Não é feio fazer jurisdição constitucional quando é o caso de fazer jurisdição constitucional. Não pode é constitucionalizar tudo, mas aí é outro problema.

Pergunta 137
Qual? (G. M.)

Lenio Streck: É o problema do desrespeito ao estatuto epistemológico dos diferentes ramos do direito. Otavio Luiz Rodrigues Jr. fala muito disso. E fala bem. Acerta. Constituição não pode servir de desculpa para um juiz que não gosta da resposta que o direito civil, por exemplo, dá. A Constituição entra quando a resposta do direito civil for... inconstitucional. Pronto. Não vale inventar um princípio, dizer que ele é "constitucional" e derrubar a regra só porque ela não era bonitinha. Respeitar a Constituição é também deixar ela ali, quietinha, quando ela não precisa entrar em cena.

O Brasil é muito paradoxal, não é? Quando é para se respeitar a força normativa da Constituição, ela sequer é tratada como norma. Agora, quando a boa dogmática resolve – correta e *constitucionalmente* – uma questão de direito civil, constitucionalizam, inautenticamente, a discussão. Constituição de menos onde deve, Constituição demais onde ela nem precisava dizer nada.

Pergunta 138

Se o senhor permite, quero voltar ainda à questão dos desacordos. Enquanto o senhor falava, lembrei de uma pergunta importante. Lembrei de After Virtue, de MacIntyre, e da metáfora que o autor usa para explicar essa questão do emotivismo. O senhor tem usado muito, em aulas, palestras, colunas do ConJur, essa mesma metáfora: a ascensão do movimento *Know Nothing*. (G. M.)

Lenio Streck: Adoro essa distopia do MacIntyre. É mais ou menos assim: num período em que começa a acontecer uma série de catástrofes, as pessoas começam a culpar os cientistas. Aí quem ganha força é um movimento anticiência que chega ao poder: o movimento *Know Nothing,* Saber Nenhum. Vira uma caça às bruxas: os intelectuais vão todos presos, os livros são todos queimados. Até que, depois de um tempo, surge um pequeno grupo de pessoas que quer revitalizar a ciência. Eles reúnem alguns fragmentos e reconstroem – eles pensam – o saber científico. O problema? Eram fragmentos. Assim, os novos conceitos científicos eram os mesmos, mas já não mais se referiam àquilo que, ontológica e originalmente, significavam antes do Saber Nenhum.

O MacIntyre usa isso para explicar o emotivismo. Os conceitos morais são como os conceitos científicos da distopia: as palavras são as mesmas mas não têm os mesmos significados de outrora. Como na distopia, a moralidade virou – diz o MacIntyre – mera questão de opinião e sentimentos.

Eu acho essa metáfora espetacular, porque ela ganhou uma força que o MacIntyre não viu lá na década de 1980...

O livro é de 1981. Primeira edição. (G. M.)

Lenio Streck: Gracias. Com o *Google* fica fácil (risos). Eu acho essa metáfora espetacular, porque, lá em 81, na Escócia, o MacIntyre não imaginava que a metáfora seria quase realidade um dia, não servindo só de distopia para explicar o estado da arte da moral. Eu brinco que o ensino jurídico brasileiro é o triunfo do Saber Nenhum. O que era Pontes de Miranda foi destruído, pegaram algumas palavras e construíram daquilo um livro facilitado ou resumido. Resultado: não estão falando nada.

Mas eu vou mais além: nós vivemos a era do anti-intelectualismo. O obscurantismo tem tomado conta. Chegamos ao ponto, veja, de haver gente por aí dizendo que a terra é plana. E que vacina faz mal. É inacreditável. E aí eu volto no problema: o direito resolveria. Poderia ser o critério. Mas emotivizaram o critério. E aí o cientista, o intelectual, o sujeito que fala que não pode ser assim, e que tem um modo de se fazer as coisas... esse cara é o inimigo. É a pós-pós-verdade. Mas fique tranquilo. O leitor pode ficar tranquilo. O pior já passou: estamos na era da pós-pioridade. (Risos.) Um mundo de neocavernas. Os ignorantes têm raiva dos que sabem alguma coisa. Os ignorantes só se sentem bem quando encontram outros ignorantes. E o *WhatsApp*, essa neocaverna de Platão... as sombras são as *fake news*. Dizem qualquer coisa sobre qualquer coisa. Critério zero. Se favorece o que eu penso, então é verdade.

Se vem alguém que realmente entende do assunto e mostra que não era verdade, bom... aí o problema é o intelectual, claro. Não a notícia que recebi. A notícia é verdadeira. Errado está o intelectual.

Pergunta 139

E tem saída? Quero dizer, será que podemos melhorar um pouquinho ainda? Será que ainda há chance de voltar a ficar só ruim? (G. M.)

Lenio Streck: (Risos.) Que coisa, não? Precisa melhorar bastante para começar a ficar só ruim. Mas, brincadeiras à parte, eu sou um otimista metodológico: sempre há jeito. Claro que há. Só que o busílis é esse: depende da comunidade jurídica. Depende da doutrina. Você vê? Essa é a grande questão. Só o direito – doutrina – pode salvar o direito – fenômeno. O fenômeno jurídico só pode ser direito se aqueles que formam a prática jurídica, para usar a boa expressão do Dworkin, levarem o direito a sério. Levar o direito a sério. Esse é o mantra. Você lembra da abertura d'*Os Simpsons*, quando o menino, Bart, aparece escrevendo no quadro? "Não devo fazer isso". "Não devo fazer isso". É isso que tem de acontecer com a dogmática. "Eu devo levar o direito a sério". "Eu devo levar o direito a sério". Enfim, brinco, mas é por aí. Se quem faz parte do direito não respeita o direito, estamos todos lascados.

Se a doutrina continuar aceitando esse papel de ser mera repetição de decisões tribunalícias, aí continuamos a passos largos em direção ao abismo. Se a doutrina não doutrinar, a pós-pioridade só tende a piorar. Depende do ensino jurídico. A doutrina tem de doutrinar. Doutrina deve ser epistemologia. É lamentável o nível do que vem sendo difundido nas salas de aula Brasil afora. Estamos formando uma multidão de analfabetos funcionais. Por vezes chega a ser constrangedor constatar em determinadas plateias alunos ou formados em direito que não compreendem minimamente ironias ou sarcasmos. Não fazem a metáfora. Fazem leituras tipo "pé-da-letra". Na minha coluna semanal no Conjur isso é facilmente perceptível. Parcela das pessoas que comentam os meus textos não os compreende. Claro que alguns agem de má-fé. Criticam no estilo do torcedor de futebol que vaia até minuto de silêncio.

Porque, veja, essa é a grande questão. Sei que falei muito disso quando me entrevistaram ainda lá em 2017, mas não tem jeito. As coisas não são por acaso. Juízes, promotores, defensores, advogados... essa gente toda saiu de algum lugar. Da faculdade de direito. E aí como o direito vai bem se a faculdade de direito vai mal? O que esperar quando o ensino jurídico é tornado um *quiz show*, uma brincadeira, um esquema que ensina o aluno a passar no concurso? Meu caro: jabuti não dá em árvore. Se o juiz é ruim, se o promotor é ruim, se o advogado é ruim e o defensor é ruim, bom... não é por acaso, não é? Alguém ensinou essa gente toda. Essa gente toda, eu quero dizer, saiu de algum lugar. Chamo as faculdades de direito como "o lugar do paciente zero da epidemia que assola o direito".

Alunos em sala de aula já não levam livros. Estudam em resumos e resuminhos. Já nem se sentem constrangidos. Vivemos em um mundo repleto de neocavernas. Platão foi quem primeiro denunciou as *fake news*, quando disse que as sombras eram sombras. O filósofo foi lá na caverna e disse isso... e foi apedrejado. Experimente, hoje, dizer que os resumos, os livros facilitados e quejandos fazem mal ao direito e você será trucidado por uma malta de ignorantes jurídicos. Textos longos e sofisticados são rejeitados. É textão, dizem os néscios.

Aliás, caro Gilberto, o professor Henderson Fürst publicou uma pesquisa, não faz muito, mostrando que nos últimos três anos diminuiu em 68% a venda de livros jurídicos. E os livros que ainda vendem são exatamente os que possuem baixa ou baixíssima densidade teórica. Triste, não?

Faço sempre essa pergunta para as plateias: você se operaria com um médico que estudou por um livro chamado "Cirurgia Cardíaca Simplificada"? Todos riem. Pois é. Ocorre que já vi gente rindo da pergunta, só que com um livro "tipo resumido" debaixo do braço.

Pergunta 140

Bem, Professor, falando nisso então. O senhor já comentou muito sobre Dworkin e o juiz Hércules; se Hércules é o modelo ideal de juiz, qual é o modelo de Professor ideal? (G. M.)

Lenio Streck: Qual seria o professor ideal? Talvez devamos começar dizendo como não deve ser o professor. Não pode ser um modelo que eu chamaria de *modelo neoconstitucionalista*, que é espetacular com os alunos e comunica que "o juiz boca da lei morreu, em seu lugar agora existe o juiz dos princípios". Eu diria que esse é um professor que leciona direito fofinho, que gosta muito do pamprincipiologismo. Quando fala em nulidades, alerta: existe o princípio (*sic*) de que não há nulidade sem prejuízo. E, mostrando "erudição", cita a frase em francês. Ele é sedizente pós-positivista. A grande questão é que esse professor tem um problema sério se ele acredita em um conceito errado de pós-positivismo. Então, nesse sentido, o grande problema do professor que eu chamo de modelo neoconstitucionalista é, exatamente, continuar contrapondo-se a um positivismo monolítico, como se existisse apenas o positivismo legalista (aquele positivismo que o Ferrajoli chama de paleojuspositivismo). Ele contrapõe a isso um voluntarismo. Ou seja, você supera um juiz boca da lei – se é que algum dia, efetivamente, tenha existido o juiz boca da lei *stricto sensu* – e contrapõe, no lugar dele, um juiz que é um juiz voluntarista. Patético, não?

Outro modelo, outro problema, outro que não deve ser é o professor que eu chamaria de *realista retrô*, que acha que o direito é o que o Judiciário diz que é e trabalha apenas com jurisprudência, com ementários. O que ele tem em comum com o modelo anterior é que ele também se diz pós-positivista. Então, ele, no fundo, também é um consequencialista. Acredita que a questão toda, o polo de tensão da decisão está com os juízes, está com o Judiciário e, com isso, ele acaba criando até um modelo caricato do realismo; um modelo que, no Brasil, é um problema sério, aqui, acaba tendo uma pretensão descritivista. Acaba criando um paradoxo.

Outro problema sério, que é uma sequência dos modelos anteriores, é o professor que é um *mix*, que faz, efetivamente, em sala de aula, uma espécie de teoria política do poder. Ou uma *péssima* teoria política do poder. É o modelo professor TPP. Então, para ele, o direito é simplesmente uma questão de resultados. E o que ele tem em comum também é que ele se diz pós-positivista, né? Então, ele acaba falando em *ponderação*, essas coisas todas. Faz gestos com as duas mãos como se estivesse "sopesando" dois princípios. Para ele isso é ponderar. Ou seja, todos os instrumentos que facilitam uma espécie de *"eu decido depois busco a fundamentação"* ou *"o direito é a vontade de poder"* ou *"a decisão é um ato de vontade"*. Isso tudo acaba sendo deletério para o direito.

Na sequência desses modelos que não são adequados para o ensino do direito é o professor que eu chamaria de dualista-metodológico. Esse professor simplesmente acaba contrapondo sempre a realidade social ao direito posto. Então, é o professor que trabalha com a tese da "voz das ruas", trabalha com a tese de que... uma espécie de sociologismo tardio, ou um sociologismo inconstitucional (porque coloca a Constituição a reboque da realidade social, ou a reboque da voz das ruas). Esse "modelo" de professor é muito comum. A única coisa que ele não explica efetivamente é o que é ou o que foi o dualismo-metodológico, que é aquela questão que vem desde a discussão de Laband e Jellinek para a perspectiva da superação do então positivismo da época, pois?

Há, também, uma caricatura de professor (isso ainda acontece muito) que, no fundo, não tem nenhuma filiação teórica. Ele é, ao mesmo tempo, todos os demais, só que com uma perspectiva, digamos, mais fraca. Eu chamaria ele de *professor macete*, porque ele confunde a sala de aula da faculdade com um cursinho de preparação. Esse professor, como ele dá aula também em cursinho, ele acaba confundindo, digamos assim, os *dois corpos do professor*. Caro Gilberto, aqui uma observação: como em entrevista não existe nota de rodapé, temos que remeter o leitor a alguns textos meus no Conjur em que explico a tese dos dois corpos do rei. E sem esquecer, ainda, que o modelo professor macete tem enormes chances de ser escolhido paraninfo por mais de uma turma em que leciona.

Mas, de todo modo, todos esses modelos agradam por demais aos professores, não é? E agradam também aos assistentes em conferências. É uma espécie de neopentecostalismo jurídico. Alguns palestrantes agem como os pastores. Lembro certa vez em um grande congresso um desses professores, antecedendo-me em um painel, fez um candente discurso sobre divórcio. Encantou a plateia com historinhas e casos jurídicos bizarros. Aplaudidíssimo. Na minha vez de falar, falei para a plateia: "Senhoras e senhores, tendo em vista as maravilhas que aprendi sobre divórcio, não resisti e liguei para minha esposa e propus: meu amor, vamos nos divorciar?". Esta é uma metáfora do que ocorre por aí no mundo jurídico de hoje.

Na verdade, é muito mais fácil, talvez, dizer como não deva ser o professor do que deva ser o professor. E o professor que eu considero, digamos, o modelo ideal, assim como uma espécie de tipo ideal, é o professor que ensina uma coisa velha chamada direito. Porque nós estamos em sede do Constitucionalismo Contemporâneo. Repito aqui o Elias Diaz, porque é absolutamente necessário. Ninguém pode deixar, hoje, de defender uma legalidade constitucional. Então, nesse sentido, esse professor, deve estar inserido na teoria do direito, deve se dar conta do papel do direito na democracia, de seu grau de autonomia, e de que a moral não pode corrigir o Direito.

Então, nesse sentido, esse professor tem vários modos de fazer a ensinança. Por exemplo, trazendo a literatura. As *Eumênides*, da trilogia da *Orestéia*. Naquele momento, primeiro julgamento mitológico, as vinganças param, e o direito é vencedor nesse processo. Então, esse professor trabalha, fundamentalmente, com a ideia de que o direito, na democracia, é que filtra os juízos morais e correlatos, e o direito não pode estar a reboque da política. Esse é o professor que diz já, desde o primeiro dia de que se a moral corrige o direito, quem vai corrigir a moral? Insistindo: esse professor vai dizer, entre tantas coisas, tantos autores que ele vai utilizar, que defender a legalidade constitucional é um ato, na democracia, necessário; e que quando essa democracia começa a ficar em perigo, o ato passa a ser revolucionário, quase um ato subversivo. Então, há que se trabalhar com a força normativa da Constituição. E esse professor, que podemos chamar de "modelo maestro", ensina desde logo aos alunos o conceito de positivismo, para que, ele mesmo, ao defender o direito, não seja epitetado como positivista. Veja. Defender a aplicação estrita do direito não é uma atitude positivista. Já expliquei isso em outras respostas que dei anteriormente. Mais uma coisa: quando insisto que sou um não positivista, não estou dizendo que os positivistas não tenham valor. Basta ver nesse sentido o meu dicionário de Hermenêutica.

Esse é o grande ponto daquilo que poderia se chamar de um professor ideal, é um professor que vai trabalhar com literatura, com teoria do direito, com teoria constitucional, enfim, com literatura sofisticada. Esse professor vai afastar os alunos do convívio com essa literatura baixo clero (livros facilitados, resumos, resumões). Ele não deixa entrar resuminhos. Ele tem uma responsabilidade política, certo? Ele tem uma responsabilidade como um magistrado, porque ele estará trabalhando com doutrina. E a doutrina tem um papel normativo. Então, esse professor é um cientista. Professor tem de ser cientista. Um maestro. Atua como um magistrado, magistrado na sala de aula, colocando a discussão do grau de autonomia que o direito tem na democracia.

Pergunta 141

O senhor sabe que um entrevistador tem a obrigação de ser chato. Pergunto então, à luz do que temos conversado quando falamos sobre literatura. O senhor falou isso em entrevistas recentes até. O que Dworkin fala sobre Hércules, seu modelo de professor hermeneuta... isso não é exigir demais? Colocar um padrão tão alto não é simplesmente estabelecer uma exigência inatingível? (G. M.)

Lenio Streck: Ah... você lembra do Grande Inquisidor. O Grande Inquisidor, se o leitor não sabe, está nos *Irmãos Karamazov*, de Dostoiévski. É uma espécie de conto, de fábula dentro do livro, contada pelo irmão ao caçula da família...

Ivan conta a Alyosha, quando ambos conversavam sobre Deus e o flerte de Ivan com o niilismo. (G. M.)

Lenio Streck: Exato. Demais, não é? Inclusive, dizem que há muito de autobiográfico do Dostoiévski tanto no Ivan quanto no Alyosha. Enfim, sem digressões. Vou ao ponto. Entendo sua pergunta. O Grande Inquisidor, no conto de Ivan, dizia a Jesus Cristo que retornava à terra e que fora encarcerado: "Você exigiu demais das pessoas. Você quis seu amor, mas um amor amparado pela liberdade. Não vê que o ser humano é fraco demais para isso? Você exigiu demais". Você está, basicamente, perguntando se eu – se Dworkin e eu – exigimos demais. Dworkin do juiz, eu da comunidade jurídica.

Sim. É essa a pergunta. Faz parte da função do entrevistador. (G. M.)

Lenio Streck: (Risos.) Vamos lá. Não acho que exigimos demais. Porque veja: Dworkin "exige" do juiz nada mais do que *o direito* impõe ao juiz: responsabilidade política. Agir por princípio. Respeitar a força normativa do direito. Respeitar a moralidade institucionalizada. Fazer o ajuste, o *fit,* institucional. Não é o Dworkin que exige isso. É o direito em uma tradição autêntica.

Você pergunta se eu não estou exigindo demais da doutrina, do professor, enfim... Querido, não estou. Mas não estou mesmo. Porque eu estou dizendo uma coisa muito, muito, mas *muito* elementar. Estou dizendo o seguinte, veja bem: que a doutrina tem de doutrinar, e que o professor de direito tem de ensinar direito direito!

Quer algo mais *simples* que isso? Minha "exigência" é nada mais que cada um cumpra sua função. Essa é a chave para entender igualmente minhas considerações sobre a diferença entre ativismo (deletério) e judicialização (contingencial e necessária). Essa é a chave para entender minhas críticas ao protagonismo do juiz, ao processo como instrumento. Como ainda alguém pode falar que processo é instrumento? Ou que tem escopos? Esse é o ponto da minha defesa da jurisdição constitucional. Cada um tem de fazer aquilo que sua função exige. Entende? Exigir que a doutrina doutrine e que o professor de direito ensine direito não pode ser exigir demais.

Mas não me leve a mal. Entendo seu ponto. E aí eu digo o que disse em uma entrevista recente, na qual falei sobre os 100 anos da Constituição de Weimar. Talvez a nossa Constituição, ela sim, exigiu demais de um país que não se fez à altura de sua importância, de seu progresso, de seus avanços. Temos uma Constituição democrática, uma Constituição de direitos, e ela não foi levada a sério.

Volto ao ponto anterior (e você vê de novo como está tudo interligado): não foi levada a sério por uma direita que não gosta de direitos; não foi levada a sério por uma esquerda que negligenciou o direito. E aí exigiu demais. A Constituição de 1988 exigiu demais: exigiu o respeito à autonomia do direito de parte daqueles que sempre colocaram a política ou a economia em primeiro lugar.

Veja o que falei quando me perguntavam sobre Weimar e sobre a crise, exatamente a crise sobre a qual você abriu esta conversa: disse, tristemente, que não soubemos ser merecedores desta nossa Constituição. Ela nos exigiu algo que não tínhamos e não temos. Não fomos ortodoxos em sua aplicação. Fomos e somos lenientes. O voluntarismo, o realismo retrô, um constitucionalismo de efetividade *ad hoc* que gerou um neoconstitucionalismo irresponsável, o dualismo metodológico que coloca a normatividade em segundo plano (colocando, antes, voz das ruas, moralismos), uma dogmática jurídica sem sofisticação teórica, a moralização do direito, tudo aliado a uma multidão de pessoas da área jurídica com formação deficiente – também existe o "baixo clero" jurídico, não é só no Parlamento –; eis a receita para o fracasso da Constituição mais rica já produzida no século XX.

Pergunta 142

Nesta nossa conversa, o senhor já falou algumas vezes sobre as coisas todas estarem interligadas. Embora fale em e sobre diversas frentes – constitucional, penal, ensino jurídico, teoria do direito, hermenêutica... –, o senhor vê algo que una todas essas questões? (G. M.)

Lenio Streck: Sem dúvida alguma. Como é mesmo a passagem de Arquíloco? "A raposa sabe muitas coisas, o ouriço sabe uma coisa muito importante". O Isaiah Berlin dizia ser uma raposa, era um pluralista. Dworkin, ao defender a unidade do valor, vai defender os ouriços. Tal como o Dworkin, também posso dizer que sou um ouriço. Não num sentido de desenvolver um monismo aplicável a tudo o tempo todo. Claro que não. Hermenêutica filosófica, filosofia hermenêutica, tudo isso passa pelo tempo, pela facticidade. Mas brinco dizendo que sou um ouriço porque há um fio comum que perpassa toda minha obra. E esse fio é, afinal, a própria hermenêutica. Quando eu falo sobre o ensino jurídico, quando critico o ativismo judicial, quando defendo a jurisdição constitucional, quando brigo pela autonomia do direito... quando critico o paradigma no qual está assentado o positivismo, quando denuncio a moralização (ou economicização, ou politização) do direito... tudo isso tem um denominador comum. Que está na hermenêutica. É uma questão de interpretar verdadeiramente aquilo que uma tradição autêntica do direito exige.

Ora, direito é muito mais do que dirá um positivista, "um fato social posto pela mão humana". E direito é muito mais do que instrumento na mão do poder. Ao contrário: é o direito que impede o poder de ser absoluto. O que é isto – o direito? Essa é a pergunta que deve ser respondida, e essa é a pergunta que ninguém faz. Com a Crítica Hermenêutica do Direito, com todas as questões que tenho desenvolvido e venho desenvolvendo ao longo dos anos, é tudo uma questão de dar uma resposta correta a essa pergunta fundamental. O que é isto – o direito? E, a partir da hermenêutica, eu busco os critérios que a própria facticidade da tradição do direito, compreendida em seu tempo, oferece para que possamos responder com um grau de objetividade. A tradição oferece os critérios para a resposta que justifica a própria tradição. É por isso que minha matriz é hermenêutica.

Aliás, é bom até que você tenha perguntado isso, para esclarecer. Tenho ouvido muitas críticas – absolutamente injustas – de que, hoje, quando eu, por exemplo, defendo o papel institucional do Supremo Tribunal Federal, eu teria abandonado o que escrevia lá ao início de minha trajetória como jurista. Ora, nada mais falso. Nada mais objetivamente falso.

Porque, desde o início até hoje, eu sustento o seguinte: o direito importa, o direito é interpretativo, há respostas corretas e incorretas, e elas serão corretas quando interpretadas construtivamente à luz dos critérios autênticos que a própria tradição, de um direito que existe em um contexto democrático, coloca. Quando eu falo em princípios, não estou traindo a hermenêutica. Porque não estou indo a um transcendentalismo jusnaturalista-realista. Óbvio que não. Estou falando de princípios que exsurgem da própria facticidade. Quando eu falo em respeito à Suprema Corte, não estou traindo a crítica. Estou dizendo que o Supremo tem um papel a cumprir na democracia, e que atacar as instituições é autofágico.

Nesse sentido, posso até brincar com sua pergunta. Poucas coisas são tão exigentes para com o Supremo do que a minha defesa. É uma defesa que exige respeito próprio em primeiro lugar. E uma Suprema Corte só respeita a si própria se respeita o direito.

Pergunta 143

Isso tem a ver com a coerência e integridade. (G. M.)

Lenio Streck: Absolutamente correto! Coerência e integridade é o vocabulário que busquei no Dworkin para dizer o que sempre disse. Autonomia do direito. Resposta adequada. Tradição autêntica.

Nesse sentido, você vê como a coerência e a integridade explicam muito o estado da arte do direito brasileiro. No melhor e no pior dos sentidos. Vou explicar. Depois de uma longa batalha, eu consegui convencer o Parlamento a exigir, no então "novo" Código de Processo Civil, o respeito à coerência e à integridade do direito. Isso mostra o que há de melhor no direito brasileiro: ainda há espaço e voz para uma doutrina que doutrine. Só que aí eu pergunto: o Brasil, os tribunais, enfim... há respeito, hoje, à coerência e à integridade do direito?

O senhor está perguntando a mim? (G. M.)

Lenio Streck: A você, ao leitor. Existe respeito às exigências da coerência e integridade no direito brasileiro?

Bem, se pegarmos tudo aquilo que o Dworkin dizia sobre os conceitos, tudo que o senhor vem trabalhando... se pegarmos o próprio significado das palavras mesmo, coerência e integridade... parece que não. (G. M.)

Lenio Streck: Pois é. E a exigência não é só teorética. É, no Brasil, uma exigência legal. Está lá positivado. Art. 926. Brincando um pouco – mas talvez a brincadeira seja mais real do que eu gostaria que fosse –, podemos dizer que o sistema jurídico brasileiro é ilegal desde 2015. Decisões ilegais – porque a exigência de coerência e integridade é uma exigência legal –, em nome da estabilidade abstrata, viram "precedente vinculante". Onde já se viu?

Pergunta 144

Professor, esse *insight* é ótimo. Desenvolva um pouco essa questão, por gentileza. (G. M.)

Lenio Streck: Volto ao artigo para responder. Vejam lá o 926 do CPC. Coerência, integridade, estabilidade. A empolgação da doutrina ficou restrita à estabilidade. Daí o art. 927, logo na sequência, ainda fala em "precedente" ... eis que surgiram daí todas essas teses precedentalistas, de que o direito brasileiro agora teria um sistema de precedentes.

Se bem me recordo, de quando eu, só leitor, e não entrevistador (risos), o senhor já denunciava isso ainda à primeira edição do livro... (G. M.)

Lenio Streck: Sem dúvida. E escrevi dezenas de colunas, um livro em coautoria com Georges Abboud, um livro solo que já tem duas edições, quase uma dezena de artigos (dois ou três deles com você, inclusive). E o assunto volta. Vou tentar ser bem claro.

O Código, é verdade, fala em precedentes. Mas diz que os tribunais observarão os precedentes. Ora, é claro: se há exigência de estabilidade, e *de coerência e integridade*, a jurisprudência deve seguir um padrão decisório mínimo. Isso é evidente. Mas daí dizer que há agora um sistema *à la common law* de precedentes no Brasil é algo que não se sustenta. Pior: essa ideia de que as Cortes de Precedentes têm o condão de errar por último, e os tribunais "de baixo" que "apliquem" a decisão errada, só porque é "precedente", é um escárnio. Ora, o que vincula é a lei. Estabilidade, sim, significa manter um padrão decisório.

Mas, então, caro Gilberto, como falar em *stare decisis*, em precedente legítimo, num país em que as Cortes desenvolvem não decisões de casos a serem observadas, mas *teses*, gerais e abstratas, com a pretensão de vincular *pro futuro*? Essa é a trampa toda do negócio. No *common law*, o precedente vincula depois que os tribunais subsequentes identificam o que há de vinculante em uma decisão pretérita das instâncias superiores diante de um caso. Um *caso*. Daí as ideias de *distinguishing* e tudo mais. Como é que se faz distinção, *distinguishing*, de uma tese geral e abstrata? Como é que se faz *distinguishing* de súmula? O modo como os "precedentes" à brasileira vêm sendo aplicados proporciona um poder demasiado aos tribunais. Veja-se um recente caso em que o Ministro Edson Fachin negou a incidência da Súmula 11 (a das algemas) a um indivíduo maneta (tinha um braço normal e o outro era um toco apenas). Dizer o quê?

Pergunta 145

O ponto do senhor parece relacionado à discussão da identificação da *ratio decidendi* no *common law*. É isso? (G. M.)

Lenio Streck: É isso. Há uma série de abordagens distintas sobre isso no sistema anglo-saxão, mas o fato é que o que há de vinculante num precedente, entendido enquanto decisão pretérita, é a *ratio*.

E o que constitui a *ratio*? Aí a atividade interpretativa a ser desenvolvida pelos tribunais subsequentes! A eles cabe a tarefa de identificar o que há, afinal, de *vinculante* no precedente.

E no Brasil? No Brasil, chega-se ao ponto de dizer que os tribunais do andar de baixo não existem para interpretar. Apenas para "aplicar". Incrível, não? E aí, voltamos à falácia da cisão entre interpretação e aplicação, entre fato e direito, essas ficções nas quais alguns juristas insistem até hoje.

No meu *Precedentes* [2ª ed., Editora Juspodivm, 2019], brinquei com a clássica frase da Simone de Beauvoir. Um precedente não *nasce* precedente. Torna-se precedente. Nada tem a ver, portanto, com essa pretensão precedentalista no Brasil.

E aí eu volto à questão da coerência e integridade, porque a raiz do problema é o mesmo. No Brasil, a doutrina não se preocupa em ter uma epistemologia robusta a sustentar os institutos e a própria ordem legal. É o Saber Nenhum do MacIntyre. Fragmentos reunidos que não querem dizer nada.

Tivéssemos entendido como funciona um precedente, nenhuma desses teses teria sido desenvolvida. Não estaríamos reféns de teses gerais e abstratas do Judiciário. Teríamos entendido de há muito que vinculante não é a decisão, mas a lei que serve de objeto ao precedente. E que, havendo desacordo, havendo dissonância, vale a interpretação correta da lei.

Tivéssemos entendido o que significa coerência e integridade – repito, exigência positivada no direito brasileiro –, é *óbvio* que não estaríamos onde estamos.

Coerência e integridade, em nosso paradigma constitucional, significa a primazia das garantias mais fundamentais do cidadão. Significa autonomia do direito. Significa legislação adequada à Constituição, decisão judicial adequada à legislação que estiver adequada à Constituição.

Daí tenho muito claro que o Brasil não entendeu a própria exigência de coerência e integridade. Um direito íntegro e coerente teria 800 mil presos? Teria atropelo das garantias dia sim dia também? E o pior é isso: falar isso, hoje, é coisa de "comunista". Veja o ponto em que chegamos: defender a legalidade é disruptivo. Nunca é demais bater nessa tecla, porque é um absurdo.

Pergunta 146

Nesse sentido, que análise o senhor faz de um discurso – do fortalecimento desse discurso – antigarantias? A tese de que há garantias demais, e que, no sistema brasileiro, prevalece a impunidade... (G. M.)

Lenio Streck: Bem, a tese é falsa. Falei há pouco: 800 mil presos. Muitos primários, muitos provisórios, por aí vai. Impunidade? Para quem? É uma tese objetivamente equivocada. O problema da segurança não é garantia demais. É inteligência de menos. Efetividade *verdadeira* de menos. Porque é aquela coisa: errar, ok. Insistir no erro... A polícia mata, mata, mata, e querem que se mate mais. Prendem, prendem, prendem... e "tem que prender vagabundo". Essa tese, e falo tranquilamente, só sustenta quem não enxerga um palmo à frente do nariz.

Toda tese tem uma antítese. Mas o problema aqui é que a antítese não se dá contra a tese, mas é uma antítese *daquilo que se diz sobre a tese*. A antítese é uma resposta errada a um problema que foi lido de maneira torta. A antítese "prendam, matem" contrapõe-se a uma tese que não existe. E isso vem sendo repetido e reforçado. E é daí para baixo. Porque a síntese é inautêntica.

De todo modo, a questão é ainda mais complexa, mais profunda, mais grave. Porque, como eu falei antes, o direito existe exatamente para segurar isso tudo. Mas pode não segurar. Explico.

Quando essa tese é replicada na neocaverna do *WhatsApp*, é uma coisa. E é um problema. Mas, isoladamente, não seria um problema tão grave assim. Radicais reacionários, isso sempre haverá. O que preocupa mesmo, o que é grave mesmo, é que esse discurso venha de gente do direito. Do alto e do baixo clero. É gente do direito que não gosta do direito. Isso é uma loucura. Vejo isso nas minhas colunas do *ConJur*, todas as quintas. Sou ofendido por advogados, por juízes, por gente *do direito*.

E sabe por que sou ofendido? Sou ofendido por defender o respeito *ao direito*. Sempre falo, é como se médicos se organizassem em torno de uma cruzada contra os antibióticos. Há, de fato, gente por aí que é contra as vacinas. Mas não é postura que se espera de um médico. Por que é que no direito isso pode? Por que é que no direito triunfa o Saber Nenhum? É como o frango que faz propaganda do frigorífico porque não sabe que é frango. Você ri, mas é isso. Advogados defendendo medidas que violam os princípios da advocacia. Não é a mesma coisa? Avisem aos advogados que eles são advogados.

Pergunta 147

Bem, falamos sobre o juiz, sobre o professor... o que o senhor tem a dizer sobre o exercício da advocacia no Brasil? (G. M.)

Lenio Streck: Advogado no Brasil sofre na mesma proporção em que é absolutamente fundamental. Sempre brinco dizendo que, aqui, a advocacia virou exercício de humilhação e corrida de obstáculos.

É por isso que o advogado tem a responsabilidade de entender que é só o direito que o salva. Sob pena de ser o frango fazendo propaganda do frigorífico.

Veja, você sabe o quanto eu gosto da literatura... O açougueiro Dick, de Shakespeare, lá em *Henrique VI*, diz mais ou menos assim: "A primeira coisa a fazer é matar todos os advogados". *Kill all the lawyers*. Daí você vê o papel que tem o advogado: o advogado é um elemento de contenção que impede as tiranias. E é por isso que a advocacia está sempre ameaçada. De novo, lá na sua primeira pergunta: crise da democracia. Crise da democracia é crise da advocacia: crise da advocacia é crise da democracia. *Kill all the lawyers*.

E aí você vê, ao mesmo tempo, a importância do direito, a importância do advogado, a importância *do direito para o advogado* e a importância *do advogado para o direito*! Um não sobrevive sem o outro. E a democracia não sobrevive sem eles. Porque o advogado faz valer o direito do cidadão, e o direito é a garantia de que o advogado pode fazê-lo. Esse é o busílis todo da coisa. Gente que não gosta do direito não gosta da democracia. E só não gosta da democracia quem gosta de autoritarismo. Pergunto: a quem interessa o autoritarismo senão àquele a quem vai caber dizer as coisas? Daí por que também o advogado deve estar à altura da responsabilidade que tem.

Pergunta 148

Essa é a hora em que o entrevistado volta a insistir, assumindo as vestes do Grande Inquisidor. O senhor não está exigindo demais? (G. M.)

Lenio Streck: (Risos.) Será? Talvez. Mas aí é isso ou ser o frango da propaganda do frigorífico. Veja, eu nunca disse que seria fácil. Defender a democracia dá um trabalho hercúleo. Às vezes, Hércules fica mais parecendo Sísifo até. Daí podem até dizer que exijo demais. Mas eu exijo a prevalência do direito. Se isso for demais, aí minha resposta para sua primeira pergunta vai ser negativa: a democracia não está em crise porque já morreu. É uma grande churrascaria da qual os porcos fazem propaganda alegremente.

Pergunta 149

Existe aí algo do velho aforismo do Kafka de que o senhor gosta. Quero um comentário, então peço licença para ler aqui: "Eles tiveram de escolher entre se tornarem reis ou mensageiros de reis. Como crianças, todos quiseram ser mensageiros; consequentemente só há mensageiros. Eles galopam pelo mundo gritando, uns aos outros, mensagens que, como não há reis, perderam o sentido. Dariam fim alegremente à sua vida miserável, mas não ousam, em razão de seu juramento de serviço." (G. M.)

Lenio Streck: Muito bem lembrado, eu adoro esse aforismo. Está nos *Aforismos de Zürau,* não é? Pois então, isso representa bem toda essa nossa conversa, sobre a crise, sobre democracia, sobre a autonomia do direito. Sobre o ensino jurídico. Sobre a doutrina que não doutrina. Ser mensageiro do rei é muito mais fácil. É por isso que todos querem ser mensageiros.

Mais fácil do que dizer como o direito deve ser é repetir aquilo que o Judiciário diz que ele é. Realismo retrô. Doutrina mensageira do rei. Só que aí, se todos querem ser mensageiros, quem vai ser o rei? Porque todo mundo sai da faculdade de direito.

Não temos mais reis. Só temos os mensageiros. E as mensagens perderam o sentido. Por que, veja bem, reis? No direito, já não mais os há. O direito brasileiro, e daí por que a pergunta é boa, é um direito de mensageiros de reis num país sem reis.

E aí, para mostrar que sou mesmo um ouriço, volto àquela outra pergunta que você fez: há saída? Claro que há. Sou um otimista metodológico. Dizia o grande Galeano: a utopia sempre se afasta, mas é por isso que continuamos caminhando. Claro que há saída. Mas ela é árdua: é preciso que a doutrina aceite o papel que a democracia impõe: o papel de doutrinar. De dizer o que deve ser, não só o que foi dito – e o que foi dito já desprovido de sentido porque não havia reis. Quem foi que disse – conversávamos esses dias – que os poetas são os legisladores não reconhecidos?

Mary Shelley. "Os poetas são os legisladores não reconhecidos do mundo". Não sei se é apócrifa. Lembramos dela quando conversávamos sobre Camus. A passagem está n'O Homem Revoltado. (G. M.)

Lenio Streck: Ah, perfeito. Seja como for, o fato é que os legisladores não reconhecidos, aqui, estão na doutrina. Mas é pior. São legisladores que não se reconhecem a si próprios. Quem vai dizer o que o direito deve ser senão a doutrina? E aí eu brinco: Shelley abre *Frankenstein* dizendo, como se a passagem fosse uma análise em retrospectiva do narrador, que "não aconteceu nenhum desastre". Se eu for pessimista, vou dizer que, no nosso caso, o desastre já aconteceu.

Mas repito. Sou um otimista metodológico. É possível evitar o desastre. Para isso, a doutrina deve reconhecer o próprio papel. Não precisamos de mais mensageiros. Precisamos de reis.

Você perguntava se a democracia está em crise. Não sou cientista político. Sou jurista. O que sei é que o direito está sempre ameaçado e que ele é tão poderoso que pode tanto segurar quanto derrubar a democracia. É por isso que ele precisa ter respeitado seu elevado grau de autonomia. E quem garante isso é a comunidade jurídica. Os legisladores que não se têm reconhecido; os mensageiros que têm recusado o posto de rei. Doutrina, volte a doutrinar. Só depende de nós, juristas.

Pergunta 150

Essa é uma resposta maravilhosa. O senhor é, mesmo, um ouriço e um otimista metodológico. Todos os pontos ficaram amarrados, e mesmo com um assunto tão sombrio, sua fala apresenta uma certa luz. Tentando conformar-me ao seu otimismo metodológico, então, quero encerrar aquilo que comecei de forma tão pesada – crise, ameaça existencial à democracia, enfim – com algo um pouco mais leve. Em uma de suas respostas, o senhor mencionava as colunas do ConJur. Para encerrar, fale um pouco mais sobre o significado que elas têm em sua trajetória. É sua tentativa de não ser um mero mensageiro? (G. M.)

Lenio Streck: Pode ser. É minha terapia semanal, que funciona igualmente como veículo por meio do qual eu tento fortalecer no debate público a ideia de que o direito importa, o direito deve ser levado a sério.

Com as colunas do *ConJur*, consigo atingir um público para além da Academia. Isso é algo que valorizo muito. Teoria do direito não é só fetiche teórico. Fazer filosofia no direito não é ficar com abstrações. Teoria e filosofia são o que sustentam o direito, são o que fazem o direito ser o que realmente é, e é essa noção que quero fazer valer. Para que as pessoas entendam que levar o direito a sério é reconhecer o que ele é, o que ele exige, e estar à altura disso. Significa resistir às tentações moralistas, consequencialistas, ativistas, autoritárias.

E isso vale para todo mundo. Vale para o professor, para o advogado, para o juiz, vale para as faculdades, vale para os tribunais, vale para as instituições todas. E vale para o cidadão. Daí a importância de tentar ser mais que mensageiro. O direito não é o que o positivista vai dizer, mero fato social. O direito é uma prática interpretativa da qual todos participamos. É uma questão de cidadania, de democracia. Uma questão de... direito. Assim, circular mesmo. Você começou perguntando sobre a crise da democracia. Eu encerro dizendo que a democracia sobrevive enquanto sobreviver o direito.

Artigos e livros referidos na entrevista:

ABEL, Henrique. *Positivismo Jurídico e Discricionariedade Judicial*: A filosofia do direito na encruzilhada do constitucionalismo contemporâneo. Rio de Janeiro: Lumen Juris, 2015.

AGUILAR RIVERO, Mariflor. *Diálogo y Alteridad*: Trazos de la hermenéutica de Gadamer. México: Facultad e Filosofía y Letras UNAM, 2005.

ALEXY, Robert. *Teoria da Argumentação Jurídica*: A Teoria do Discurso Racional como Teoria da Justificação Jurídica. São Paulo: Landy, 2008.

——. *Teoria dos Direitos Fundamentais*. São Paulo: Malheiros, 2008.

ALTHUSSER, Louis. *Aparelhos ideológicos de Estado*. 2. ed. Trad. de Valter José Evangelista e Maria Laura Viveiros de Castro. Rio de Janeiro: Graal, 1985.

ARISTÓTELES. *Metafísica*. 2. ed. São Paulo: Edipro, 2012.

ATIENZA, Manuel. Teorias da argumentação jurídica e hermenêutica não são incompatíveis. *Revista Consultor Jurídico*, São Paulo, SP. Disponível em: http://www.conjur.com.br/2015-out-08/atienza-argumentacao-juridica-hermeneutica-nao-sao-incompativeis. Acesso em: 29 jun 2016.

BARRETO, Vicente de Paula. *Dicionário de filosofia do direito*. São Leopoldo: Unisinos, 2006.

BERLIN, Isaiah. *The Hedgehog and the Fox*: An Essay on Tolstoy's View of History. 2. ed. New Jersey: Princeton University Press, 2013.

BRASIL. Superior Tribunal de Justiça. *Habeas Corpus n° 126.292/SP* – São Paulo. Paciente: Marcio Rodrigues Dantas. Impetrante: Maria Claudia de Seixas. Coator: Relator do HC n° 313.021 do Superior Tribunal de Justiça. Relator: Min. Teori Zavascki. Brasília, 17 de fevereiro de 2016. Disponível em: <http://redir.stf.jus.br/paginadorpub/paginador.jsp?docTP=TP&docID=10964246>. Acesso em: 29 jun 2016.

BRUM, Guilherme Valle. Réquiem para o livre convencimento motivado. *Empório do Direito*. Florianópolis, SC. Disponível em: <http://emporiododireito.com.br/requiem-para-o-livre-convencimento-motivado-por-guilherme-valle-brum-2/>. Acesso em 29 jun 2016.

CAROLL, Lewis. *Alice Através do Espelho*: E o que ela encontrou lá. Rio de Janeiro: Editora Objetiva, 2012.

CATTONI, Marcelo. *Devido Processo Legislativo*: Uma justificação democrática do controle jurisdicional de constitucionalidade das leis e do processo legislativo. 3. ed. Belo Horizonte: Editora Fórum, 2016.

COSTA, Eduardo José da Fonseca. <http://www.conjur.com.br/2016-dez-03/eduardo-costa-tribunais-superiores-sao-orgaos-transcendentais>.

COUTINHO, Jacinto N. M. O lugar do poder do juiz em Portas Abertas, de Leonardo Sciascia. In: STRECK, Lenio Luiz; TRINDADE, André Karam (Orgs.). *Os Modelos de Juiz*: ensaios de direito e literatura. Porto Alegre, RS: Editora Atlas.

CULLETON, Alfredo; STRECK, Lenio Luiz; REIS, Robson Ramos dos. *Festschrift (Um tributo a Ernildo Stein)*: Viveu às voltas com a metafísica e a fenomenologia. São Leopoldo: Editora Unisinos, 2016.

DESCARTES, René. *Meditações sobre Filosofia Primeira*. São Paulo: Editora Unicamp, 2004.

DIAS, Gabriel Nogueira. *Positivismo Jurídico e a Teoria Geral do Direito*: Na Obra de Hans Kelsen. Porto Alegre: Editora Revista dos Tribunais, 2014.

DÍAZ, Elias. Socialismo democrático: instituciones políticas y movimientos sociales. *Revista de Estudios Políticos* (Nueva Epoca), Logroño, ES, n. 62, out-nov, p. 50-51, 1988.

DICEY, Albert Venn. *Introduction to the Study of the Law of the Constitution*. ed. Roger E. Michener, Indianapolis: Liberty Fund, 1982.

DWORKIN, Ronald. *Justiça para Ouriços*. Coimbra: Almedina, 2012.

——. *Law's Empire*. Cambridge, MA: Harvard University Press, 1986.

FERRAJOLI, Luigi; STRECK, Lenio Luiz; TRINDADE, André Karam (Orgs.). *Garantismo, hermenêutica e (neo)constitucionalismo*: Um debate com Luigi Ferrajoli. Porto Alegre: Livraria do Advogado, 2012.

FINNIS, John. *A Grand Tour of Legal Theory*. Reino Unido: Oxford University Press, 2011.

GABRIEL, Markus. *O sentido da existência*: Por um novo realismo ontológico. Rio de Janeiro: Civilização Brasileira, 2016.

GADAMER, Hans-Georg. *Verdade e Método I*: Traços fundamentais de uma hermenêutica filosófica. 10. ed. Rio de Janeiro: Vozes, 2008.

GADAMER, Hans-Georg. *Wahrheit und Methode*. Tübingen: Mohr Siebeck, 2010.

GRAY, Thomas C. *Do We Have an Unwritten Constitution*. In: A Constitutional Law Anthology, 2. ed., Michael J. Glennon, Donald E. Lively, Phoebe A. Haddon, Dorothy E. Roberts, and Russell L. Weaver, eds., Cincinatti: Anderson Publishing, 1997.

HABERMAS, Jürgen. *Direito e Democracia*: entre facticidade e validade. Rio de Janeiro: Tempo Brasileiro, 1997.

HART, Herbert Lionel Adolphus. *O Conceito de Direito*. 5. ed. São Paulo: Saraiva, 1994.

HEIDEGGER, Martin. *Ser e Tempo*. 5. ed. São Paulo: Vozes, 2006.

HOLANDA, Sérgio Buarque de. *O Homem Cordial*. São Paulo: Penguin Classics-Companhia das Letras, 2012.

INGRAM, David. *Filosofia do Direito*: Conceitos-chave em filosofia. Porto Alegre: Artmed, 2010.

JESTAEDT, Matthias. *Verfassunsgerichtspositivismus*: Die Ohnmacht des Verfassungsgesetzgebers im verfassungsgerichtlichen Jurisdiktionsstaat. Berlin: Duncker & Humblot, 2002.

KELSEN, Hans. *¿Qué es la Teoría Pura del derecho?*. 5. ed. Colonia del Carmen-MEX: Distribuciones Fontamara, 1997.

——. *Teoria Pura do Direito*. 6. ed. São Paulo: Martins Fontes, 1998.

LII, Francis J. Mootz. *Gadamer and law*. Aldershot, Hampshire, Inglaterra; Burlington, VT: Ashgate, 2007.

LOPES JUNIOR, Aury. Como ensinar processo penal quando um juiz decreta, de ofício, prisão em HC?. *Revista Consultor Jurídico*, São Paulo, SP. Disponível em: http://www.conjur.com.br/2016-jun-11/diario-classe-ensinar-processo-penal-quando-juiz-decreta-prisao-hc. Acesso em: 29 jun 2016.

LUFT, Eduardo. Duas questões pendentes no Idealismo Alemão. In: Nythamar de Oliveira;Draiton Gonzaga de Souza. (Org.). *Hermenêutica e Filosofia Primeira*. Ijuí: Unijuí, 2006.

MACHADO DE ASSIS, Joaquim Maria. *A Sereníssima República*. Porto Alegre: Editora FTD, 2009.

——. *Ideias de Canário*. São Paulo: SESI-SP Editora, 2014.

MACINTYRE, Alasdair. *After Virtue*. Notre Dame Press, 1981.

MARANHÃO, Clayton de Albuquerque; VASCONCELLOS, Fernando Andreoni. Criação de enunciados interpretativos sobre novo CPC é iniciativa louvável. *Revista Consultor Jurídico*, São Paulo, SP. Disponível em: http://www.conjur.com.br/2015-out-09/criacao-enunciados-interpretativos-cpc-louvavel. Acesso em: 29 jun 2016.

MATTÉI, Jean-François. *La barbarie intérieure*. Essai sur l'immonde moderne. Paris, PUF, 1999;

——. *A barbárie Interior*. São Paulo, UNESP, 2002.

MEDINA, Francisco Sabadin. Os rumos do positivismo na Alemanha: Afinal, para onde ele foi?. *Revista Consultor Jurídico*, São Paulo, SP. Disponível em: http://www.conjur.com.br/2015-nov-09/direito-civil-atual-rumos-positivismo-alemanha-afinal-onde-ele-foi. Acesso em: 29 jun 2016.

MELIM, Claudio. Streck e Morais da Rosa na Fórmula Um Hermenêutica. *Empório do Direito*. Florianópolis, SC. Disponível em: <http://emporiododireito.com.br/streck-e-morais-da-rosa-na-formula-um-hermeneutica/>. Acesso em 29 jun 2016.

MICHELON, Cláudio. Aceitação e objetividade. São Paulo: Revista dos Tribunais, 2004.

MITIDIERO, Daniel. *Cortes superiores e cortes supremas*: do controle à interpretação: da jurisprudência ao precedente. São Paulo: Revista dos Tribunais, 2013

——. Dos modelos de cortes de vertice- cortes superiors y cortes supremas. In. TARUFFO, M. *et al*. La mision de los tribunales supremos. Marcial Pons 2016

MONTESQUIEU, Charles Louis de. *O Espírito das Leis*. 4. ed. São Paulo: Martins Fontes, 2005.

MONTOYA, Ana Maria; BERNAL, Carlos; LÓPEZ, Henrik; CEPEDA, Manuel José; JESTAEDT, Matthias; ARANGO, Rodolfo. *La ponderación en el derecho*. Bogotá, CO: Universidad Externao de Colombia, 2008.

MORAIS, F. S. *Hermenêutica e Pretensão de Correção*: Uma revisão crítica da aplicação do princípio da proporcionalidade pelo Supremo Tribunal Federal. 2013. 346 f. Tese (Doutorado em Direito) – Programa de Pós-Graduação em Direito, Universidade do Vale do Rio dos Sinos – UNISINOS, Rio Grande do Sul, 2013.

MOTTA, Francisco José Borges. Ronald Dworkin e a Decisão Jurídica. Salvador: Juspodium, 2017.

MÜLLER, Friedrich; CHRISTENSEN, Ralph. *Juristische Methodik*.: Band I: Grundlegung für die Arbeitsmethoden der Rechtspraxis. 10. ed. Berlin: Duncker & Humblot, 2009.

NEIVA, Horácio.Uma critica metodológica ao positivismo de Joseph Raz. Dissertação de mestrado. São Paulo: USP, 2016.

NETO, A. *Cognitivismo Moral e o Não Cognitivismo Moral e sua Influencia no Pensamento Jurídico*. 2013. 300 f. Tese (Doutorado em Filosofia) – Faculdade de Filosofia e Ciências Humanas, Pontifícia Universidade Católica do Rio Grande do Sul, Rio Grande do Sul, 2013.

NEUMANN, Franz. A Mudança de função da lei no direito da sociedade burguesa. *Revista Brasileira de Estudos Políticos*. Belo Horizonte, BH, n. 109, p. 13-87, jul./dez. 2014.

NIETZSCHE, Friedrich. *Der Wille zur Macht*. Stuttgart: Kröner, 2013.

PAULSEN, Luke; PAULSEN, Michael Stokes. *The Constitution*: An Introduction. New York: Basic Books, 2015.

PAULSON, Stanley. *Normativity and Norms*: Critical Perspectives on Kelsenian Themes. Reino Unido: Oxford University Press, 1999.

PLATÃO. *Crátilo*: ou sobre a correção dos nomes. São Paulo: Paulus Editora, 2014.

PUERTO, Manuel Rodrigues. *Interpretación, derecho, ideologia*. Granada: Editorial Comares, 2011.

PUNTEL, Lorenz Bruno. *Estrutura e ser*: um quadro referencial teórico para uma filosofia sistemática. Trad. de Nélio Schneider. São Leopoldo: Editora Unisinos, 2006.

PUTNAM, Hilary. *Realismo de Rosto Humano*. Almada: Instituto Piaget, 1999.

——. *The Collapse of the Fact/Value Dichotomy and Other Essays*. Cambridge, MA: Harvard University Press, 2008.

RIO DE JANEIRO. Tribunal de Justiça. *Agravo de instrumento nº 0033615 – 54.2015.8.19.0000*, da 2ª Câmara Cível do Tribunal de Justiça do Estado do Rio de Janeiro. Agravante: Município de Campos dos Goytacazes. Agravado: Ministério Público do Estado do Rio de Janeiro. Relator: Desembargador Alexandre Freitas Câmara. Rio de Janeiro, 09 de dezembro de 2015. Disponível em: <http://s.conjur.com.br/dl/anexo-coluna-lenio.pdf>. Acesso em: 29 jun 2016.

ROCHA, Leonel Severo; WARAT, Luís Alberto. *O Direito e sua Linguagem*. 2. ed. Porto Alegre: Sergio Fabris, 1995.

ROCHA, Ronai Pires da. "Memória de uma Visita e algumas notas adicionais". In: *Finitude e Transcedência. Festschrift em homenagem a Ernildo Stein*. Org. Luis A. de Boni. Petrópolis: Vozes, 1996.

RODRIGUES, Ramón. *Del sujeto y la verdad*. Madrid: Sintese, 2004.

ROSA, Alexandre Morais da. Como é possível ensinar processo penal depois da operação "lava jato"?. *Revista Consultor Jurídico*. São Paulo, SP. Disponível em: <http://conjur.com.br/2015-jul-04/diario-classe-possivel-ensinar-processo-penal-depois-lava-jato>. Acesso em 29 jun 2016.

——; LINHARES, Jose Manuel Aroso. *Diálogos com a Law & Economics*. Rio de Janeiro: Lumen Juris, 2009.

ROSS, Alf. *Direito e a Justiça*. 2. ed. São Paulo: Edipro, 2007.

SANDEL, Michael. *Justiça*: O que é fazer a coisa certa. Rio de Janeiro: Civilização Brasileira, 2011.

SARTRE, Jean Paul. *Questão de Método*. Porto Alegre: DP&A, 2002.

SCHELLING, Friedrich Wilhelm Josph von. *Investigações Filosóficas sobre a Essência da Liberdade Humana*. Lisboa, PT: Edições 70, 1993.

SCHOPENHAUER, Arthur. *Die Welt als Wille und Vorstellung*. Berlin: Editora DTV, 1998.

SERNA, Pedro. Sobre el Inclusive Positivism: Una respuesta al Prof. Vittorio Villa. In: Persona y Derecho. *Revista de fundamentación de las Instituciones Jurídicas y de Derechos Humanos*, n. 42, 2000, pp. 120 e segs.

SHAKESPEARE, William. *Medida por medida*. Porto Alegre: L&PM Pocket, 2012.

——. *O Mercador de Veneza*. Porto Alegre: L&PM Pocket, 2012.

SILVA, L. *A Teoria Estruturante e a Crítica Hermenêutica do Direito*: (Des)Aproximações entre Lenio Streck e Friedrich Müller. 2015-12-14. 115 f. Dissertação (Mestrado em Direito) – Programa de Pós-Graduação em Direito, Universidade do Vale do Rio dos Sinos – UNISINOS, Rio Grande do Sul, 2015.

SOUZA, Diego Crevelin de. *O que deve ser dito sobre (e enfrentado n)a compreensão de precedentes dos hermeneutas?* Empório do Direito, 27.12.2016.

STEIN, Ernildo. *Às voltas com a metafísica e a fenomenologia*. Ijuí: Editora Unijuí, 2014.

——. *Diferença e Metafísica*. Ijuí: Editora Unijuí, 2014.

——; STRECK, Lenio Luiz. *Hermenêutica e epistemologia*: 50 anos de Verdade e Método. 2. ed. Porto Alegre: Livraria do Advogado, 2015.

STRECK, Lenio Luiz. Aplicar a "Letra da Lei" é uma Atitude Positivista?. *Revista NEJ – Eletrônica*, Itajaí, SC, v. 15, n. 1, jan-abr, p. 158-173, 2010.

——. *Compreender Direito*: Nas brechas da lei. Rio de Janeiro: Revista dos Tribunais, 2015. v. 3.

——. De como o positivismo tomou o caminho da ontoteologia. IN: CULLETON, Alfredo; REIS, Robson Ramos dos; STRECK, Lenio Luiz. (Orgs.). *Festschrift (Um tributo a Ernildo Stein)*: viveu às voltas com a metafísica e a fenomenologia. São Leopoldo: Editora Unisinos, 2016.

——. Hermenêutica e positivismo contra o estado de exceção interpretativo. *Revista Consultor Jurídico*, São Paulo, SP. Disponível em: <http://conjur.com.br/2016-fev-25/senso-incomum-hermeneutica-positivismo-estado-excecao-interpretativo>. Acesso em: 29 jun 2016.

——. *Hermenêutica Jurídica e(m) Crise*: Uma exploração à hermenêutica da construção do Direito. 11. ed. Porto Alegre: Livraria do Advogado, 2014.

——. *Jurisdição Constitucional e Decisão Jurídica*. 3. ed. Rio de Janeiro: Revista dos Tribunais, 2013.

——. *Lições de Crítica Hermenêutica do Direito*. Porto Alegre: Livraria do Advogado, 2014.

——. *O que é isto – decido conforme minha consciência?*. 5. ed. Porto Alegre: Livraria do Advogado, 2015.

——. Por que os enunciados representam um retrocesso na teoria do Direito. *Revista Consultor Jurídico*, São Paulo, SP. Disponível em: <http://www.conjur.com.br/2015-out-15/senso-incomum-professor-aluno-jornalista-selfie-velorio-fujamos>. Acesso em: 29 jun 2016.

——. Supremo poderia usar "excepcionalidade" para julgar Cunha? *Revista Consultor Jurídico*, São Paulo, SP. Disponível em: <http://www.conjur.com.br/2016-mai-08/streck-supremo-usar-excepcionalidade-julgar-cunha>. Acesso em: 29 jun 2016.

——. *Verdad y Consenso*: De la posibilidad a la necesidad de respuestas correctas en derecho. Buenos Aires: B de F, 2012.

——. *Verdade e Consenso*: Construção hermenêutica e teorias discursivas. 5. ed. São Paulo: Saraiva, 2014.

———. Processo Judicial como Espelho da Realidade? Notas Hermenêuticas à Teoria da Verdade em Michele Taruffo. In. *Revista Sequência*.Vol 37, n. 74, 2016.

———; OLIVEIRA, Rafael Tomás de. É ontologicamente impossível querer mais analítica e menos hermenêutica. *Revista Consultor Jurídico*, São Paulo, SP. Disponível em: <http://www.conjur.com.br/2015-set-19/diario-classe-ontologicamente-impossivel-querer-analitica-hermeneutica>. Acesso em: 29 jun 2016.

TOLSTÓI, Leiv. *Guerra e Paz*. São Paulo: Cosac & Naify, 2012.

TORRANO, Bruno. A "aliança estratégica" entre positivismo jurídico e hermenêutica de Lenio Streck. *Revista Consultor Jurídico*, São Paulo, SP. Disponível em: <http://www.conjur.com.br/2016-mar-23/alianca-estrategica-entre-positivismo-hermeneutica-streck>. Acesso em: 29 jun 2016.

WALD, Patricia M. One Nation Indivisible, With Liberty And Justice For All: Lessons From The American Experience For New Democracies. *Fordham Law Review*, New York, NY, Volume 59; Issue 2; Article 3.

WARAT, Luís Alberto. *Pureza do poder*: uma análise crítica da teoria jurídica. Florianópolis: Ed. da UFSC, 1983.

WITTGENSTEIN, Ludwig. *Investigações Filosóficas*. 5. ed. Rio de Janeiro: Vozes, 2005.

———. *Tractatus Logico-Philosophicus*. 3. ed. São Paulo: EDUSP, 2001.

ZANETI. Hermes. *O valor vinculante dos precedentes*. Salvador: Juspodium, 2016.

Impressão:
Evangraf
Rua Waldomiro Schapke, 77 - POA/RS
Fone: (51) 3336.2466 - (51) 3336.0422
E-mail: evangraf.adm@terra.com.br